弁護士法人Y＆P法律事務所
税理士法人山田＆パートナーズ 編著

JN001711

配偶者居住権の
法務と
税務
Q&A

日本法令

はしがき

　平成30（2018）年7月、40年ぶりの大きな改正となった民法の改正相続法が成立しました。

　これに伴い、私たちは、改正相続法全般を対象とし法務の解説を中心とする「配偶者居住権の新設等　改正相続法への対応と実務Q&A」（日本法令、2019年）を出版しました。これが本書の実質的な初版となります。その後、改正相続法は順次施行され、中でも大きな目玉となっていた配偶者居住権が2020年4月1日から施行され、遺産分割協議や遺言書作成の現場において、実際に活用される場面が増えてきています。また、配偶者居住権については、前著刊行後、税務上の取扱いに関しても、相続税法・通達等で新たな指針が示されました。すなわち、配偶者居住権の評価が相続税法に規定され、配偶者居住権の消滅の対価を受け取った場合には、総合課税の譲渡所得として課税されることが明らかになっています。

　そこで、本書では配偶者居住権や配偶者の権利が保護される分野に対象を絞り、【法務編】と【税務編】とにパートを分けたうえで、法務については前著に盛り込めなかった詳細な解説や実務での対応、留意点などを充実させるととともに、税務については配偶者居住権の設定から消滅に至るまでの取扱いをコンパクトにわかりやすく解説しました。さらに、【法務編】ではおもに税理士の目線から、【税務編】では弁護士の目線からみて、実務で気になるポイントをコラムとして加え、新刊として刊行させていただくことになりました。

　本書は、普段相続実務に関与している金融機関担当者の方々、相続事案に関わる機会のある弁護士・税理士など専門家の方々を対象としています。配偶者居住権等の実務上の取扱いに関して、読者の皆様の理解の一助となれば幸いです。

最後に、前著同様、本書の発刊に多大なご尽力をいただいた日本法令の伊藤隆治様に深くお礼を申し上げます。

　令和4年9月

弁護士法人Y&P法律事務所

税理士法人山田＆パートナーズ

執筆者一同

2

目　次

第1部　法務編

第2部　税務編

```
─────── 凡　例 ───────
相続税法施行令……………………………相令
相続税法施行規則…………………………相規
相続税基本通達……………………………相基通
財産評価基本通達…………………………財基通
所得税法施行令……………………………所令
所得税基本通達……………………………所基通
租税特別措置法……………………………措法
租税特別措置法施行令……………………措令
租税特別措置法通達………………………措通
```

・本書に記載された所得税の税率には復興特別
　所得税の税率が含まれています。

第1部　法務編

第1章　配偶者保護の概要

1 配偶者保護の概要

Q 配偶者保護の制度には、どのようなものがあるのでしょうか。

point

- 民法で定められている配偶者保護の制度としては、
  ① 相続における法定相続分
  ② 遺留分侵害額請求
  ③ 配偶者居住権
  ④ 配偶者短期居住権
  ⑤ 婚姻期間20年を超える夫婦の持戻し免除の意思表示の推定
  ⑥ 離婚の場合における財産分与
  などがあります。

❶ 配偶者たる身分を生じさせる婚姻制度

　配偶者たる身分は法律上の婚姻によって生じます。そして、婚姻制

度はその社会の政治・経済・道徳の影響を強く受けるため、国や地域そして時代によって大きく異なります。立法者はこのような社会の変化に応じて婚姻制度を修正するとともに、他方で婚姻する当事者は婚姻制度という一定のルールを遵守することが求められます。

　日本国憲法24条は「婚姻は、両性の合意のみに基づいて成立し、夫婦が同等の権利を有することを基本として、相互の協力により、維持されなければならない」と規定し、婚姻が本質的に両性の自由意思により成立すること、そして夫婦の権利は平等であることを明確にしています。その上で、婚姻による具体的な法的効果については、民法が規定しています。

❷　旧民法の相続の規定

　婚姻をした配偶者の保護といった観点で現行民法をみると、特に相続の場面の規定が多いことに気づきます。相続が発生した場合に、最も影響を受けるのは配偶者ともいえるので、当然と思えますが、歴史的には決して当然のことではありませんでした。明治憲法下の旧民法では、相続は、①家督相続と②遺産相続の2つの相続手続があり、①の場面では配偶者の家督相続は極めて例外的な場合にのみ認められ、②の場面では配偶者は直系卑属に次ぐ第2順位として定められていたため、直系卑属がいる場合には、配偶者は相続を受けることができませんでした。

❸　戦後における"配偶者の保護"の必要性

　個人の尊厳と夫婦の平等を要請する日本国憲法のもとで、旧民法の家督相続制度は廃止されるとともに、相続制度も長男単独相続から共同相続制度に変更されました。しかし、日本国憲法と戦後民法の創設によって、配偶者保護の在り方が一様に定まったわけではなく、むし

ろ核家族化の進展・晩婚化・非婚化・少子化など戦後の家族関係の急
速な変化に伴い、多様な価値観・家族観が生まれることになりまし
た。

　憲法と家族モデルの関係について、学説上①個人主義的家族モデ
ル、②国家主義的モデル、③共同体的家族モデルに分類されるとの見
解があります。特に①と②を比較すると、①は憲法13条を根拠とし
て、「家族の個人化」を追求し、幸福追求や自己決定権、家族形成権
などの個人の人権を保障し、自立の重視と平等の徹底を求めたモデル
であるとされます。一方で、②は憲法24条を根拠として、社会的観点
から母子の保護やＤＶの防止等に主軸を置く立場として、国家による
家族の保護と家族構成員への公序の強制を求める家族モデルとされま
す（加藤友佳『多様化する家族と租税法』31頁（中央経済社、2021
年））。

　この観点から、ここ最近の相続を取り巻く環境を見ると、非嫡出子
と嫡出子の法定相続分に差を設けていた民法900条4号但書に関する
最決平成25年9月4日民集67巻6号1320頁の違憲決定の判断は、「個
人の尊厳」という点を重視した判断を示している点で、①の観点を重
視したとみることもできます。他方で、この最高裁決定が及ぼす社会
的影響に対する懸念に触発されて後述のように配偶者居住権が新設さ
れましたが、そこでは「高齢配偶者の保護」といった点に力点が置か
れ、法による配偶者の居住権保護を図っているという意味では②の観
点を重視したものといえます。また、配偶者居住権創設に関する国会
での議論では、国会議員から事実婚・同性婚などへの適用に関する質
問がなされるとともに、衆議院参議院いずれも「現代社会において家
族の在り方が多様に変化していることに鑑み、多様な家族を尊重する
観点から……その保護の在り方について検討すること」と付帯決議が
なされている点は、①の観点からなされているともいえるでしょう。
さらに、平成30年相続法改正に関する法務省法制審議会では配偶者の
法定相続分の引上げについても検討されました。最終的に実現されな

かったものの、代わりに婚姻期間20年を超える夫婦の持戻免除の意思表示の推定規定が新設されました。こちらも、法による配偶者保護を図ろうとしている点では、②の観点からなされていると考えられます。

　以上のように、近年の相続に関する立法および司法の判断は、①②の観点（場合によっては③の観点）の間で、適切な制度を模索しているものと考えられます。

最決平成25年９月４日民集67巻６号1320頁
「……総合的に考察すれば，家族という共同体の中における個人の尊重がより明確に認識されてきたことは明らかであるといえる。そして，法律婚という制度自体は我が国に定着しているとしても，上記のような認識の変化に伴い，上記制度の下で父母が婚姻関係になかったという，子にとっては自ら選択ないし修正する余地のない事柄を理由としてその子に不利益を及ぼすことは許されず，子を個人として尊重し，その権利を保障すべきであるという考えが確立されてきているものということができる。以上を総合すれば，遅くともAの相続が開始した平成13年７月当時においては，立法府の裁量権を考慮しても，嫡出子と嫡出でない子の法定相続分を区別する合理的な根拠は失われていたというべきである。」

---

❹　民法における配偶者保護に関する規定

⑴　法定相続分

　配偶者は常に相続人となります（民法890条）。そして、配偶者の法定相続分は子および配偶者が相続人である場合、２分の１と定められています（民法900条１号）。配偶者に相続権が認められる根拠は、第１に婚姻中の財産の清算、第２に生存配偶者の扶養ないし生活保障にあるとされています。

⑵　遺留分侵害額請求権

　法定相続人が配偶者だけの場合には配偶者に2分の1、配偶者に加え、子がいる場合には配偶者に4分の1の遺留分があります（民法1042条1項）。遺留分に満たない財産しか取得できなかった相続人は遺留分侵害額請求権を行使することができます（民法1046条1項）。このような遺留分制度が存在する目的は、第1に遺産の形成に貢献した遺留分権利者の潜在的持分の清算、第2に遺留分権利者の生活保障、第3に実質的夫婦共有財産の清算、第4に共同相続人間の公平などにあるとされています。

⑶　配偶者居住権

　平成30年相続法改正によって設けられた権利です（民法1028条1項）。第2章で解説しますが、配偶者の居住不動産に対する長期的な居住権を確保することを目的としています。

⑷　配偶者短期居住権

　平成30年相続法改正によって設けられた権利です（民法1037条1項）。第3章で解説しますが、相続開始後一定の短期間のみ配偶者に居住権を認めるものです。

⑸　婚姻期間20年を超える夫婦の持戻し免除の意思表示の推定

　平成30年相続法改正によって設けられた規定です（民法903条4項）。第4章で解説しますが、婚姻期間20年を超える夫婦の一方が他の一方に対し居住用不動産を贈与した場合に、持戻免除の意思表示が推定されるという規定です。この規定は、第1に居住用不動産の贈与は長期間にわたる夫婦の協力のもとで形成された財産であり、相手方配偶者の老後の生活保障を意図して贈与される財産であること、第2で配偶者の生活保障の目的でなされたものであることから、被相続人の意思としても、特別受益として配偶者の取り分を減少させる意図は

有していない場合が多いことから設けられました。

(6) 離婚の場合における財産分与

　離婚をする場合には、相手方に対して財産の分与を請求できます（民法768条1項）。財産分与には、第1に夫婦共有財産の清算、第2に離婚後の配偶者の扶養・生活保障、第3に離婚を余儀なくされたことについての精神的苦痛に対する慰謝料としての性質がある、とされています。

❺　本書の構成

　本書では上記❹のうち、平成30年相続法改正で設けられた(3)配偶者居住権、(4)配偶者短期居住権、(5)婚姻期間20年を超える夫婦の持戻し免除の意思表示の推定について、中心的に解説します。

2 配偶者の相続権

> 民法890条

Q 配偶者はなぜ常に相続人となるとされているのでしょうか。

point

● 配偶者に相続権がある理由として、一般に、①実質的な夫婦共有財産の清算と②生存配偶者の生活保障が挙げられます。すなわち、①夫婦が協力して築き上げてきた財産について、これを夫婦間で清算・分配するために、死亡配偶者の遺産を生存配偶者に相続させるという考え方と、②生存配偶者に遺産を承継させることにより、生存配偶者の生活を保障するという考え方があります。

❶ 相続制度とは

　人の死亡を原因として、その人の財産上の地位（権利・義務）を承継させることを相続といいます。どのように相続されるか、誰に相続されるかについては、民法が定めており、相続の開始によって原則として死亡した人（被相続人）の財産に属した一切の財産上の権利義務

が承継されます。また、財産が誰に相続されるかについては、被相続人に配偶者がいる場合は配偶者が常に相続人となるとされています。また、子、兄弟等被相続人と一定の血族関係にある人は、その血縁に基づいて相続人となります（**本章③**参照）。なお、子、兄弟については、被相続人の相続開始以前に死亡していた場合には、代襲相続があります。

❷ 配偶者に相続権が認められる理由

(1) 配偶者の相続権

本章①で見たように、配偶者は常に相続人となり、かつ、法定相続分として、子がいる場合には2分の1、子がなく被相続人の父母がいる場合には3分の2、子も両親もなく兄弟がいる場合には4分の3、子も両親も兄弟もいない場合には全部という法定相続分が認められています。これは子や両親、兄弟といった相続人と比較しても非常に手厚いものですし、他の国の法制と比較しても手厚いものです。

では、どうして配偶者にこのような優遇された相続権が与えられるのでしょうか。

(2) 実質的夫婦共有財産の清算

配偶者の相続権が与えられる1つめの理由としては、「実質的夫婦共有財産の清算」が挙げられます。

「実質的夫婦共有財産の清算」とは、名義上被相続人単独所有となっている財産であっても、その取得や維持には生存配偶者が協力している場合が多く、生存配偶者はこの財産に潜在的持分を有しているため、その清算のために生存配偶者に相続権が認められるべきという考え方です。夫が仕事に専念し、財産を形成し、その財産はすべて夫名義になっているものの、夫が仕事に専念できたのは専業主婦であった妻が家事育児に専念し、夫の財産形成に協力していたためであり、

妻にはその半分の相続権を認めるべきという発想です。

⑶　生存配偶者の生活保障

　配偶者に相続権が与えられる2つめの理由としては「生存配偶者の
生活保障」が挙げられます。

　「生存配偶者の生活保障」は、被相続人が生きていれば、配偶者は
その扶養を受けられたのに、被相続人の死亡によりこの扶養が受けら
れなくなるから、その代わりに生存配偶者の相続権が認められるべき
という発想です。

　上記いずれの理由についても、離婚の際の財産分与（**本章4**参照）
と同様の発想であり、相続（死別）や離婚といった機会を捉えて、被
相続人の財産を清算し、相手の配偶者の生活を保障しようとするもの
です。

③ 配偶者の法定相続分

民法 890 条

Q 配偶者の法定相続分について教えてください。今後改正があるのでしょうか。

Point

- 配偶者の法定相続分は、子がいるときは１／２、子がなく直系尊属がいるときは２／３、子と直系尊属がなく兄弟姉妹がいるときは３／４、子・直系尊属・兄弟姉妹がいないときは全部となります。
- 配偶者の法定相続分は昭和55年の民法改正により引き上げられ、現在の法定相続分となりました。平成30年の相続法改正時の議論で、配偶者の法定相続分をさらに引き上げることも検討されましたが、実現されませんでした。

❶ 配偶者の法定相続分

配偶者の法定相続分は、現在次のように定められています。

【現行の法定相続分】

	順　位	相続人	配偶者・血族相続人間の法定相続分	
			配偶者	血族相続人
配偶者	配偶者は常に相続人となる			
血族相続人	第1順位	子	1／2	1／2
	第2順位	直系尊属	2／3	1／3
	第3順位	兄弟姉妹	3／4	1／4

❷　法定相続分の改正経緯

(1)　昭和22年改正前

　戦前の民法は、明治時代に起草されたものですが、家制度を基礎として、戸主の戸主権および財産権の相続である家督相続と、家族の財産権の相続である遺産相続を中心に規定され、特に家督相続においては長男が単独で家督相続することが原則とされていたため、配偶者の権利は限られたものにとどまりました。被相続人が戸主の場合には、原則男子が家督相続するため、配偶者が家督相続するのは例外的な場合でした。また、被相続人が戸主以外の場合にも、相続権の第1順位は直系卑属とされており、配偶者は第2順位にとどまりました。

(2)　昭和22年改正

　昭和20年8月のポツダム宣言受諾後、あらゆる分野で戦後改革がなされ、個人の尊厳と両性の本質的平等を基調とした日本国憲法が公布されると同時に、家制度を基調とした旧民法は全面改正されることになりました。

　昭和22年の改正では、家制度、家督相続は廃止され、配偶者は常に相続人とされました。もっとも、以下に見るように、配偶者の法定相続分は、今よりも小さいものでした。

【昭和22年改正後の法定相続分】

| | 順　位 | 相続人 | 配偶者・血族相続人間の法定相続分 | |
			配偶者	血族相続人
配偶者	配偶者は常に相続人となる			
血族相続人	第1順位	直系卑属	1／3	2／3
	第2順位	直系尊属	1／2	1／2
	第3順位	兄弟姉妹	2／3	1／3

(3)　昭和55年改正

　昭和55年改正において、配偶者相続権の拡充が図られ、配偶者の法定相続分は、現在と同じ割合にまで引き上げられました。

❸　平成30年相続法改正における議論

(1)　相続法改正の契機

　民法の分野の中でも相続法は、配偶者の法定相続分の引上げ、寄与分制度の新設等を行った昭和55年の改正以来、約35年間にわたって大きな見直しはされてきませんでした。しかし、我が国における平均寿命が延びるなど、社会の高齢化が進展し、晩婚化・非婚化・再婚家庭の増加など、相続を取り巻く社会情勢には大きな変化が生じていることが指摘されていました。

　また、平成25年9月に、嫡出でない子の相続分を嫡出子の2分の1と定めていた民法900条4号ただし書き前半部分の規定が憲法に違反するとの最高裁の決定が出されました（最決平成25年9月4日民集67巻6号1320頁）。それに伴い、同規定が改正されましたが、その議論の過程で、同規定が法律婚の尊重を図るためのものであったことから、これを削除することに伴い、法律婚の尊重を図るための措置を別途検討してバランスをとるべきではないかとの指摘がなされました。

　このような経緯から、①社会情勢の変化の観点と②法律婚の尊重

（具体的には配偶者の死亡により残された他方配偶者の生活への配慮）
の観点から、相続法の見直しがなされ、平成30年相続法改正につなが
りました。

(2)　法定相続分の引上げ案

　平成30年相続法改正は、平成25年最決を一つの契機として議論が開
始されたこともあり、生存配偶者の保護が大きな課題となっており、
「配偶者の貢献に応じた遺産の分割等を実現するための措置」の１つ
として、配偶者の法定相続分を引き上げることも議論の対象となりま
した。そこでは、①遺産分割の手続きに先行して離婚における財産分
与に類似した実質的夫婦共有財産の清算を行う方法、②遺産の属性に
応じて配偶者の法定相続分を変動させる方法、③婚姻後に増加した被
相続人の財産につき、その割合に応じて、配偶者の具体的相続分を増
加させる方法、④婚姻期間に応じて配偶者の法定相続分を（期間の経
過又は合意により）変動させる方法が検討されました。

　しかしながら、いずれの案にも問題点があり、実質的夫婦共有財産
と被相続人の特有財産を明確に区別することは容易ではなく、実務的
に実現が著しく困難である（特に①②）とか、婚姻時の財産について
立証が困難である（特に③）、必ずしも実質的な貢献を反映しない
（特に③④）、合意のみにより法定相続分を変動させるのは他の制度と
の整合性がとれない、相続債権者等第三者の予測可能性を妨げる（特
に④）といった理由から、配偶者の法定相続分の引上げは実現しま
せんでした。

　その代わりに、配偶者保護の方策として、配偶者居住権および特別
受益の持戻し免除の意思表示の推定規定が設けられています。

(3)　今後の改正動向

　今後の改正動向は必ずしも明らかではありませんが、平成30年改正
で出た議論を振り返ってみる限り、今後法定相続分が引き上げられる

可能性は低いものと考えられます。特に、①実質的夫婦共有財産の清算および②生存配偶者の生活保障という配偶者相続権の根拠は、婚姻期間が長く、被相続人と同居して被相続人の日常生活を支えてきた配偶者にとっては当てはまるかもしれません。しかし、老齢になった後に婚姻したケースや婚姻期間は長いが同居期間は短いケース、双方が財産を形成しているケースには必ずしも当てはまりません。高齢化社会の進展、社会の多様化は今後ますます進むと考えられますので、①実質的夫婦共有財産の清算および②生存配偶者の生活保障の趣旨が妥当する夫婦はより少なくなってくるものと思われます。また、配偶者の法定相続分を現在と同じ割合まで引き上げた昭和55年の改正においては、「妻の保護を極限まで厚くした」とも評価されています。加えて、離婚時に配偶者が財産分与で取得する割合が原則として２分の１であることからすれば、これ以上の法定相続分を認めてしまうと、離婚するよりも死別を待った方が財産上は多く取得できることにもなりかねず、婚姻制度の形骸化にもつながりかねません。

　外国法との比較でも配偶者が保護されていることは疑いようがなく、今後これ以上配偶者の保護が厚くなることは想定しにくいように思います。

民法 768 条

Q 相続と離婚の場面で配偶者保護の考え方は異なるの
でしょうか。

point

● 日本には、離婚の場合、財産分与という制度があり、①実質
　的な夫婦共有財産の清算と②配偶者の生活保障という考え方
　において、相続の場面と共通した考え方がとられています。

● 具体的には、離婚時には、婚姻中に築き上げた財産につい
　て、原則として1／2ずつ取得することとされています。

● その一方で、相続の場合も配偶者の法定相続分として1／2
　が保障されていますし、遺言があった場合には配偶者に遺留
　分が保障されています。もっとも、離婚、相続いずれにおい
　ても、必ず取得割合が1／2となるわけではなく、個別具体
　的事案に応じた検討が必要です。

❶ 財産分与制度

(1) 財産分与制度

　財産分与とは、離婚した夫婦の一方が、他方に対して、財産の分与を求めるものです（民法768条１項）。婚姻後に形成した財産について、双方の財産形成の寄与度を考慮し、実質的に公平になるように分配するというのが、財産分与の基本的な考え方です。

　財産分与額は以下の計算式で表されます。財産分与を請求する側が権利者、請求される側を義務者としています。

　例えば夫が就業しており、妻が専業主婦であった場合には、財産は夫名義で蓄積され、妻名義の財産はほとんどないことも多くあります。しかし、離婚する際には、夫が婚姻期間中に形成した夫名義の財産に関して、夫婦で共同で稼得したもの（実質的夫婦共有財産）と考え、原則その２分の１の金額を妻にも保障するというものです。

　例外はあるものの、分与の割合は原則２分の１とされており、たとえ就業していたのが夫だけであっても、夫婦の貢献は原則均等と考えられています。

　また、財産分与はあくまでも婚姻期間中の財産を清算するものであるため、婚姻前に形成した財産や自身がその両親から相続で得た財産などは「特有財産」として財産分与の対象外となります。

$$財産分与額 = \left\{ \begin{bmatrix} 権利者名義の資産 \\ + \\ 義務者名義の資産 \end{bmatrix} - \begin{bmatrix} 権利者名義の負債 \\ + \\ 義務者名義の負債 \end{bmatrix} \right\} \div 2 - \begin{bmatrix} 権利者名義の資産 \\ - \\ 権利者名義の負債 \end{bmatrix}$$

(2)　具体例
　　　夫X（義務者）の離婚時の財産負債
　　　　　　財産1億円
　　　　　　負債2,000万円
　　　妻Y（権利者）の離婚時の財産負債
　　　　　　財産500万円
　　　　　　負債0円

　　　財産分与額＝（（1億円＋500万円）－（2,000万円＋0円））÷2
　　　　　　　　　　－（500万円－0円）
　　　　　　　　＝8,500万円÷2－500万円
　　　　　　　　＝3,750万円

❷　相続の場合と離婚の場合の違い

(1)　問題の所在

　離婚の場合と相続の場合の配偶者保護の考え方を比較したとき、婚姻期間中に夫婦で共同で築いてきた財産を分割しようという基本的発想は共通しているといえます。もっとも基本的発想が共通しているとはいえ、具体的な場面では結論が異なることも多くあります。

(2)　法定相続分の変動

　まず異なるのが、離婚の場合の財産分与の割合は原則として2分の1とされていますが、相続の場合は2分の1とは限りません。子がいる場合の配偶者の法定相続分は2分の1となりますが、子がなく直系尊属がいる場合は配偶者は3分の2、子も直系尊属もいないが兄弟がいる場合は配偶者は4分の3、子も直系尊属も兄弟もいなければ配偶者が全部ということになり、2分の1の取得が最低ラインとされています。離婚と比較すると相続の場合には配偶者が取得する財産の割合

が非常に高くなるよう設定されていることがわかります。

　また、仮に被相続人が遺言を残しており、配偶者以外の者に対し財産を遺贈する内容の遺言を作成していたとしても、配偶者には遺留分が認められています。遺留分は、子がいる場合には４分の１、子がなく直系尊属がいる場合には３分の１、子も直系尊属もなく兄弟がいる場合には２分の１が認められています。この場合には、家族構成にもよりますが、配偶者でも相続財産の４分の１しか得られない場合がありえます。

　これは反対に被相続人側から見ると、仮に夫婦で関係が悪化した場合であっても、婚姻中に築いた財産が多い場合には、離婚を選択するか、離婚せずに遺言で財産を渡さない方法を選択するかで、配偶者にわたる財産額が大きく変わることを意味します。

(3)　特有財産の存在

　次に問題となるのは、特有財産の存在です。相続の場合は、相続開始時に存在したすべての財産が分割の対象となります。これに対して、財産分与の場合には、特有財産（婚姻前に形成した財産や自身がその両親から相続で得た財産）は分与の対象とはされません。そのため、特有財産の額の大きさによっては、離婚と相続で大きく結論が変わることになります。

(4)　立証の難しさ

　さらに言えば、離婚の場合には、権利者側は１円でも財産分与でもらう財産を増やそうとし、義務者側は１円でも減らそうとして紛争になるケースが少なくありません。そのような状況において、財産分与をもらう権利者側（妻側が多い）が義務者（夫側が多い）の有する全財産を把握するのは容易ではない場合もあります。

　これに対して、相続の場合には、財産を保有していた本人がいないという問題点はあるものの、本人が意図的に財産隠しを行うことはあ

まり想定する必要はありません。もっとも、一部の相続人にわからないように生前に生前贈与が行われるケースもありますのでその点では離婚の場合とあまり変わらないかもしれません。

⑸　結　論
　離婚と相続は、いずれも実質的夫婦共有財産を清算する手続きではありますが、以上のような違いがあるといえます。

法務コラム

夫婦財産共同制（community property）

　アメリカ合衆国は1つの国とはいえ、州ごとに制度が異なっています。その中でも日本人が多く住むカリフォルニア州には、コミュニティプロパティの制度が存在しています。これは夫婦財産共有制と翻訳されますが、婚姻中に夫婦で築いた財産については、原則として、夫婦共有の名義とするものです。特段の合意がない限りは、仮に夫名義で収入を得たとしても、これは夫婦の共同財産として扱われるということです。一見、日本とはまったく異なる制度のように思えますが、相続の時に2分の1の相続権が保障されていること、離婚の際も財産分与で婚姻中に築いた財産の2分の1を取得することが保障されていることからすれば、結論からみてさほど異なるものではなく、日本の制度と同様の発想に基づき定められていることがわかります。

5 事実婚・パートナーシップ・同性婚等について

民法 890 条、768 条

Q 死亡や生前に関係が解消した場合に配偶者として保護されるのは法律婚の場合に限られるでしょうか。事実婚・内縁・パートナーシップ・同性婚・同性パートナーシップ等の場合、配偶者として保護されないのでしょうか。

point

- 死亡解消に伴う配偶者の相続権は法律婚の場合に限られます。
- 生前解消の場面では、内縁関係を婚姻に準じたものとして法的に保護する考え（準婚理論）があり、財産分与の規定が適用される場合があります。ただし、同性婚や同性パートナーシップの場合に財産分与の規定を適用することは、現時点では困難です。

❶ 死亡解消に伴う相続権について

　事実婚・内縁・パートナーシップ・同性婚・同性パートナーシップの一方当事者が死亡し関係が解消された場合、他方当事者は「被相続

人の配偶者」（民法890条）には該当しません。ここでいう「配偶者」とは法律婚の場合に限られるからです。したがって、他方当事者に相続権は認められません。

　この点、離婚の際の財産分与に関する民法の規定（民法768条）を類推適用することで他方当事者が財産を取得することができないかが議論されています。学説上では類推適用を認め他方当事者が財産を取得することを肯定する見解もありますが、最決平成12年3月10日民集第54巻3号1040頁は、「死亡による内縁解消のときに、相続の開始した遺産につき財産分与の法理による遺産清算の道を開くことは、相続による財産承継の構造の中に異質の契機を持ち込むもので、法の予定しないところである。また、死亡した内縁配偶者の扶養義務が遺産の負担となってその相続人に承継されると解する余地もない。したがって、生存内縁配偶者が死亡内縁配偶者の相続人に対して清算的要素及び扶養的要素を含む財産分与請求権を有するものと解することはできない。」と述べ、類推適用を否定しています。

　したがって、事実婚・内縁・パートナーシップ・同性婚・同性パートナーシップの一方当事者に相続が発生した場合、他方当事者は法的には当然に保護されているわけでないため、何らの対策もしていないと財産を取得することはできません。そのため、他方当事者が財産を取得するためには、生前に当事者間の契約で取り決めをしておくか、他方当事者が財産を取得する旨の遺言を作成してもらう必要があると考えられます。

❷　生前解消に伴う財産分与

　死亡ではなく生前に関係が解消された場合でも、法律婚の離婚において適用される財産分与規定（民法768条）が直接適用されるわけではありません。

(1) 事実婚・内縁

　しかし、この点最高判昭和33年4月11日民集12巻5号789頁は内縁関係の不当破棄の事案で、「いわゆる内縁は、婚姻の届出を書くがゆえに、法律上の婚姻ということはできないが、男女が相協力して夫婦としての生活を営む結合であるという点においては、婚姻関係と異なるものではなく、これを婚姻に準ずる関係というを妨げない」と判示しました。内縁関係を婚姻に準じたものとして法的に保護するという意味で準婚理論と呼ばれています。

　このような考えを背景に、生前に内縁関係が解消された場合には、財産分与の規定（民法768条）を適用できるとした審判例があり（東京家審昭和31年7月25日家月9巻10号38頁、広島高決昭和38年6月19日家月15巻10号130頁等）、実務上も財産分与制度による処理がされています。法的に保護される内縁とは何かという点について、これを明確にした判例はありませんが、一般的には、「婚姻意思をもって同棲し、実質的には夫婦同様の生活を送っているが、法の定める婚姻の届出手続を経ていないがために、法律的には婚姻関係として取り扱われない事実上の夫婦関係を指す」とされています。

(2) パートナーシップ（同性の場合を除く）

　パートナーシップについては必ずしも確立された定義が存在するわけではありませんが、上記(1)の内縁・事実婚として法的に保護される対象には必ずしも該当しない関係も一部包含しているものと考えられます。

　この点、最判平成16年11月18日集民215号639頁は、16年間の関係を継続したものの一方当事者が「パートナーシップ関係」を解消し慰謝料を請求した事案において、①「両者はその住居を異にしており、共同生活をしたことは全くなく、それぞれが自己の生計を維持管理しており、共有する財産もなかった」、②「被上告人は上告人との間に2人の子どもを出産したが、……被上告人は2人の子どもの養育には一

切かかわりをもっていないこと、そして、被上告人は出産の際には、上告人側から出産費用等として相当額の金員をその都度受領していること」、③「両者の間に民法所定の婚姻をする旨の意思の合致が存したことはなく、かえって、両者は意図的に婚姻を回避している」、④「上告人と被上告人において、上記の関係に関し、その一方が相手方に無断で相手方以外の者と婚姻をするなどして上記の関係から離脱してはならない旨の関係存続に関する合意がされた形跡がないことは明らか」などと指摘したうえで、「婚姻及びこれに準ずるものと同様の存続の保障を認める余地はないことはもとより、上記関係の存続に関し、上告人が被上告人に対して何らかの法的な義務を負うものと解することはできず、被上告人が上記関係の存続に関する法的な権利ないし利益を有するものとはいえない。」と判断しています。

⑶　同性パートナーシップ・同性婚

　同性婚に関して上記⑴と同様に財産分与規定を適用できるか否かについて、これを肯定した裁判例は見当たりません。そのため、今後、新たな裁判例や判例が出される可能性はあるものの、現時点では財産分与規定の適用は困難と言わざるを得ません。

第1部　法務編

第2章　配偶者居住権

1 配偶者居住権の制度趣旨

民法 1028 条、601 条、593 条

Q 配偶者居住権の制度を創設した趣旨を教えてください。

point

- 遺産分割の場面で、配偶者が居住建物の所有権を取得するよりも低廉な価額で居住権を確保できるようになります。
- 遺言作成の場面で、子がいない遺言者が、配偶者には配偶者居住権を取得させつつ、甥や姪に建物所有権を取得させることで、自宅建物について実質的に後継遺贈と同様の効果を発生させることができます。

❶ 意 義

　配偶者居住権とは、相続人となる配偶者が従前居住していた被相続人所有の建物を対象として、遺産分割終了後にも原則として終身の間継続して無償で配偶者にその建物の使用を認めることを内容とする法定の権利のことをいいます（民法1028条）。

❷ 相続法改正の経緯

　そもそも配偶者居住権の創設を含む全面的な相続法改正が行われる
きっかけとなったのは、非嫡出子の相続分が嫡出子の半分と定めてい
た民法の規定を違憲と判断した最高裁決定（最決平成25年9月4日民
集67巻6号1320頁）です。この最高裁決定を受けて、法務省は速やか
に民法を改正しました（平成25年12月5日成立、同月11日公布・施
行）。

　この民法改正の国会の審議過程で、平成25年最高裁決定やそれに伴
う民法改正により嫡出子と配偶者を合わせた法定相続分が相対的に減
少することで、生存配偶者が実質的な不利益を受けないかという点が
問題提起されました。これを受けて、平成27年2月に法務大臣から法
制審議会に対して相続法の見直しについて諮問がされ（諮問第100
号）、配偶者居住権の創設を含む「民法及び家事事件手続法の一部を
改正する法律案」および「法務局における遺言書の保管等に関する法
律案」が平成30年7月6日に国会で成立しました（同月13日公布、平
成30年法律第72号、第73号）。

❸ 配偶者居住権創設の趣旨

　生存配偶者の保護という観点で、我が国の現状を見ると、近年高齢
化が進展し、配偶者の一方が死亡した場合に、残されたもう一方の配
偶者（生存配偶者）がすでに高齢となっているケースが多くなってい
ます。そのような状況においては、高齢配偶者にとってその居住権の
保護を図ることが重要です。この配偶者の居住権に関しては、生存配
偶者に住居に対する終身の居住権、および住居に備え付けられた動産
の使用権を認めているフランス法が参考にされました。

❹　配偶者居住権とその他の制度との違い

　配偶者居住権が創設される以前において配偶者が自宅に居住するための方法としては、①遺産分割により配偶者が自宅の所有権を取得したり、②自宅の所有権を取得した者との間で賃貸借契約や使用貸借契約等を締結したりする方法がありました。

　上記①の所有権とは自宅を全面的に支配する権限、つまり自宅を自由に「使用・収益・処分」する権限をいいます。配偶者が自宅の所有権を取得すれば自宅に居住するなどして「使用」するだけでなく、第三者に賃貸し賃料を得て「収益」することも、第三者に自宅を売却するなどして「処分」することも可能です。しかし、全面的に支配する権限である所有権を取得する場合、評価額も高額になります。そのため、特に遺産全体に占める自宅の割合が大きい場合には、配偶者が自宅の所有権を取得すると、遺産分割の場面でその他預貯金などの遺産を取得することができなくなることが考えられます。

　他方で、配偶者は自宅の所有権を取得した者と上記②の賃貸借契約や使用貸借契約を締結することで、自宅を「使用」「収益」することも可能です（民法601条、593条参照）。しかし、自宅の所有権を取得した者が賃貸借契約や使用貸借契約に応じなければ、配偶者が自宅を「使用」「収益」することができません。

　そこで、上記①②に代わって、冒頭のニーズに応えるため、③配偶者のために自宅を「使用」「収益」する権限を認め、「処分」する権限はない権利（配偶者居住権）を創設しました（民法1028条）。遺産分割の際に、配偶者が所有権を取得するよりも低廉な価額で自宅の居住権を確保できるようにすることで、配偶者は居住権を確保しつつ、その後の生活資金として預貯金等の財産を一定程度確保できます。また、配偶者居住権は、自宅の所有権を取得した者の同意がなくても、遺産分割審判で取得できる可能性があります。

　上記①②③のうち、配偶者がどの権利を取得するのが適切なのかは、事案によって異なり、配偶者居住権の制度が創設されたからといって、配偶者が常に③配偶者居住権を取得すべきだとはいえません。したがって、③配偶者居住権はあくまで、遺産分割における従前の選択肢を増やす趣旨と考えるべきでしょう。

❺　遺言における活用

　配偶者居住権は遺産分割の場面に限らず、遺言によって配偶者に取得させることも可能です。例えば、子がいない者が遺言を作成する場合、自身の死亡後には配偶者に自宅を利用してもらいたいが、配偶者死亡後は自身の甥や姪に自宅を相続させることを希望することが考えられます。

　この点、後継遺贈という方法が考えられます。後継遺贈とは、遺言の効力が発生した後に受遺者が死亡しても、その受遺者の相続人に遺贈の目的物を相続させるのではなく、被相続人が指定する者に遺贈の目的物を与える遺贈です。具体的には、被相続人が配偶者に自宅を遺贈して（第一次遺贈）、その後に配偶者が死亡したときには甥や姪に自宅を遺贈する（第二次遺贈）といった方法です。しかし、この後継遺贈については法的な有効性に争いがあり、無効であるとの考え方が有力です。そのため、このようなニーズに対応するには後継遺贈ではなく、後継ぎ遺贈型の受益者連続型信託の方法で行うことが一般的でした。

　しかし、配偶者に居住権を確保させることを目的とする場合には、あえて後継ぎ遺贈型の受益者連続型信託を利用しなくても、被相続人は遺言で配偶者に配偶者居住権を取得させつつ、甥や姪に配偶者居住権の負担付きの建物所有権を取得させることで、実質的に後継遺贈と同様の効果を発生させることができます。この場合、配偶者は配偶者居住権により自宅に居住する権利を確保でき、配偶者が死亡するなど

して配偶者居住権が消滅した場合には、甥や姪は配偶者居住権の負担のない完全な所有権を取得することができるからです。

2 配偶者居住権の概要

> 民法 1028 条、1029 条、1030 条、1032 条、554 条

Q 配偶者の居住権を長期的に保護するための制度とは、どのような制度でしょうか。

point

- 配偶者居住権が設定された場合、配偶者は、遺産分割終了後も終身または一定の間、無償で、被相続人が所有していた建物に居住し続けることができます。

- 配偶者居住権は次の要件を満たす場合に認められます。

  1　相続開始時に被相続人が対象建物を所有すること
  2　相続開始時に配偶者以外の者と対象建物を共有していないこと
  3　相続開始時に配偶者が対象建物に居住していること
  4　次のいずれかの方法により、配偶者居住権の取得が認められること
  ⑴　遺産分割協議（調停）による取得
  ⑵　遺贈（死因贈与）による取得
  ⑶　家庭裁判所の審判による取得
  　①　共同相続人間で合意が成立しているとき
  　②　①の場合を除き、配偶者が家庭裁判所に対して配偶者居住権の取得を希望する旨を申し出た場合

> において、居住建物の所有者の受ける不利益の程
> 度を考慮してもなお配偶者の生活を維持するため
> に特に必要があると認めるとき

❶ 意 義

　配偶者居住権とは、配偶者が従前居住していた被相続人所有の建物を対象として、遺産分割終了後にも原則として終身の間継続して無償で配偶者にその建物の使用を認めることを内容とする法定の権利のことをいいます。

　配偶者居住権は、平成30年相続法改正によって創設されたものです。その趣旨は、被相続人が死亡した場合に相続人となった配偶者の居住権を保護する点にあります。

❷ 配偶者居住権の成立要件

(1) 相続開始時に被相続人が対象建物を所有すること

　配偶者居住権の目的となる建物は、相続開始時点において、被相続人の財産に属した財産でなければなりません。

(2) 相続開始時に配偶者以外の者と対象建物を共有していないこと

　被相続人が相続開始時に居住建物を配偶者以外の者と共有していた場合は、その建物に配偶者相続人が居住していたとしても配偶者居住権は認められません（民法1028条1項ただし書き）。その趣旨は、配偶者居住権が、配偶者短期居住権とは異なり、配偶者に居住建物全部について無償で使用および収益する権利であることから、第三者が共有持分を有する場合に、その共有に係る部分についてまで配偶者に使用収益することを認めることは妥当ではないという点にあります。

(3)　相続開始時に配偶者が対象建物に居住していること

　「配偶者」とは、法律上被相続人と婚姻していた配偶者をいいます。「居住」とは、配偶者が当該建物を生活の本拠としていたことを意味しますが、建物全部を居住の用に供していたことまでは要求されません。

(4)　配偶者居住権の取得方法

　①　遺産分割協議（調停）による取得

　　相続人全員が合意をすることで、配偶者は配偶者居住権を取得することができます（民法1028条1項1号）。もちろん、他の相続財産の帰属の問題は切り離して、配偶者居住権や自宅所有権のみについて分割協議を成立させることは可能ですが（一部分割の合意）、通常はすべての相続財産について遺産分割に関する合意が同時に行われるため、配偶者居住権以外の相続財産の帰属が問題になっている場合には、一般的には①は成立せずに、③に移行することになると思われます。

　②　遺贈（死因贈与）による取得

　　相続開始前に被相続人が遺言により遺贈することで、配偶者は配偶者居住権を取得することができます（民法1028条1項2号）。

　　死因贈与については遺贈の規定が準用されるため（民法554条）、死因贈与による配偶者居住権の取得も可能です。

　③　遺産分割審判による取得

　　遺産分割においては、まず相続人同士の任意の交渉が行われますが、合意が成立しなかった場合でも、遺産分割審判において、次の場合に限り、配偶者が配偶者居住権を取得することができます（民法1029条）。

　　㋐　共同相続人間に配偶者が配偶者居住権を取得することについての合意が成立しているとき

　　　すべての相続財産について遺産分割に関する合意をすることが

できない状況であるが、配偶者が配偶者居住権を取得することについては相続人全員が合意している場合などが考えられます。

⑷　㋐の場合を除いて、配偶者が家庭裁判所に対して配偶者居住権の取得を希望する旨を申し出た場合において、居住建物の所有者の受ける不利益の程度を考慮してもなお配偶者の生活を維持するために特に必要があると認めるとき

　配偶者が居住権の取得を希望する場合に限定している趣旨は、配偶者居住権の存続期間中に建物所有者と使用方法等で紛争が生じ得ることから居住権の取得を希望しない場合も想定され、そのような場合に居住権の取得を余儀なくされるのは妥当ではないため、とされています。

　そして、「居住建物の所有者の受ける不利益の程度を考慮してもなお配偶者の生活を維持するために特に必要があると認めるとき」については、(i)配偶者に対して住み慣れた環境での生活を継続するための居住権を保障する利益と、(ii)配偶者居住権が設定されることにより自己の取得した建物所有権が制約されることについての建物所有者の不利益との衡量のもと、配偶者居住権の成否、存続期間等を判断すべきであり、家庭裁判所は配偶者が優先的に配偶者居住権を取得できることを前提に遺産分割の審判をしてはならないと理解されています（潮見佳男『詳解相続法第2版』435頁（弘文堂、2022年））。

❸　存続期間について

　配偶者居住権の存続期間は、原則として終身の間です。ただし、遺産の分割の協議もしくは遺言に別段の定めがあるとき、または家庭裁判所が遺産の分割において別段の定めをしたときは、それよりも短い期間とすることもできます（民法1030条）。

③ 配偶者居住権の意義

民法 1028 条 1 項、900 条、903 条、904 条の 2、906 条
家事事件手続法 39 条、75 条、248 条 1 項、247 条 1 項、257 条、
268 条 1 項

Q 先日私の夫が亡くなりました。私と夫との間には子はいませんが、夫の前妻との間に子がいます。遺言書はなく、法定相続人である私と長男で遺産分割協議を行うことになりました。遺産は5,000万円の自宅マンションと、2,000万円の預貯金です。私と長男は、法定相続分に従った遺産分割を希望していますが、私が自宅を取得すると法定相続分を超えてしまいます。このような場合に、私が自宅に住み続ける方法は何かないのでしょうか。

point

- 遺産分割や遺産分割調停では必ずしも法定相続分・具体的相続分で分割する必要はありません。
- 遺産分割審判では裁判所も具体的相続分に拘束され、具体的相続分に従って分割がされなければなりません。
- 自宅を相続すると法定相続分や具体的相続分を超えてしまう場合であっても、配偶者居住権を取得することにより、法定相続分や具体的相続分の範囲に収めることが可能となる場合があります。

❶　法定相続分の意義

　自宅マンションを配偶者が相続することで相続人全員が一致し、分割協議が成立すれば、配偶者はこのまま自宅に住み続けることができます。確かに、遺産は総額7,000万円ですから、配偶者が5,000万円の自宅マンションを取得すると、配偶者の法定相続分2分の1（3,500万円）を超えることになります。しかし、このような場合でも、その他の相続人が合意していれば何ら問題なく、遺産分割では必ずしも法定相続分に従った分割をする必要はありません。例えば、被相続人の相続においては、すべての財産を配偶者が取得し、子は財産を一切取得しないということも可能です。

❷　法定相続分と具体的相続分

　法定相続分と類似した用語として具体的相続分という用語があります。法定相続分とは、法定相続人が相続する割合のことで、遺言がない場合に適用される法定の相続割合のことです。その割合は、相続人が配偶者と子の場合は、配偶者2分の1、子が2分の1、相続人が配偶者と直系尊属の場合は、配偶者3分の2、直系尊属が3分の1、相続人が配偶者と兄弟姉妹の場合は、配偶者4分の3、兄弟姉妹4分の1となります（民法900条）。

　これに対し、具体的相続分とは、特別受益や寄与分を考慮し、法定相続分を修正した割合のことをいいます。

　以下、❸の通り、具体的相続分は特に遺産分割審判において、重要な意味を持ちます。

❸ 遺産分割手続の3類型

(1) 遺産分割協議

遺産分割は相続人全員で遺産分割協議を成立させることを、まずは目指すことになります。相続人全員で話し合いを行い、遺産分割協議書を作成すれば、遺産分割協議が成立します。

(2) 遺産分割調停

相続人全員で協議しても、相続人全員で遺産分割協議が成立できない場合には、遺産分割調停を行うことができます。遺産分割調停では、調停委員会で調停を行うこととされ（家事事件手続法247条1項）、調停委員会は裁判官1名と家事調停委員2名以上で構成することとされ（同法248条1項）、当事者間に合意が成立し、これを調書に記載したときに、遺産分割調停が成立します（同法268条1項）。調停が成立すると、確定した審判と同一の効力が生じるとされており（同法268条1項）、具体的には「金銭の支払、物の引渡し、登記義務の履行その他の給付」に関して執行力のある債務名義と同一の効力を生じます（同法75条）。

調停委員会は相続人相互の主張を整理しながら、調停を成立させることを目指します。家庭裁判所が相続人の間に入って利害調整を図ってくれる点が(1)と異なりますが、あくまで相続人全員の合意が必要になるという点では、(1)と同じです。

(3) 遺産分割審判

(2)で調停が成立しない場合には、審判手続で裁判官が遺産分割方法を決定します（家事事件手続法39条）。審判が成立すると、「金銭の支払、物の引渡し、登記義務の履行その他の給付」に関して執行力のある債務名義と同一の効力を生じます（同法75条）。遺産分割について

は調停前置が義務付けられていないので（同法257条）、必ずしも(2)を経てから(3)遺産分割審判に移行しなければならないわけではありません。しかし、家庭裁判所はいつでも、職権で、審判を家事調停に付することができるので（同法274条）、一般的には、(2)を経てから(3)の遺産分割審判に移行します。

　遺産分割審判は裁判官が分割方法を決定しますから、相続人の合意は不要である点が、(1)(2)と決定的に異なります。裁判官がどのような基準で遺産分割を決定すべきかについて、民法906条において「遺産の分割は、遺産に属する物又は権利の種類及び性質、各相続人の年齢、職業、心身の状態及び生活の状況そのほか一切の事情を考慮してこれをする」と定められています。遺産分割審判においては、具体的相続分の範囲内で、民法906条所定の基準を用いて、遺産分割をすることになります。つまり、遺産分割審判では、裁判官は具体的相続分に応じた遺産分割をしなければならないと考えられています。

⑷　上記(1)〜(3)の手続きにおける具体的相続分の役割

　前述のように、(1)**遺産分割協議**・(2)**遺産分割調停**では、相続人全員の合意で具体的相続分と異なる分割をすることは妨げられません。しかし、(3)**遺産分割審判**では、裁判所も具体的相続分に拘束され、具体的相続分に従って分割がされなければなりません。

　なお、(2)**遺産分割調停**では、理論上は具体的相続分や法定相続分と異なる分割も可能ですが、調停においては相続人間で何らかの紛争が顕在化している場合が多いことから、常に具体的相続分まで厳密に算定しているわけでないにしても、少なくとも法定相続分を意識した内容で遺産分割調停が成立することが実務上多いと思われます。

❹　法定相続分・具体的相続分の範囲に収める選択肢としての配偶者居住権

　以上のように、各相続人があくまで法定相続分・具体的相続分に

従った分割を希望する場合には、配偶者の居住権を確保しつつ、配偶者の法定相続分・具体的相続分の範囲内で分割する方法がないか模索することになります。

　この場合は、例えば、配偶者が単純に自宅を相続する方法では、配偶者の法定相続分を大きく超えてしまいます。そのほかの方法として、配偶者が自宅を相続する代わりに、配偶者が長男に対して1,500万円を支払えば、配偶者の相続分は法定相続分の3,500万円以内に収めることができます。これを、代償分割といいます。しかし、配偶者に余剰資産がなければ1,500万円を支払うことができません。

　そこで、分割協議による配偶者居住権を取得するという方法が考えられます。配偶者居住権の評価については次項で述べますが、自宅所有権をそのまま取得するよりも配偶者居住権を取得したほうが評価が低額となり、配偶者居住権を取得することで配偶者の法定相続分3,500万円以内（具体的相続分の主張があればその範囲）に収めることができる可能性があります。

税務コラム

遺産分割のやり直しには要注意！

　夫が亡くなった際、妻である私が自宅の所有権を、子供たちが金融資産を取得し、概ね法定相続分通りに遺産を取得するという内容で遺産分割協議が成立しました。当時は、配偶者居住権ができたばかりで、どういうものなのかよくわかっていませんでした。それから数年経過しましたが、配偶者居住権を設定すれば、私は自宅に住む権利を確保しつつ、現金も取得した上で、法定相続分どおりに遺産分割できたことを知りました。子供たちに相談したところ、配偶者居住権を私（妻）が取得し、子供たちが自宅土地建物を取得するという内容で遺産分割をやり直すことに賛成してくれており、再分

割できそうです。その場合、相続税も新しい遺産分割協議の内容で申告し直せるのでしょうか。

【税理士の目線から】

　法律上は、相続人全員の同意があれば、遺産分割協議をやり直すことができます（民法907条）。

　しかし、相続税に関しては注意が必要です。当初の遺産分割に、無効や取消しが認められるような瑕疵（かし）や強迫、錯誤などがあった場合を除き、税務上は、遺産分割のやり直しにより取得した財産は、相続人間の贈与により取得したものとして取り扱われます。

　いったん有効に遺産分割が成立すれば、相続開始の時に遡って効力が発生しますので、その相続財産は取得した相続人のものになります。ですので、税務上は、その後、相続人間で再分割したとしても、当初の遺産分割に瑕疵等がなければ、再分割で取得した財産を相続で取得したものとは考えず、実質的に相続人間で贈与が行われたものと考えます。

　したがって、再分割に従って計算した相続税額が当初申告の相続税額に比べ変動したとしても、相続税申告のやり直しは認められないと思われます。

　なお、再分割により、配偶者が新たに取得する現金や、子供たちが取得することになる自宅土地建物について、理論的には、上記考えにより贈与税が課税される可能性があります。ただ、本件のように、再分割が、租税回避を目的とするものではなく、配偶者居住権創設の趣旨に沿った形で遺産分割をやり直すということであれば国税側の理解を得て、贈与税課税が行われない可能性もあるのではないかと思います。

4 配偶者居住権と共有

民法 1028 条 1 項ただし書、2 項

Q1 配偶者居住権は、自宅が亡くなった被相続人と第三者の共有である場合にも取得できるのでしょうか。

Q2 亡くなった被相続人と配偶者が共有している場合ではどうでしょうか。

Q3 配偶者居住権を取得した配偶者が、その建物の共有持分権を取得した場合は、配偶者居住権は消滅するのでしょうか。例えば、被相続人の相続人として配偶者と子A・Bがいる場合に、配偶者が配偶者居住権を取得し、Aが自宅所有権を取得したが、Aが遺言で配偶者とBに自宅所有権を遺贈した場合に、配偶者の配偶者居住権は消滅するのでしょうか。

Q4 配偶者居住権を取得した配偶者が、その建物全部の所有権を取得した場合は、配偶者居住権は消滅するのでしょうか。

point

- 配偶者居住権は、その建物に対し第三者が共有持分を有する場合には成立しません。
- 配偶者居住権は、その建物に対し配偶者自身が共有持分を有している場合であっても成立します。
- 配偶者居住権を取得した配偶者が、その後、建物の共有持分を取得した場合であっても、他の者が共有持分を有するときは、配偶者居住権は消滅しません。
- 配偶者居住権を取得した配偶者が、その後、建物全部の所有権を取得した場合には、混同により、配偶者居住権は消滅します。

❶　Q1について

　被相続人が相続開始時に居住建物を配偶者以外の者と共有していた場合は、その建物に配偶者が居住していたとしても配偶者居住権は認められません（民法1028条1項ただし書）。この場合に配偶者居住権の成立を認めてしまうと、被相続人は生前に他の共有持分権者との関係で排他的な権利を有していなかったにもかかわらず、配偶者は配偶者居住権の成立により他の共有持分権者との関係でも建物使用の対価を支払うことなく排他的な利用権を取得することができることになってしまい、他の共有持分権者の利益が不当に害されるからです。したがって、Q1の場合は、配偶者居住権を取得することはできません。

❷　Q2について

　被相続人が相続開始時に居住建物を配偶者と共有していた場合で

も、その建物に配偶者が居住していれば配偶者居住権を取得すること
ができます（民法1028 条 1 項ただし書参照）。これは、夫婦が居住す
る建物について夫婦の共有になっている場合も相当程度存在するた
め、このような場合でも配偶者居住権を成立させる必要性があり、ま
た、このような場合に配偶者居住権の成立を認めたとしても、上記**Q
1**のような不利益を受ける者がいないためであるとされています。

❸　Q 3 について

　配偶者居住権を取得した配偶者が、その後、建物の共有持分を取得
した場合であっても、他の者が共有持分を有するときは、配偶者居住
権は消滅しません（民法1028条 2 項）。

　本件では自宅所有権を有するAが死亡したことで、配偶者とBが自
宅の共有持分を有することになります。この場合に配偶者の配偶者居
住権を消滅させてしまうと、建物の共有持分を取得したBが配偶者に
対して不当利得返還請求（民法703条）をしたり、共有物分割請求
（民法256条 1 項）をしたりするなどして、配偶者が居住建物に居住で
きなくなってしまうことが想定されます。そこで、居住建物の共有持
分を有する場合についても配偶者居住権を消滅させないこととしてい
ます。

　したがって、**Q 3** のように、配偶者が建物の共有持分権を有するこ
とになった場合でも、他の者が共有持分を有するときは、配偶者居住
権は消滅せず、配偶者は無償で建物に居住し続けることができます。

❹　Q 4 について

　配偶者居住権を取得した配偶者が、その後、建物全部の所有権を取
得した場合には、混同により、配偶者居住権は消滅します。

5 遺贈・死因贈与による取得

民法 1028 条 1 項、554 条、908 条、964 条、986 条、1014 条 2 項

Q 私は自宅を保有していますが、私の死後に妻に確実に配偶者居住権を設定する方法はあるでしょうか。

point

- 配偶者居住権は、遺言（遺贈に限る）や死因贈与によっても設定が可能です。
- 特定財産承継遺言によって配偶者居住権を配偶者に設定することはできません。ただし、いわゆる相続させる旨の遺言がされた場合でも、特定財産承継遺言ではなく、遺贈と解釈できる可能性もあります。

❶ 遺言や死因贈与による取得

　配偶者居住権は、遺贈により取得させることも可能です（民法1028条1項2号）。また、死因贈与契約によって、配偶者が配偶者居住権を取得することも可能です（民法554条）。つまり、相続開始後の遺産分割だけでなく、相続開始前に遺言や死因贈与契約をするなどの生前対策を行うことによって、配偶者が配偶者居住権を取得することも可

能です。

❷ 相続させる旨の遺言とは

(1) 特定財産承継遺言と遺贈の2種類

　遺言実務では、「特定の遺産を、特定の相続人に、相続させる」旨の遺言（いわゆる相続させる旨の遺言）が推奨されてきました。そして、この相続させる旨の遺言を「特定遺贈」（民法964条）とみるべきか、「遺産分割方法の指定」（民法908条）とみるべきか議論がありました。この点、最判平成3年4月19日民集45巻4号477頁は、「遺言書の記載から、その趣旨が遺贈であることが明らかであるか又は遺贈と解すべき特段の事情のない限り、……遺産の分割の方法を定めた遺言であり、……当該遺言において相続による承継を当該相続人の受諾の意思表示にかからせたなどの特段の事情のない限り、何らの行為を要せずして、被相続人の死亡のとき（遺言の効力が生じた時）に直ちに当該遺産が当該相続人に相続により承継されるものと解すべき」と判示しました。これにより、相続させる旨の遺言は、「特定遺贈」と解すべき特段の事情がなければ、「遺産分割方法の指定」がなされものと考えられており、「遺産分割の方法の指定として遺産に属する特定の財産を共同相続人の一人又は数人に承継させる旨の遺言」（以下、特定財産承継権といいます）（民法1014条2項）であることになります。

(2) 特定財産承継遺言と遺贈の違い

　配偶者居住権との関係で、特定財産承継遺言と遺贈の重要な違いとしては、特定物の「特定遺贈」は放棄できるのに対して（民法986条）、「遺産分割方法の指定」の場合には、相続そのものを放棄することしかできない点です。そのため、特定財産承継遺言によって配偶者居住権の取得を認めた場合、配偶者が配偶者居住権のみ取得を希望し

ない場合にも、配偶者居住権の取得のみを拒否することはできず、相続放棄をするか、相続の承認をして希望しない配偶者居住権を取得するかの選択を迫られることになってしまいます。

❸　配偶者居住権の取得は遺贈に限定されていること

(1)　民法の規定

　上記のように、特定財産承継遺言で配偶者居住権の取得を認めると、かえって配偶者の利益を害するおそれがあるため、遺贈に限るとされました（民法1028条1項2号）。そのため、仮に配偶者が配偶者居住権の取得を希望しない場合には、相続放棄をすることなく、配偶者居住権のみ遺贈を放棄することができます（民法986条）。配偶者が配偶者居住権の遺贈の放棄をした場合には、建物所有者が配偶者居住権のない所有権を取得することになると解する見解が有力です（潮見佳男『詳解相続法第2版』438頁（弘文堂、2022年））。

(2)　配偶者居住権を「相続させる」旨の遺言の効力

　配偶者居住権を「相続させる」旨の遺言が作成された場合、特段の事情のない限り「遺産分割方法の指定」がなされたものと考えるという平成3年最高裁判例に照らすと、民法1028条1項2号の規定に抵触することとになり、無効になるとの考え方もありうるところです。遺言者が、意図的に「遺産分割方法の指定」をして、配偶者居住権を目的とした特定財産承継遺言をした場合には無効となると思われますが、遺言者があえて無効の遺言を残すことは考え難く、被相続人の意思を尊重して遺言はできるだけ無効にならないように解釈すべきであるとの一般的な考えによれば、直ちに無効となるのではなく、遺贈の趣旨であったと解釈できる可能性もあります。

6 配偶者居住権の範囲①
（配偶者が建物の一部を利用している場合）

民法 1028 条、1031 条、1032 条、1037 条、605 条

Q1 父が死亡し、母は配偶者居住権を取得しました。父の生前、母は自宅の一部で駄菓子店を営んでいました。この場合、駄菓子店部分にも配偶者居住権は及ぶのでしょうか。

Q2 母が営む駄菓子店について、母が父に対して、賃料を支払っていた場合はどうでしょうか。

Q3 駄菓子店を営んでいたのが、父だった場合はどうでしょうか。

Point

- 建物のうち、従前居住目的で使用していなかった部分についても、配偶者居住権に基づいて居住目的で使用することができます。
- 配偶者居住権は、無償で使用していた部分に限られず、有償で使用していた部分についても成立します。
- 配偶者居住権は、配偶者が使用していた部分に限られず、被相続人や第三者が使用していた部分についても成立します。

> ただし、対抗要件の優劣により、配偶者居住権による使用が制限されることがあります。

❶　Q1について

(1)　配偶者居住権の範囲

　配偶者居住権は、相続開始の時に配偶者が居住していた建物について成立する権利であり、その権利の範囲は、対象建物の「全部」とされています（民法1028条1項）。これは配偶者居住権の第三者対抗要件を備えるためには登記が必要になるところ（民法1031条2項、605条）、建物の一部を区切って登記をすることは困難であることや（法制審・資料（15）9〜10頁）、建物の一部のみの配偶者居住権は評価額が低くなることを利用して執行妨害目的で悪用されることを防止することが理由です。したがって、被相続人の生前に、配偶者が自宅の一部を駄菓子店経営などの営業目的で使用していた場合でも、駄菓子店部分にも配偶者居住権の効力が及びます。

(2)　配偶者居住権の「使用」「収益」権限

　駄菓子店部分にも配偶者居住権が及ぶとして、所有者の承諾なく、駄菓子店として営むことができるのでしょうか。この点、配偶者居住権を有する配偶者には居住建物を「使用」「収益」する権限がありますが（民法1028条）、他方で、所有者の承諾なく、第三者に居住建物の使用若しくは収益をさせることはできないとされています（民法1032条3項）。

　ここで「収益」とは、居住建物を賃貸して賃料を得るなど建物自体から利益を上げることをいい、利益を得るための活動を行う場所として居住建物を使用すること（居住建物の一部で小売店や飲食店を営業すること）は、基本的に収益に当たらないとされています（堂薗幹一

郎・野口宣大『一問一答 新しい相続法―平成30年民法等（相続法）改正、遺言書保管法の解説』22頁（商事法務、2019年））。また、第三者に使用または収益をさせることなく、建物自体から利益を上げるという場面はあまり想定できないものの、例えば、民泊のように、第三者に独立の占有が移転しない形で、その使用の対価を得る場合等が考えられるとされています（法制審・資料（22-2）2頁）。以上に述べた点を整理すると、「使用」概念と、「収益」概念の整理は、このようになると考えられます。

使　　用	収　　益	
自己居住 自己の小売店営業 自己の喫茶店営業	民泊 （第三者の「使用」 「収益」にあたらない）	転貸 （所有者の承諾が必要 民法1032条3項）

※　第三者に居住建物を使用または収益させずに、配偶者の意思のみで居住建物を「収益」する場面はほとんど想定することができない。

　したがって、配偶者居住権を取得した配偶者が、駄菓子店部分を居住目的ではなく、駄菓子店として継続利用することは、居住建物の「使用」に該当すると考えられます。駄菓子店の顧客に対して、独立した占有が移転するわけでもないため、「第三者に居住建物の使用若しくは収益させる」（民法1032条3項）に該当せず、駄菓子店として利用することについて、所有者の承諾も不要です。

(3) 従前の用法
　配偶者居住権に基づく建物利用は、「従前の用法」に従って使用収益しなければなりません（民法1032条1項本文）。相続開始前と同様に、配偶者が駄菓子店を営業しているのであれば、「従前の用法」に従って、居住建物を「使用」しているといえます。
　他方で、従前居住の用に供していなかった部分について、これを居

住の用に供することは妨げないとされています（民法1032条1項ただし書）。そのため、駄菓子店の営業を中止した後も引き続き当該部分を居住目的で使用することができます。

　したがって、配偶者居住権を取得した配偶者は駄菓子店をそのまま営業することも、駄菓子店の営業を中止して居住目的に使用することもできます。なお、居住の用に供していた部分を、駄菓子店の営業に供することは、「従前の用法」に従っていないため、認められません。

❷　Q2について

(1)　居住建物の一部を有償で利用していた場合の配偶者居住権の範囲

　配偶者居住権が設定された場合、相続開始の時に配偶者が居住していた建物であれば、もともと無償で使用していたか、有償で使用していたかにかかわらず、その全体に配偶者居住権が認められます（民法1028条1項）。

　この点は、無償で居住していたことが要件となる配偶者短期居住権と異なります（民法1037条1項）。

(2)　賃貸借契約と配偶者居住権

　配偶者が、被相続人の生前に賃料を支払っていたとすると、対象建物の一部について被相続人と賃貸借契約を締結していたことになります。仮に配偶者居住権を取得した場合、賃貸借契約と併存することになります。

　このような場合に、配偶者が、これまでの賃貸借契約に基づいて、建物所有者に賃料を支払いつつ利用することはもちろん可能です。

　一方で、賃貸借契約が期間満了や合意解除により終了したとき、取得した配偶者居住権に基づき、駄菓子店として営業を続けたり、居住目的に使用したりすることは可能でしょうか。もし可能だとすると、これまで駄菓子店部分を「使用」するために賃料を支払う必要があり

ましたが、配偶者居住権に基づき無償で使用することができるように
なります。

　これは、賃貸借契約の終了後に、居住目的に使用したり、駄菓子店
として営業を続けたりすることが「従前の用法」に該当するかという
解釈の問題であると思われます。この点、従前居住の用に供していな
かった部分について、これを居住の用に供することは妨げないとされ
ているため（民法1032条１項ただし書）、居住目的に使用すること
は、問題ありません。

　他方で、賃貸借契約で駄菓子店営業を契約目的と定めていたとき
に、賃貸借契約終了後、配偶者居住権に基づいて駄菓子店営業を継続
できるかを検討すると、下記❸で後述するように、被相続人が生前に
行っていた駄菓子店経営を「従前の用法」として、配偶者が配偶者居
住権に基づき無償で引き継げると考えるなら、配偶者自身の賃貸借契
約を終了したときでも、配偶者は配偶者居住権に基づき無償で当該営
業を継続できると考えるのが自然です。

　よって、被相続人の生前に、自宅の一部で配偶者が被相続人に賃料
を支払って駄菓子店経営を行っていた場合、配偶者は、従前の賃貸借
契約に従って賃料を支払いつつ駄菓子店経営を行うことも、従前の賃
貸借契約を終了させて配偶者居住権に基づき無償で駄菓子店経営を行
うことも考えられます。

❸　Q３について

(1)　居住建物の一部を被相続人が利用していた場合の配偶者居住権の範囲

　配偶者居住権の権利の範囲は、対象建物の「全部」とされています
から、対象建物のうち配偶者が居住目的に使用していなかった部分に
も及びます（民法1028条１項）。

　この点は、配偶者が無償で使用していた部分に限って認められる配

偶者短期居住権と異なります（民法1037条1項第三括弧書き）。

(2)　従前の用法

　これまで被相続人が駄菓子店として営業していた部分について、配偶者が配偶者居住権に基づき「使用」することは可能でしょうか。まず、駄菓子店として利用されていた部分を、居住目的で「使用」することは、問題ありません（民法1032条1項ただし書）。

　他方で、配偶者が駄菓子店として利用することについて検討すると、被相続人の生前に被相続人が居住建物の収益をしていた場合には、相続開始後に配偶者がその収益権限を承継することを認めてよいと解されています（法制審・資料（22-2）1〜2頁）。そうすると、配偶者が、被相続人の「収益」権限を承継できるなら、「使用」権限も承継できるものとして、被相続人が対象建物の一部について、営業目的で使用していた場合の当該部分の営業を引き継ぐことも、配偶者居住権に基づく従前の用法に従った使用にあたると考えられます。

　よって、被相続人の生前に、自宅の一部で被相続人が駄菓子店経営を行っていた場合でも、配偶者居住権の効力は自宅全体に及び、配偶者が自ら駄菓子店経営を引き継ぐことも、居住目的に使用することもできます。

7 配偶者居住権の範囲②
（第三者が建物の一部を利用している場合）

> 民法 1031 条、605 条、605 条の 2、借地借家法 31 条

Q1 父が死亡し、母は配偶者居住権を取得しました。父の生前、父が第三者に建物の一部を賃貸して、その第三者が駄菓子店を営んでいました。この場合、駄菓子店部分にも配偶者居住権は及ぶのでしょうか。

Q2 上記の事例で第三者が優先する場合に、その賃料は建物所有権者である私が取得するのでしょうか、それとも、配偶者居住権者である母が取得するのでしょうか。

Point

- 第三者が賃借していた場合には、賃借人と配偶者居住権者は対抗関係になります。したがって、配偶者が配偶者居住権を取得するより先に建物の引渡しを受けて使用を始めた賃借人が、配偶者より優先します。その結果、賃借部分について、配偶者は賃借人に対して配偶者居住権を主張できません。
- 第三者の賃借権が優先する場合の賃料は、一般的には賃貸人たる地位を承継した建物所有権者たる相続人が取得することになります。

❶　Q1について

(1)　配偶者居住権の範囲

　配偶者は、対象建物に賃借人がいるかどうかにかかわらず、配偶者居住権を取得することが可能です。配偶者居住権は建物全体に及ぶからです（民法1028条 1 項）。

(2)　対抗要件

　配偶者居住権を第三者に主張するには、対抗要件としての登記が必要となります（民法1031条 2 項、605条）。配偶者居住権が建物全体に及ぶとしても、それを第三者に対抗するには登記をしなければなりません。

　他方で、自宅の一部で営業を行っている賃借人も、自身の賃借権を第三者に対抗するには対抗要件を備えなければなりません。賃借人の対抗要件は建物の引渡しを受けていることとされています（借地借家法31条）。

　そして、対抗関係にある 2 つの権利の優劣は、先に対抗要件を具備した権利が優先することとされているところ、賃借人は相続開始前の段階で建物の引渡しを受けており対抗要件を具備している一方、配偶者はこの段階では登記を具備していません。そのため、被相続人の生前から第三者が対象建物の一部を賃借して建物の引渡しを受けている場合、配偶者居住権は抽象的には第三者が賃借している部分を含めた建物全体に及びますが、対抗要件具備の先後関係で第三者が優先する結果、配偶者は第三者の賃借部分を使用できないことになります。

　もっとも、配偶者居住権の成立後、賃貸借契約の終了等により第三者が退去した場合には、配偶者居住権に優先する権利者がいなくなったことになりますから、配偶者は第三者が賃借していた部分を含めて配偶者居住権に基づいて使用することができます。

❷　Q 2 について

　賃借人が支払う賃料は、賃貸借契約に基づいて賃貸人に支払われる
ところ、被相続人が生前に締結した建物賃貸借契約における賃貸人の
地位は、原則として被相続人から対象建物の所有権を取得した相続人
等に移転することになります（民法605条の 2 第 1 項）。

　そのため、一般的には、被相続人の生前に建物の一部を賃借した賃
借人との関係では、相続開始後の対象建物の所有者が賃貸人となり、
賃借人が賃貸借契約に基づいて賃料を支払うべき相手は、配偶者居住
権をもつ配偶者ではなく、対象建物の所有者になります。

税務コラム

既存賃借人と配偶者居住権者との関係

　配偶者居住権設定前から賃借人がいる居住建物につき、所
有者と配偶者との間で、配偶者居住権設定後の賃料は配偶者
が取得するという合意が成立した場合の課税関係について考
えてみます。

１　概　要
　賃借人がいる居住建物に配偶者居住権が設定された場合、
従前からの賃借人から受け取る賃料収益は居住建物所有権者
の不動産所得になる、という考え方が一般的です。
　しかし、所有者と配偶者との間で合意を行って、所有者が
いったん賃料収益を収受したうえで、それを配偶者に交付し
た場合、実質的に配偶者に賃料収益が帰属するものとして、
配偶者の不動産所得計算上の収入金額として取り扱うことが
できるものと思われます。

　この場合には、所有者と配偶者との間での贈与税課税はないものと筆者は思料します。

２　解　説
①　配偶者居住権の対抗力
　被相続人が居住建物の一部を第三者に賃貸している場合でも、配偶者は配偶者居住権を取得することが可能です。この場合には、配偶者居住権を取得した配偶者は、第三者に賃貸されている部分も含めて、居住建物の全部について無償で使用および収益をすることができます（民法1028条）。
　一方で、建物賃貸借においては、借地借家法31条により、建物の引渡しが対抗要件となっているため、配偶者は、配偶者居住権設定前に建物の引渡しを受けている賃借人に対しては、配偶者居住権設定による使用収益権限を対抗することができないものと考えます。
　このような場合には、通常、賃借人は、賃貸人たる地位を承継した居住建物の所有者に対して賃料を支払うことになります。

②　賃料を配偶者が収受する場合
　民法1028条により配偶者居住権者は、居住建物の全部を使用および収益する権利を得るものとされていますが、前掲①にて触れた通り、従前からの賃借人への不動産賃貸にかかる賃料は、本来居住建物所有権者が受け取るのが通常であると考えられます。法形式的には、配偶者が賃料を収受する権利がないことから、配偶者が直接賃料を収受する場合には、賃料相当額につき、居住建物所有権者から配偶者居住権者に対する贈与があったものと認定される可能性があります。
　しかしながら、配偶者居住権設定後に居住建物の賃貸を

行った場合には、その賃貸収益は配偶者に帰属することを考えると、居住建物の賃貸を開始する時期によって賃料収益の帰属権利者が異なることになるのは、課税上公平ではないという見方もあると思われます。

③　賃料を配偶者が収受することにつき、所有権者と配偶者の間で合意を行った場合

　形式上、配偶者は、従前からの賃借人からの賃料収益を収受することができなかったとしても、例えば、いったん賃料収益を受け取った居住建物所有権者が、賃料収益相当額を配偶者に支払うということにつき、居住建物所有権者と配偶者との間で合意を行った場合には、実質的に配偶者が賃料収益を受け取ることができます。

　この場合には、所得税法12条の実質所得者課税の原則（※）に基づいて、賃料収益をいったん収受する居住建物所有権者を"単なる名義人"、配偶者居住権者を"収益を享受する者"として、実質的に賃料収益を収受している配偶者に、賃料を帰属させることができるものと考えます。

　ただし、たとえ合意を行って、実質的に配偶者が賃料収益を受け取ることになったとしても、上記②で触れた通り、法形式上は、配偶者が従前の賃借人からの賃料収益を受け取る権利はありません。したがって、依然として、賃料収益相当額の贈与が認定される可能性は少なからず残るものと考えます。

　そこで、居住建物所有権者と配偶者との間で、賃料収益相当額の受取りについて、合意を行うことに加え、配偶者が賃料収益相当額を不動産所得の収入金額として適正に申告を行っていれば、居住建物所有権者から配偶者に対する贈与が認定される可能性は相当少なくなるものと思料します。

　　ただし、配偶者の不動産所得として申告を行う場合に、居住建物所有権者と配偶者が生計を別にするときは、居住建物の減価償却費を配偶者の不動産所得計算上の必要経費に算入することはできないと思われるため、留意が必要です。

※　実質所得者課税の原則
……資産又は事業から生ずる収益の<u>法律上帰属するとみられる者が単なる名義人</u>であつて、その収益を享受せず、<u>その者以外の者がその収益を享受する場合には、</u>その収益は、これを享受する者に帰属するものとして、この法律の規定を適用する。

8 配偶者居住権の法的性質

民法 1028 条 1 項、554 条、908 条、964 条、986 条、1014 条 2 項

Q 配偶者居住権はどのような性質の権利でしょうか。

Point

● 配偶者居住権は賃借権類似の法定の債権であり、配偶者の居
住権を保護するために特に認められた権利です。
● 配偶者居住権は帰属上の一身専属権とされ、この観点では使
用借権に近い性質も有しています。一身専属権であるため、
配偶者居住権は、配偶者が死亡すると当然に消滅して、相続
の対象にもなりません。

● 賃借権類似の法定債権

(1) 意 義

　配偶者居住権は、居住建物を「無償で使用及び収益をする権利」
（民法1028条1項）ですが、賃借権類似の法定債権と位置付けられて
います。
　立法過程では債権ではなく、用益物権と位置付けられていた時期も

ありましたが、配偶者居住権をあまりに強力な権利にすると、不動産の流通を阻害するおそれがあるのでないかといった問題点が指摘されるなどした結果、「配偶者居住権は賃借権類似の法定の債権」と位置付けられました（法務省法制審議会民法（相続関係）部会・資料（11）4頁）。

(2)　法定の債権とは

「法定の債権」とは、当事者の合意（契約）によらずして、その要件・効果が法律で定められている債権であることを意味します。配偶者居住権が創設される以前から、当事者の合意（契約）があれば、配偶者が建物所有者と賃貸借契約や使用貸借契約などを締結することで、従前居住していた建物に住み続けることができました。しかし、当事者の合意（契約）ができない場合に配偶者の居住権が確保できないという問題意識から、平成30年民法改正によって、配偶者居住権という制度が創設されることになりました。したがって、配偶者居住権が、当事者の合意（契約）がなくても、一定の要件を満たせば成立する「法定の債権」であることは非常に重要な点です。

(3)　賃借権類似とは

賃貸借は「当事者の一方がある物の使用及び収益を相手方にさせる」（民法601条）契約ですが、配偶者居住権も居住建物を「使用及び収益をする権利」（民法1028条1項）である点で共通した特徴があります。また、配偶者居住権について定める民法の条文も賃貸借の規定ぶりに近いといえます。

一方で、配偶者居住権は建物の使用および収益に対して賃料が発生しないため、その点では賃貸借と異なります。ただ、配偶者居住権は、配偶者の具体的相続分の範囲で取得することになるため、配偶者居住権の取得自体は無償とはいえません。経済的には、配偶者居住権を取得した時点で、存続期間に相当する賃料を前払いしたのと同じで

あるともいえます。

このように、賃借権と類似した性質を有する一方で、異なる性質も併せ持つため、「賃借権類似」とされています。

(4)　債務者

配偶者居住権が債権である以上、債務者がいることになります。配偶者居住権の債務者は建物所有者です。

❷　帰属上の一身専属権

配偶者居住権は、配偶者の居住権を保護するために特に認められた権利であり、帰属上の一身専属権です（民法1036条、597条3項）。そのため、配偶者が死亡すると当然に消滅して、相続の対象にもなりません。帰属上の一身専属権として、他の例としては、使用借権（民法597条3項）、雇用契約上の地位（民法625条）、組合員の地位（民法679条）、配偶者短期居住権（民法1041条、597条3項）があります。

帰属上の一身専属権という観点では、配偶者居住権は賃借権というより、使用借権に近い性質を有しています。賃借権を有する賃借人の相続が発生した場合には、賃借権は相続の対象となる一方で、使用借権を有する使用借人の相続が発生した場合は、帰属上の一身専属権とされている使用借権は相続の対象となりません（民法597条3項）。配偶者居住権は、この点では、使用借権と同様の性質を有するといえます。

また、使用借権は相続せず、使用借人の相続人は建物の返還義務を負うことになりますが（民法593条）、配偶者居住権も相続せず、配偶者の相続人は居住建物の返還義務を負うことになる（民法1035条1項）という点でも、共通の性質を有します。

┌─ **税務コラム** ─────────────────

敷地利用権の性質と課税関係

　税務編をご覧になると、「民法上は債権なのに、敷地利用権について小規模宅地等の評価減の特例を受けられる？」と疑問に思う方もいらっしゃるかもしれません。たしかに、民法上は、配偶者居住権が「賃借権類似の法定債権」の性質を有することから、敷地利用権についても同様の性質を有すると考えられています。しかし、厄介なことに、税務上は税目によって取扱いが異なるのです。

　所得税の観点からは、敷地利用権は、借地権のように土地を直接利用する権利ではなく、配偶者居住権に基づき土地を間接利用する権利であると考えられています。そして、この間接利用する権利は、所得税法上の分離課税の対象となる「土地の上に存する権利」には該当しません（措通31・32共‐１）。

　そのため、対価を得て配偶者居住権を合意解除した場合は、敷地利用権は分離課税の対象とならず、総合課税の譲渡所得となります。また、居住用財産を譲渡した場合の3,000万円の特別控除を受けることができないので、将来において自宅を売却する可能性がある場合には注意が必要です。

　このように、総合課税の譲渡所得として整理されたことによる税務面での影響は小さくありません。所得税の取扱いについては、詳しくは税務編**第３章③**をご覧ください。

　一方、相続税の観点からは、敷地利用権について小規模宅地等の評価減の特例を受けることができるとされています。これは、相続税法上、敷地利用権を「土地の上に存する権

利」として取り扱うこととしているためです。ここでいう
「土地の上に存する権利」については、土地を直接利用して
いるか、間接利用しているかは問われません。

　したがって、配偶者居住権に基づき土地を間接的に利用す
る権利である敷地利用権は、「土地の上に存する権利」に該
当します。財産評価基本通達9項（土地の上に存する権利の
評価上の区分）において、敷地利用権が土地の上に存する権
利であるとして直接規定されているわけではありませんが、
「令和元年度税制改正の解説」539頁において、「配偶者居住
権に付随するその目的となっている建物の敷地を利用する権
利（敷地利用権）については、『土地の上に存する権利』に
該当するので、小規模宅地特例の対象となります。」と説明
されています。また、敷地利用権が小規模宅地等の評価減の
特例対象とされていることは、配偶者が住み慣れてきた住ま
いを確保するという制度趣旨にも合っているといえるでしょ
う。相続税の取扱いについては、詳しくは税務編**第2章 1**
をご覧ください。

＜借地権と敷地利用権の税務上における取扱いの比較＞

	借地権	敷地利用権
土地を直接利用 or 間接利用	直接利用	間接利用
所得税法上の資産区分	土地の上に存する権利	債権
譲渡（有償で合意解除）した場合の所得税の課税方法	分離課税	総合課税
居住用不動産を譲渡した場合の3,000万円控除	適用あり	適用なし
相続税法上の財産区分	土地の上に存する権利	土地の上に存する権利
小規模宅地等の評価減の特例	特例対象となる	特例対象となる

⑨ 配偶者居住権の効力

> 民法1028条1項、1032条、1033条1項、1034条1項

Q 配偶者居住権を取得すると、どのような効果が生じるのでしょうか。

Point

● 配偶者居住権を取得すると、配偶者と居住建物の所有者との間で、以下の権利義務が生じます。
① 居住建物の使用および収益
② 用法遵守義務・善管注意義務
③ 譲渡禁止
④ 無断で第三者に使用収益させることの禁止
⑤ 無断増改築の禁止
⑥ 居住建物の修繕
⑦ 費用負担

❶ 居住建物の使用および収益

配偶者居住権を取得すると、居住建物の全部について無償で使用および収益することができます（民法1028条1項）。

❷ 用法遵守義務・善管注意義務

　配偶者は従前の用法に従い、善良な管理者の注意をもって、居住建物の使用および収益をしなければなりません(民法1032条 1 項本文)。

　もっとも、従前居住の用に供していなかった部分について、これを居住の用に供することを妨げないとされているため(同項ただし書)、その範囲では異なる用法の使用も認められています。逆に、もともと居住の用に供していた部分を、営業の用に供すると、用法遵守義務違反となります。

❸ 譲渡禁止

　配偶者居住権は譲渡することができません（民法1032条 2 項)。この点は、**本章⑩**で詳しく説明します。

❹ 無断で第三者に使用収益させることの禁止

　配偶者は、居住建物の所有者の承諾を得なければ第三者に居住建物の使用もしくは収益をさせることはできません（民法1032条 3 項)。この点は、**本章⑪**で詳しく説明します。

❺ 費用負担

　配偶者は、居住建物の通常の必要費を負担します（民法1034条 1 項)。この点は、**本章⑫**で詳しく説明します。

❻ 居住建物の修繕および無断増改築の禁止

　居住建物の修繕が必要な場合には、まず配偶者が、居住建物の使用および収益に必要な修繕をすることができます（民法1033条1項）。そして、居住建物の所有者は、配偶者が相当の期間内に必要な修繕をしないときに修繕することができます（同条2項）。また、配偶者は、居住建物の所有者の承諾を得なければ、居住建物の改築もしくは増築をすることはできません（民法1032条3項）。この点は、**本章⓭**で詳しく説明します。

10 配偶者居住権の譲渡禁止

民法 1032 条 2 項、3 項

Q 配偶者居住権を取得しましたが、その後、介護施設に入所することになりました。配偶者居住権を譲渡や賃貸するなどして、換価することは可能でしょうか。

Point

- 配偶者居住権は譲渡することはできません。
- ①配偶者居住権を放棄することを条件に居住建物の所有者から金銭の支払いを受ける方法、②配偶者と居住建物の所有者が合意して、居住建物を第三者に売却する方法、③居住建物の所有者の承諾を得て第三者に賃貸することによって賃料収入を得る方法が考えられます。
- 配偶者居住権を取得する遺産分割協議または遺言で、配偶者が存続期間満了前に配偶者居住権を放棄するときに、これによって利益を受ける居住建物の所有者は、一定の評価方法に基づいた価値相当額の金銭を支払うことをあらかじめ合意しておくことも考えられます。

❶　投下資本の回収方法

⑴　配偶者居住権を換価する必要性

　配偶者は長期間居住することを前提に配偶者居住権を取得しました
が、予期せぬ病気で介護施設に入所しなければならなくなりました。
そうすると、遺産分割協議で配偶者居住権を取得したことが、意味を
なさなくなってしまいます。この場合に、配偶者居住権を換価する必
要性が出てきます。

⑵　配偶者居住権を第三者に譲渡する方法

　民法1032条2項は配偶者居住権の譲渡を明文で禁止しています。配
偶者居住権は配偶者の死亡によって消滅する債権であり、継続性の点
で不安定であることから、実際に配偶者居住権を売却することができ
る場面は必ずしも多くないこと、そして配偶者居住権は配偶者自身の
居住環境の継続性を保護するためのものであるから、第三者に対する
配偶者居住権の譲渡を認めることは制度趣旨と必ずしも整合的とはい
えないこと、などから配偶者居住権の譲渡は禁止されることになりま
した。したがって、配偶者居住権を第三者に譲渡するという方法はと
れません。

⑶　配偶者居住権を建物所有者に譲渡する方法

　次に、居住建物の所有権を取得した所有者に事実上配偶者居住権を
譲渡する方法が考えられます。配偶者居住権を第三者に譲渡すること
は民法1032条2項から禁止されているものの、配偶者居住権も一つの
債権であるため、これを放棄することで、所有権者は配偶者居住権の
負担のない所有権を取得することができます。そして、配偶者が配偶
者居住権を放棄する代わりに、所有権者が配偶者に対して配偶者居住
権に相当する価額や当事者間で定めた金額の金銭の支払いをするとい

う内容で、配偶者と所有権者が合意に達せば、配偶者は配偶者居住権に代わる金銭を取得できるのです。

(4) 配偶者居住権者と建物所有者が合意して、居住建物を第三者に売却する方法

配偶者居住権者と居住建物所有者が合意して、居住建物を第三者に売却する方法も考えられます。配偶者居住権そのものを第三者に譲渡することはできませんが、配偶者が配偶者居住権を放棄し、所有権者が配偶者居住権の負担のない所有権を取得したうえで、その居住建物を第三者に売却し、換価することは可能です。

この場合、(3)で解説した配偶者居住権の放棄とそれに対する配偶者への対価の支払いの合意に加えて、居住建物の所有者と第三者との売買契約という構成になると考えられます。配偶者と居住建物の所有者と居住建物を購入する第三者との間で、三者間契約を行う形式が考えられます。

(5) 配偶者居住権を前提に第三者に賃貸する方法

配偶者が所有者から承諾を得た上で、第三者に居住建物を賃貸する方法も考えられます。民法1032条 2 項が禁止しているのは配偶者居住権の「譲渡」であって、賃貸まで禁止しているわけではありません。そして、民法1032条 3 項は居住建物所有者の承諾を前提に、配偶者に居住建物の使用収益をさせることができることを定めています。また、賃貸であれば、一定期間経過後に配偶者が再度居住建物での生活を営む意思を有している場合にも行うことができます。さらに、配偶者居住権の譲渡と異なり、賃貸であればそれなりに需要もあり得ると思われます。

賃借人の側から見たときにはどうでしょうか。賃借人の立場からすると、配偶者居住権を有する配偶者から賃借することについては、不安を感じるかもしれません。なぜなら、配偶者と賃借人との賃貸借契

約は、配偶者に配偶者居住権があることが前提となっているからです。つまり、何らかの事情で配偶者が配偶者居住権を喪失すると、賃借人は法的に不安定な立場になり得るのです。このように不安定な立場になりうる賃貸借契約を締結することについて賃借人は不安を感じる可能性があるでしょう。このような場合、居住建物の所有者、配偶者居住権を有する配偶者、賃借人の三者間で、配偶者居住権の消滅後には居住建物の所有者が賃貸人としての地位を引き継ぐ旨の合意をすることにより、賃借人の法的地位を安定させることができると思われます。

❷　投下資本の回収について事前に合意をしておく方法

　上記❶の方法で、配偶者居住権の取得後に、配偶者と所有者と合意ができれば投下資本の回収を図ることが可能です。しかし、いずれの方法でも配偶者が配偶者居住権の換価の必要性が生じた時点で、所有者と合意できなければ、投下資本の回収を図ることはできません。そのため、配偶者居住権を取得する遺産分割協議書または遺言等で、上記❶の方法について、あらかじめ定めておくことが考えられます。

　例えば、上記❶の(3)配偶者居住権を建物所有者に譲渡する方法の場合、配偶者が存続期間満了前に配偶者居住権を放棄するときに、これによって利益を受ける居住建物の所有者は、一定の計算方法に基づいた価値相当額の金銭を支払うことを、遺産分割協議書または遺言等であらかじめ定めておくことなどが考えられます。

　上記❶の(5)配偶者居住権を前提に第三者に賃貸する方法の場合は、所有者は配偶者の賃貸についてあらかじめ承諾する条項を設けておくということも考えられます。

税務コラム

配偶者居住権の放棄時の対価をあらかじめ合意していた場合

　法律上は、遺産分割協議の段階で、配偶者が存続期間満了前に放棄をすることになった場合の対価について居住建物の所有者と合意をしておくことができます。将来、この合意に基づき配偶者居住権を放棄した時に、配偶者居住権の価値が変動していた場合、何らかの課税が発生するでしょうか。

【税理士の目線から】

　配偶者居住権の存続期間中に配偶者居住権の放棄をした際に、居住建物所有者が配偶者に対し対価を支払わない場合や著しく低い価額の対価しか支払わない場合は、配偶者居住権の価額と対価との差額について、配偶者から贈与があったものとして、居住建物所有権者に対し贈与税が課税されます。この場合の贈与税の計算の基礎となる価額は、配偶者居住権の設定時の価額ではなく、放棄した時点における配偶者居住権の価額です。

　したがって、契約で放棄時の対価を合意していたとしても、その対価が放棄時点の価額よりも著しく低額であれば、居住建物所有者に対し、配偶者居住権の価額と対価との差額について贈与があったものとして贈与税が課税されると思われます。

　また、配偶者は受領した対価の額で配偶者居住権を譲渡したものとして課税されます。この場合、不動産としての分離譲渡課税（税率は、短期保有の場合は所得税・住民税合わせて39.63％、長期保有の場合は20.315％で一律）ではなく、債権の譲渡であることから総合譲渡課税（累進税率であり、所得税・住民税あわせて最高で55.945％）になり、税負担

が高額になる場合がありますのでご注意ください。

　なお、配偶者居住権は、法律上は債権とされていますが、相続税や贈与税では、土地建物の相続税評価額を基礎として評価することとされています。よって、仮に、放棄により居住建物所有権者が受ける経済的利益が、対価を伴う取引による土地建物の取得に該当すると認定された場合は、負担付贈与通達（※）の適用により、贈与税の計算における配偶者居住権の価額は相続税評価額ではなく、時価とされる可能性もあると思われます。しかし、本件のように、単に契約であらかじめ合意した対価を授受するのみで、その時点での配偶者居住権の時価が明確になっていないケースにおいては、それが租税回避を目的とするものでないのであれば、負担付贈与通達の趣旨から鑑み、本通達を適用する、すなわち相続税評価額ではなく時価による課税が実際に行われる可能性は低いのではないかと思料します。

※　「負担付贈与又は対価を伴う取引により取得した土地等及び建物等に係る評価並びに相続税法第7条及び第9条の規定の適用について」（課資2-49（例規）、課評2-5，徴管5-20　平成3年12月18日）

11 配偶者居住権と第三者との関係

民法 1032 条 2 項、3 項、613 条 1 項、3 項

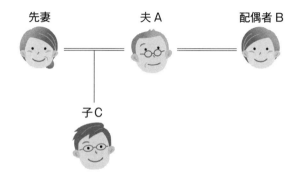

先妻　　　夫 A　　　配偶者 B

子 C

Q1 夫Aが死亡し、相続人は配偶者Bと、夫Aの先妻との間の子である長男Cの2名です。遺産は、自宅マンションと預貯金でしたが、分割協議の結果、配偶者Bは自宅マンションの配偶者居住権を取得し、長男Cが自宅マンション所有権を取得し、居住建物所有者となりました。

配偶者Bの配偶者居住権について、売却、賃貸することで収益を得ることは可能でしょうか。

Q2 上記Q1で、配偶者Bは、第三者Xに対して、居住目的で本件マンションを賃貸しましたが、この賃借人Xは利用目的に反し、会社の事務所として使用しているよ

うです。居住建物所有者Cに、契約解除、立退請求等手続を
とってもらうことは可能でしょうか。

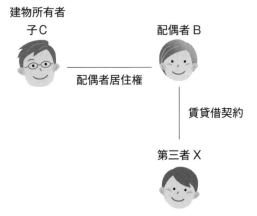

建物所有者
子C　　　　　　　　　配偶者B

配偶者居住権

賃貸借契約

第三者X

Q3 配偶者Bは、賃借人Xに対して、本件マンションを
適法に賃貸していましたが、賃借人Xに立ち退いて
もらい、本件マンションを売却したいと考えています。配偶
者Bと居住建物所有者Cの合意のみで賃借人Xとの契約を解
消し、賃借人Xに立退きを求めることはできるでしょうか。

Q4 上記Q3の事例で、配偶者Bが居住建物所有者Cの
承諾なく無断で賃借人Xに賃貸していた場合はどう
でしょうか。

Point

- 配偶者居住権は譲渡することはできません。もっとも、事実
上配偶者居住権を居住建物所有者に譲渡したり、居住建物所
有者の許可を得て第三者に賃貸することによって、投下資本
の回収を図ることが可能と考えられます。

- 居住建物を第三者に賃貸した場合、賃貸借契約における転貸借の規定が準用されており、転貸借の場合と同様の対応が可能です。
- いったん居住建物所有者と配偶者の承諾のもとで、第三者に居住建物を賃貸した場合には、居住建物所有者と配偶者の合意のみによって、賃借人の地位を奪うことはできません。
- 第三者に居住建物が賃貸されても、配偶者の義務違反により配偶者居住権の消滅事由がある場合には、居住建物所有者は賃借人に対し居住建物の明渡しを請求することができます。

❶ Q1について

⑴ 配偶者居住権を換価する必要性

　配偶者Ｂが長期間居住することを前提に配偶者居住権を取得したものの、予期せぬ病気で介護施設に入所しなければならなくなり、利用の必要性がなくなった場合など、配偶者居住権を利用するのではなく、売却、賃貸することで収益を得たいという配偶者居住権を換価する必要性が生じる場合があります。

⑵ 配偶者居住権を第三者に譲渡する方法

　この点、民法1032条2項は配偶者居住権の譲渡を禁止しています。

　これは、①配偶者居住権が配偶者の死亡によって消滅する債権であり、実際に配偶者居住権を売却することができる場面は必ずしも多くないこと、②配偶者居住権は配偶者自身の居住環境の継続性を保護するためのものであり、第三者に対する配偶者居住権の譲渡を認めることは制度趣旨と必ずしも整合的とはいえないこと、などが考慮されたためです。

　したがって、配偶者居住権を第三者に売却譲渡するという方法はと

れません。

⑶　配偶者居住権を居住建物所有者に譲渡する方法

　このような場合、居住建物所有者Cに対して、「事実上」配偶者居住権を譲渡する方法をとることが考えられます。

　配偶者居住権を第三者に譲渡することは民法1032条2項から禁止されているものの、配偶者居住権も1つの債権であるため、これを放棄することで、配偶者居住権の負担のない所有権を居住建物所有者Cは取得することができます。そして、配偶者Bが配偶者居住権を放棄する代わりに、居住建物所有者Cが配偶者Bに対して配偶者居住権に相当する価額や当事者間で定めた金額の金銭の支払いをするという内容でBとCが合意に達すれば、配偶者Bは配偶者居住権に代わる金銭を取得できます。

⑷　配偶者居住権を前提に第三者に賃貸する方法

　また、配偶者Bが居住建物所有者Cから承諾を得た上で、第三者に居住建物を賃貸する方法をとることが考えられます。

　民法1032条2項が禁止しているのは配偶者居住権の「譲渡」であって、賃貸まで禁止しているわけではありません。そして、民法1032条3項は、居住建物所有者の承諾を前提に、配偶者に居住建物の使用収益をさせることができることを定めています。

　賃借人の立場からすると、配偶者居住権の消滅によるリスクが気になるところですが、配偶者B、居住建物所有者C、賃借人Xの三者間で、配偶者居住権の消滅後には居住建物の所有者が賃貸人としての地位を引き継ぐ旨の合意をすることにより、賃借人の法的地位を安定させることができると思われます。

　以上の通り、配偶者Bは居住建物所有者Cや賃借人と調整を図ることができれば、賃貸という手段によっても、収益を得ることができま

す。

❷　Q2について

⑴　配偶者Bと賃借人Xとの関係
　配偶者Bと賃借人Xとの関係は、両当事者の賃貸借契約の内容により規律されます。本事例において、賃借人Xは上記賃貸借契約の用法遵守義務違反が認められます。

⑵　居住建物所有者Cと賃借人Xとの関係
　それでは居住建物所有者Cは、賃借人Xに対し直接、契約解除、建物明渡請求を行えるのでしょうか。
　この点、民法613条1項は、適法な転貸において、賃貸人と賃借人との間の賃貸借に基づく賃借人の債務の範囲を限度として、賃貸人に対して転貸借に基づく債務を直接履行する義務を負うと規定しており、民法1036条は613条1項を準用しています。
　また、この建物は自宅マンションとして利用されていたため、CB間における配偶者居住権も従前のとおり居住目的に限定されます（民法1032条1項）。したがって、居住建物所有者Cと配偶者Bの間、配偶者Bと賃借人Xの間いずれにおいても用法遵守義務があるので、居住建物所有者Cは同義務違反のある賃借人Xに直接立退請求を行うことができます。

❸　Q3について

⑴　前提となる権利関係の整理
　居住建物所有者Cの承諾を得て、配偶者Bが賃借人に賃貸をしているので、民法1032条3項により、賃借人Xは所有者に主張できる占有権限を有しています。それでは、居住建物所有者Cと配偶者Bが2人

の合意により配偶者居住権を消滅させてしまった場合、賃借人Xはいかなる影響を受けるでしょうか。

(2) 賃貸借契約における転貸借の規定を準用

民法1036条は、賃貸借に関する同法613条を準用しています。民法613条3項は、賃借人が適法に賃借物を転貸した場合には、賃貸人は、賃借人との間の賃貸借を合意により解除したことをもって転借人に対抗することができないと規定しています。

この趣旨は、いったん本件のような居住建物所有者C及び配偶者Bが賃借人Xに賃貸することを了承し、配偶者Bと賃借人Xの間で賃貸借契約を締結したにも関わらず、事後的に居住建物所有者Cと配偶者Bの合意により配偶者居住権を喪失させて賃借人Xの地位を奪うことは明らかに不合理であることから、このような場合における賃借人Xの地位を保護することにあります。

このため、民法1036条および613条に照らし、賃借人Xの賃借権は保護されます。したがって、貸借人Xに立退きを求めることはできません。

❹ Q4について

民法1036条により準用される613条3項ただし書は、賃貸人が賃借人の債務不履行による解除権を有していたときは、賃貸人に対抗できる旨規定しています。

本事例についてみると、民法1032条3項により、配偶者Bが賃借人Xに対し賃貸する場合には、居住建物所有者Cの承諾を得る義務があるところ、この承諾なく賃貸がなされているため、同条4項により、居住建物所有者Cは、相当の期間を定めてその是正を催告し、その期間内に是正がされないときは、配偶者居住権を消滅させることができます。そのため、居住建物所有者Cは賃借人Xに対し、立退きを求めることができます。

12 配偶者居住権と費用負担

民法1034条1項

Q 自宅の固定資産税は配偶者居住権を有する配偶者が負担するのでしょうか。それとも、自宅の所有者が負担するのでしょうか。

Point

● 配偶者居住権を取得した場合、配偶者は居住建物の通常の必要費を負担する義務を負うため、自宅の固定資産税を負担する必要があります。

❶ 固定資産税の負担

配偶者居住権を取得した場合、配偶者は居住建物の通常の必要費を負担する義務を負います（民法1034条1項）。

通常の必要費とは、その物の保存のために支出した費用のことをいいます。例えば、居住建物に雨漏りが生じた場合などの建物の現状維持に必要な修繕費や、建物の固定資産税の支出をいいます。

したがって、配偶者居住権が設定されている居住建物の固定資産税は配偶者が負担することになります。

　もっとも、固定資産税の納税義務者は税法上固定資産の所有者とされていますから、固定資産税の支払いは第一次的には居住建物の所有者が行うことになります。そして、居住建物の所有者が固定資産税を納付した場合には、居住建物の所有者は配偶者に対し、その支払いを求償できます。

　では、居住建物の所有者が固定資産税を支払い、配偶者に対し求償したにもかかわらず、配偶者が求償に応じない場合、居住建物の所有者は、配偶者居住権の消滅請求をすることができるのでしょうか。結論としては、配偶者が求償に応じない場合でも、居住建物の所有者は、配偶者居住権の消滅請求をすることはできません。これは、必要費の求償に応じるという付随的な義務の不履行によって配偶者居住権を消滅させる権限まで居住建物の所有者に認める必要性がないためです。

13 配偶者居住権と建物の修繕

民法 196 条、583 条 2 項、595 条 2 項、597 条 1 項・3 項、600 条 1 項、1032 条 3 項、1033 条、1034 条、1035 条 1 項本文、1036 条

Q1 配偶者である私は配偶者居住権を取得しました。自宅の所有権は長男が取得しています。この自宅は築40年経過しており、劣化が激しく、時々雨漏りがするような状態となっています。私は自ら自宅を修繕することができるでしょうか。また、そのときに必要な手続きがあれば教えてください。

Q2 無事修繕を終えましたが、この費用は私が負担しなければならないのでしょうか。なお、修繕の内容は改築のような大規模なものではなく、雨漏りを防ぐ最小限度にとどめました。

Q3 上記について私が何らかの請求ができる場合には、いつまでに請求しないといけないのでしょうか。

Point

- 配偶者は、居住建物の使用および収益に必要な修繕をすることができます。通知等の手続きは不要です。
- 建物を使用し、現状を維持するのに必要な修繕費用について

は、配偶者が負担します。それ以外の費用を支出したとき
は、居住建物の所有者がその費用を負担します。
- 建物修繕費用が発生した場合で、居住建物の所有者に負担を
求める場合には、配偶者居住権が終了し、居住建物を返還し
てから1年以内に請求しなければなりません。

❶　居住建物の修繕について

　配偶者居住権を取得した場合、配偶者は居住建物の使用および収益
に必要な修繕をすることができます（民法1033条1項）。
　そのため、居住建物の第一次的な修繕権限は配偶者にあり、配偶者
は、居住建物の所有者に通知せずに自ら居住建物を修繕することがで
きます。
　もっとも、居住建物に修繕が必要であるにもかかわらず配偶者が相
当の期間内に必要な修繕をしない場合も考えられます。そのような場
合には、建物保存の観点から、居住建物の所有者がその修繕をするこ
とができます（民法1033条2項）。
　また、配偶者自ら修繕をしない場合で居住建物が修繕を要すると
き、または居住建物について権利を主張する者があるときは、配偶者
は居住建物の所有者に対し、遅滞なくその旨を通知しなければなりま
せん（民法1033条3項本文）。これは、居住建物の所有者は実際に居
住建物を使用していないことから、修繕が必要な状態にあることや居
住建物について権利を主張する者がいることを知ることができず、居
住建物の所有者に修繕の機会を与える必要があるためです。そのた
め、居住建物の所有者がすでに居住建物に修繕が必要なことや居住建
物について権利を主張する者がいることを知っていた場合には、配偶
者は居住建物の所有者に対しその旨の通知をする必要はありません
（民法1033条3項ただし書）。

❷ 修繕費の負担者

(1) 通常の必要費

　配偶者居住権が設定されている場合、配偶者は居住建物の通常の必要費を負担する義務を負います（民法1034条1項）。

　通常の必要費とは、その物の保存のために支出した費用のことをいいます。例えば、居住建物に雨漏りが生じた場合などの建物の現状維持に必要な修繕費や、建物の固定資産税の支出などをいいます。

(2) 特別の必要費、有益費

　一方で、特別の必要費および有益費は配偶者ではなく、建物所有者が負担します（民法1034条2項、583条2項、196条）。

　特別の必要費とは、通常の必要費以外の必要費をいいます。例えば、災害によって破損したときの建物修繕費等が特別の必要費にあたります。有益費とは、その物の改良のために支出した費用等のことをいいます。例えば、建物のリフォームなどの増改築費が有益費にあたります。

　特別の必要費および有益費を建物所有者の負担としているのは、配偶者居住権と類似する権利である使用貸借権では、特別の必要費および有益費が貸主の負担となる（民法595条2項、583条2項、196条）ことから、配偶者居住権についても特別の必要費および有益費の負担は所有者とすることで使用貸借権とのバランスをとるためです。

(3) 費用の償還方法

　配偶者が、特別の必要費および有益費を負担した場合には、居住建物を返還する際に建物所有者に対しその償還を請求できます。具体的に償還請求できる範囲は、特別の必要費については支出した金額です。有益費については配偶者の支出による価格の増加が返還時にも現

存する場合に限り、建物所有者が配偶者の支出した金額か増加額のいずれかを選択し、建物所有者が選択した金額になります。例えば、配偶者が居住建物のリフォームに200万円の費用を支出した結果、居住建物の価値が100万円増加し、その後、配偶者が居住建物を返還する際にはリフォームによる建物の残存価値が50万円だとします。この場合、建物所有者は、支出額200万円か増加額のうち価値が現存する50万円のいずれかを選択し、配偶者は、建物所有者が選択した金額について建物所有者に償還請求することになります。

　さらに、配偶者が有益費を負担した場合には、裁判所は居住建物の所有者の請求により、その償還について相当の期限を許与することができます（民法1034条2項、583条2項ただし書、196条）。

　なお、修繕のレベルを超えて、居住建物の改築および増築を行う場合については、居住建物の所有者の承諾を得なければ行うことはできませんので、注意が必要です（民法1032条3項）。

⑷　小　括

　以上より配偶者の修繕費用の負担が通常の必要費の範囲内であれば、配偶者の負担になります。一方で、それ以外の支出に該当する場合には、特別の必要費か有益費かに応じて償還方法は異なりますが、居住建物の所有者の負担となります。

⑸　あてはめ

　本件での費用は、築40年の経年劣化による雨漏りを修繕するためのものです。台風などの災害により修繕が必要となった場合ではないことから、特別の必要費にはあたらず、また、改築には至らない雨漏りを防ぐ最小限度の工事であることから有益費にもあたらず、通常の必要費の範囲内といえるでしょう。よって、配偶者が修繕費用を負担する必要があります。

❸ 期間制限

(1) 配偶者が支出した費用

　配偶者が支出した費用の償還は、居住建物が返還されたときから1年以内に請求しなければなりません（民法1036条、600条1項）。

　通常の必要費は、配偶者の負担となりますから、配偶者が支出した費用とは、特別の必要費および有益費のことをいいます。

　居住建物を返還されるのは、配偶者居住権が消滅した場合ですが（民法1035条1項本文）、配偶者居住権が消滅する場合としては、例えば、配偶者居住権の期間が満了した場合（民法1036条、597条1項）、配偶者が死亡した場合（民法1036条、597条3項）などがあります（詳細は**本章16**参照）。

(2) 建物所有者の損害賠償請求

　居住建物の所有者は、配偶者に対し配偶者が善良な管理者の注意義務や用法順守義務に違反したことで生じた損害について賠償請求をすることができます。この場合も、居住建物の所有者が損害賠償請求できるのは、居住建物の返還を受けてから1年以内です（民法1036条、600条）。

(3) あてはめ

　本件では、配偶者が支出した建物修繕費が通常の必要費の範囲内であることから、所有者に対し償還請求することはできません。配偶者が特別の必要費や有益費を支出した場合には、居住建物を返還してから1年以内に居住建物の所有者に対し償還請求をする必要があります。

14 配偶者居住権に基づく妨害排除

民法 1031 条 2 項後段、605 条の 4

Q1 遺産分割協議成立後、法定相続人である長男が自宅マンションに居座るようになりました。何か対処できないのでしょうか。

Q2 第三者が居座るようになった場合はどうでしょうか。

Point

- 居住建物の所有者が居住建物を占有し、配偶者の使用収益を妨げている場合、配偶者は所有者に対し使用収益できる状態におくよう請求することができます。
- 居住建物を第三者が占有し配偶者の建物の使用収益が妨げられている場合、配偶者はその登記を具備することで、妨害する第三者に対しその排除を求めることができます。

❶ 配偶者居住権に基づく明渡請求

配偶者居住権の法的性質は、賃借権類似の法定債権であり、建物所

有者は配偶者に対し当該建物を使用収益させる義務を負います。その
ため、配偶者居住権を有する配偶者が当該建物を使用収益することが
できない場合には、配偶者は建物所有者に対し使用収益できる状態に
おくよう請求することができます。

　本件では、建物所有者である長男が配偶者の自宅マンションに居
座っていることから、配偶者が自宅マンションを使用収益することが
できない状態にあるといえ、長男に対し建物への居座りを止めるよう
請求することができます。

❷　第三者が占有している場合

　自宅マンションに居座っているのが、建物所有者の長男以外の第三
者である場合はどうでしょうか。配偶者が配偶者居住権につき登記を
具備している場合で、居住建物の占有が妨害されているときには、そ
の妨害者に対して妨害排除請求をすることができます（民法1031条2
項後段、605条の4）。したがって、第三者が自宅マンションに居座っ
ている場合、配偶者は第三者に対し、妨害排除請求として建物に居座
ることを止めるよう請求することができます。

15 配偶者居住権の対抗力

> 民法605条、1031条1項、1031条2項前段、
> 民事執行法177条1項本文、
> 不動産登記法60条、不動産登記法63条1項

Q 私は配偶者居住権を取得しました。しかし、登記せ
ずにいたところ、法定相続人である長男が自宅を第
三者に売却してしまいました。私はこのまま居住し続けるこ
とができるでしょうか。

Point

● 配偶者居住権は、登記を経なければその権利の存在を対外的
に主張できません。

❶ 配偶者居住権の対抗要件

配偶者居住権を取得した配偶者は、配偶者居住権を登記すること
で、居住建物に権利を取得した者その他の第三者に対抗することがで
きます（民法1031条2項前段、605条）。

配偶者が第三者に対し配偶者居住権を主張するために登記が要求さ
れる理由は、配偶者居住権の存在を公示する必要性が高いためです。
すなわち、配偶者居住権は相続開始時に配偶者が居住建物に居住して
いることが成立要件であり、居住建物の譲受人等の第三者からすれば

配偶者居住権が成立しているかの判断は外観上難しいです。そのため、登記によって配偶者居住権の存在を公示することで第三者に対し権利を主張することができます。仮に、配偶者が登記を具備しない状態で居住建物が譲渡された場合には、配偶者は第三者に対して、配偶者居住権を主張することはできません。これは、配偶者居住権の法的性質は賃借権類似の債権であり、債権は債権者債務者の間でしか拘束力を持たないため、第三者には、配偶者居住権を主張することができなくなるためです。

　本件では、配偶者が配偶者居住権の登記をしていないことから、配偶者は居住建物の譲受人に対し配偶者居住権を主張することができません。もっとも、配偶者居住権を主張できないとしても、配偶者が居住建物に住み続けることができないかというと、必ずしもそうとは限りません。居住建物の譲受人が当該建物につき所有権移転登記を経ていない場合には、譲受人は配偶者に対し当該建物の所有権を主張し、当該建物から退去するよう請求することはできません。このような配偶者と譲受人との間の両すくみの関係を対抗関係といいます。

　民法上、対抗関係の解消は、登記の先後によって決定されます。すなわち、先に登記を具備した者が自己の権利を第三者に主張することができます。したがって、配偶者が譲受人より先に、配偶者居住建物の登記を経れば、配偶者は居住し続けることが可能です。一方で、譲受人が先に所有権移転登記を具備した場合には、配偶者が譲受人と使用貸借契約や賃貸借契約などを締結しない限り、配偶者は建物に居住できないことになります。

❷　配偶者居住権登記の方法について

　このように配偶者が配偶者居住権の登記を具備することは、配偶者居住権を対外的に主張するうえで重要な手続きとなります。では、どのようにして、配偶者は配偶者居住権の登記を具備すればよいので

しょうか。民法上、居住建物の所有者は、配偶者に対し、配偶者居住権の設定の登記を備えさせる義務があることから（民法1031条1項）、配偶者は建物所有者に対し登記するよう請求することができます。具体的には、配偶者居住権の登記手続は建物所有者が登記義務者、配偶者が登記権利者となり、原則として配偶者と建物所有者の共同申請で行います（不動産登記法60条）。ただし、例外として、配偶者が配偶者居住権の登記を単独で申請できる場合もあります。まず、建物所有者に対し配偶者居住権の登記義務を命じる判決が確定した場合には、その旨の登記意思が擬制され（民事執行法177条1項本文）、配偶者は単独で登記を申請することができます（不動産登記法63条1項）。また、遺産分割の審判により配偶者が配偶者居住権を取得した場合には、判決による登記の場合（不動産登記法63条1項）と同様に、登記権利者である配偶者が単独で登記申請をすることができます。

❸　配偶者居住権の登記記載例

権利部（乙区）（所有権以外の権利に関する事項）			
順位番号	登記の目的	受付年月日・受付番号	権利者その他の事項
1	配偶者居住権設定	令和〇年〇月〇日第〇〇〇〇号	原因　令和〇年〇月〇日遺産分割 存続期間　配偶者居住権者の死亡時まで 配偶者居住権者 〇〇市〇〇一丁目1番1号 甲野太郎

16 配偶者居住権の消滅事由

民法252条5項、519条、520条、597条1項・3項、616条の2、
1028条2項、1030条、1032条1項・3項・4項、1036条

Q 配偶者居住権はどのような場合に消滅するのでしょ
うか。

Point

● 配偶者居住権は、以下の場合に消滅します。
1 存続期間が満了した場合
2 配偶者が死亡した場合
3 居住建物が全部滅失等した場合
4 居住建物が配偶者の財産に属することになった場合
5 配偶者が配偶者居住権を放棄した場合
6 消滅事由が存在する場合で、居住建物の所有者から消滅請
求がされた場合

❶ 存続期間が満了した場合

存続期間が満了した場合には、配偶者居住権は消滅します（民法
1036条、597条1項）。

配偶者居住権の存続期間は、存続期間の定めがあるかによって異な

ります。配偶者居住権につき存続期間の定めがない場合には、存続期間は配偶者の終身の間になります（民法1030条本文）。配偶者居住権の存続期間について定めがある場合には、遺産分割協議や調停もしくは遺言において定められた期間が存続期間となります（民法1030条ただし書）。なお、存続期間の定めがある場合、存続期間について延長や更新をすることはできません。これは、配偶者居住権の財産評価は基本的に存続期間が長くなるにつれて高額になり、延長や更新を認めてしまうと財産評価を適切に行うことが困難になるためです。

　もっとも、存続期間満了時に当事者間で使用貸借契約または賃貸借契約を締結することは可能であるため、配偶者が契約により存続期間の満了後も建物を使用収益することはできます。

❷　配偶者が死亡した場合

　配偶者が死亡した場合には、配偶者居住権は消滅します（民法1036条、597条3項）。これは、配偶者居住権は、配偶者の居住の権利を保護するために政策的に認められるものであり、配偶者が死亡した場合には配偶者居住権を認める必要がなくなるためです。なお、存続期間の定めがある場合で、存続期間の満了前に配偶者が死亡した場合であっても、配偶者居住権は消滅します（民法1036条、597条1項、同3項）。

❸　居住建物が全部滅失等した場合

　居住建物が全部滅失等した場合には、配偶者居住権は消滅します（民法1036条、616条の2）。建物の全部滅失とは、建物としての社会的・経済的な効用がなくなることをいいます。例えば、地震による倒壊や、火災による消失が滅失にあたります。建物が全部滅失した場合に、配偶者居住権が消滅するのは、配偶者居住権の目的となる建物が

その効用を有しない以上、建物を使用収益することができないのは明らかであり、配偶者居住権を存続させることができなくなるためです。

❹ 居住建物が配偶者の財産に属することになった場合

居住建物が配偶者の財産に属することになった場合には、配偶者居住権は消滅します。配偶者居住権は、配偶者を債権者、建物所有者を債務者とする法定債権です。配偶者が居住建物の所有権を取得した場合、配偶者は債権者であるとともに、建物所有者として債務者でもあることになります。このように債権者と債務者のような相対立する2つの法律上の地位が同一人に帰属した場合、その債権は消滅します（民法520条本文）。これを混同による消滅といいます。もっとも、居住建物が配偶者の財産に属することとなった場合であっても、他の者がその共有持分を有するときは、配偶者居住権は消滅しません（民法1028条2項）。

❺ 配偶者が配偶者居住権を放棄した場合

配偶者居住権は債権であることから配偶者はその意思により権利放棄をすることができ、配偶者が配偶者居住権を放棄した場合にはその権利が消滅します（民法519条）。

では仮に、配偶者が居住建物から退去した場合は放棄にあたるでしょうか。退去については、配偶者居住権の消滅事由になっていないことや、配偶者が居住建物から退去した後でも配偶者が所有者の承諾を得て第三者に使用収益させることが可能です（民法1032条3項）。そのため、退去により当然には配偶者が権利放棄をしたとは認められません。

❻　消滅事由が存在する場合で、居住建物の所有者から消滅請求がされた場合

　配偶者居住権の消滅事由が存在し、居住建物の所有者が配偶者に対し消滅請求をした場合には、配偶者居住権は消滅します（民法1032条4項）。

　配偶者居住権の消滅事由は、具体的には以下の通りです。

　配偶者が善良なる管理者の注意をもって居住建物を使用収益する義務（以下「善管注意義務」という。民法1032条1項本文）に反した場合、あるいは、配偶者が居住建物所有者の承諾を得ることなく、居住建物の改築または増築をし、または第三者に対し居住建物の使用収益をさせた場合で、居住建物の所有者が相当の期間を定めてその是正を催告したにも関わらず、その期間内に是正がなされない場合です。

　配偶者の善管注意義務違反または配偶者が居住建物所有者の承諾を得ることなく、居住建物の改築または増築をし、または第三者に対し居住建物の使用収益をさせた場合だけでは消滅事由とならないのはなぜでしょうか。これは、配偶者居住権が配偶者の相続分から存続期間の賃料相当額を実質的に負担することを前提として取得する権利であることから、配偶者が権利取得の対価を負担しているといえ、相当の期間を定めた是正の催告を要求することで配偶者の保護を図るためです。

　なお、居住建物が共有である場合には、配偶者居住権の消滅請求は、配偶者の注意義務違反による居住建物の価値の毀損を防ぐための保存行為（民法252条5項）に該当することから、各共有者が単独で請求することができます。

民法 249 条 1 項、599 条 1 項・2 項、600 条 1 項・2 項、
621 条、896 条、1035 条 1 項・2 項、1036 条

Q1 配偶者居住権が消滅した場合、配偶者と居住建物所有者との間にどのような法律関係が生じるでしょうか。

Q2 配偶者が共有持分を有する場合はどうでしょうか。

Point

● 配偶者居住権が消滅した場合、配偶者には以下の義務と権利が生じます。
① 居住建物の返還義務
② 原状回復義務
③ 付属物の収去義務および権利
④ 損害賠償義務、費用償還請求権
● 配偶者居住権が消滅したときは、配偶者は居住建物を返還しなければなりません。しかし、配偶者が居住建物の共有持分を有する場合には、配偶者は居住建物を返還する必要はありません。

❶　配偶者居住権が消滅した場合の配偶者の権利義務

(1)　居住建物の返還

　　配偶者は、配偶者居住権が消滅したときは、居住建物の所有者に対して居住建物を返還しなければなりません（民法1035条1項本文）。

(2)　原状回復義務

　　配偶者は、配偶者居住権の消滅により居住建物を返還する場合、相続開始後に居住建物に生じた損傷（通常の使用および収益によって生じた損耗並びに居住建物の経年変化を除く。）を原状に回復する義務を負います。ただし、その損傷が配偶者の責めに帰することができない事由による場合には、配偶者は原状回復の義務を負いません（民法1035条2項、621条）。

(3)　付属物の収去義務および権利

　　配偶者は、配偶者居住権の消滅により居住建物を返還する場合、相続開始後に配偶者が居住建物に附属させた物を収去する権利および義務があります。ただし、相続後に附属させた附属物を建物から分離することができないまたは分離するのに過分の費用を要する場合については、収去義務は負いません（民法1035条2項、599条1項、同2項）。

(4)　損害賠償義務、費用償還請求権

　　配偶者の用法違反によって建物に損害が生じた場合には、配偶者は建物所有者に対し損害賠償義務を負います。

　　また、配偶者が居住建物に対し災害によって破損したときの建物修繕費用などの特別の必要費や建物のリフォーム費などの有益費を支出した場合には、建物所有者に対し償還請求をすることができます。配偶者の上記権利義務は、所有者が建物の返還を受けてから1年以内に

行使されなければなりません（民法1036条、600条1項）。

❷ 配偶者が共有持分を有する場合

　配偶者が居住建物について共有持分を有する場合には、居住建物の所有者は配偶者居住権が消滅したことを理由として、居住建物の返還請求をすることはできません（民法1035条1項ただし書）。これは、建物の共有者には以下の規律が及ぶためです。まず、共有者はその持ち分に応じて居住建物の全部を使用することができます（民法249条1項）。また、過半数を超える共有持分を有する者であっても、共有物を単独で占有する持分権者に対しては、当然には明渡請求をすることができません（最判昭和41年5月19日民集20巻5号947頁）。そして、占有する共有者に対する明渡請求が認められるのは、共有者が、長年共有建物を生活の拠点としていた他の共有者を実力的に排除し占有している場合（仙台高判平成4年1月27日金融商事判例906号26頁）など特別の事情がある場合であり、原則として占有する共有者に対する建物明渡請求は認められません。以上のように、建物共有者は建物の占有が認められることから、共有持分を有する配偶者は配偶者居住権の消滅を理由としては、居住建物の返還義務を負いません。

❸ 配偶者居住権が消滅する事由と配偶者の権利義務との関係

　本章⑯で記載した配偶者居住権が消滅する事由と配偶者居住権が消滅した場合の配偶者の権利義務の関係はどうなるでしょうか。すべてのケースについて配偶者の権利義務が発生するのでしょうか。
　配偶者居住権が消滅するケースは、以下の通りです（詳細は**本章⑯**）。
　①　存続期間が満了した場合
　②　配偶者が死亡した場合
　③　居住建物が全部滅失等した場合

④　居住建物が配偶者の財産に属することになった場合
⑤　配偶者が配偶者居住権を放棄した場合
⑥　消滅事由が存在する場合で、居住建物の所有者から消滅請求がされた場合

　まず、②配偶者が死亡した場合です。配偶者の死亡により配偶者居住権は消滅しますが、配偶者居住権の消滅により配偶者に発生する権利義務は、配偶者の相続人が相続することになります（民法896条）。そのため、配偶者が死亡した場合、上述❶の(1)から(4)までの権利義務を相続人が承継し、相続人が建物所有者との間で権利を有し義務を負うこととなります。

　次に、③居住建物が全部滅失等した場合です。建物が全部滅失した場合には、配偶者は居住建物を返還する義務を履行することはできませんので、上述❶の(1)である居住建物の返還義務は消滅します。その結果、配偶者には配偶者が居住建物を返還することを前提として生じる上述❶の(2)、(3)および(4)の費用償還請求権の権利義務は通常発生しないと考えられます。もっとも、配偶者の責めに帰すべき事情で居住建物が全部滅失した場合など(4)の損害賠償請求権については、存続すると考えられます。

　④居住建物が配偶者の財産に属することになった場合ですが、居住建物が配偶者の財産に属する場合には、居住建物の所有者は配偶者本人となることから、配偶者が建物を返還することは観念できません。その結果、配偶者には③居住建物が全部滅失等した場合と同様に上述❶の(1)から(4)までの権利義務は通常発生しないと考えられます。

　①存続期間が満了した場合、⑤配偶者が配偶者居住権を放棄した場合、⑥消滅事由が存在する場合で、居住建物の所有者から消滅請求がされた場合については、配偶者居住権が消滅した後に、配偶者が居住建物所有者に対し、建物を返還する義務を履行できますので、配偶者は建物所有者に対し上述❶の(1)から(4)までの権利義務を有することになります。

18 配偶者居住権設定登記の抹消手続

不動産登記法69条、60条

Q 配偶者居住権が消滅した場合、居住建物の所有者は、単独で配偶者居住権設定登記の抹消手続が可能でしょうか。

Point

- 配偶者の死亡によって消滅した場合には、居住建物所有者は、単独で配偶者居住権設定登記の抹消を申請することができます。
- 配偶者の死亡以外の事由で配偶者居住権が消滅した場合には、居住建物所有者と配偶者は、共同で配偶者居住権設定登記の抹消を申請しなければなりません。

❶ 配偶者の死亡によって配偶者居住権が消滅した場合

　配偶者の死亡によって消滅した場合、居住建物の所有者は単独で抹消登記が可能です（不動産登記法69条）。したがって、居住建物の所有者は、配偶者が死亡したことにより配偶者居住権が消滅した場合には、単独で配偶者居住権の抹消設定登記の手続きが可能です。

❷　配偶者の死亡以外の事由で配偶者居住権が消滅した場合

　配偶者の死亡以外の事由で配偶者居住権が消滅した場合には、不動産登記法60条に基づき居住建物の所有者と配偶者は、共同で配偶者居住権設定登記の抹消を申請しなければなりません。

　不動産登記法は、権利に関する登記は法令に別段の定めがある場合を除き、原則として登記権利者と登記義務者が共同して申請する共同申請主義を定めています（不動産登記法60条）。配偶者の死亡以外の事由で配偶者居住権が消滅した場合には、配偶者が死亡した場合とは異なり、法令上別段の定めがないことから、原則通り共同して申請することになります。

19 配偶者居住権の評価

民法規定なし

Q 配偶者居住権の評価方法について教えてください。

Point

- 配偶者居住権は具体的相続分の計算に算入されます。
- 配偶者居住権の評価方法について、民法は規定していません。
- 配偶者居住権の評価方法は、最終的には不動産鑑定によると考えられますが、固定資産税評価額等を用いた簡易な方法を用いることも考えられます。

❶ 配偶者居住権の評価の重要性

　遺産分割においては、各相続人の法定相続分をもとに分割方法が決定されます。そして、配偶者が配偶者居住権を取得した場合には、その財産的価値は配偶者の具体的相続分の計算に算入されることになります。そのため配偶者居住権の評価によって、配偶者がその他の遺産をどの程度取得できるかが変わってくるわけです。

　また、被相続人に自宅不動産以外のめぼしい遺産が存在しない場合

には、配偶者が配偶者居住権を取得することによって、他の相続人の遺留分を侵害しないかどうかの検討が必要になります。

　したがって、遺産分割協議や遺言作成を行う際には、配偶者居住権の財産評価が極めて重要な問題となり得ます。

❷　配偶者居住権の評価方法

　配偶者居住権の評価方法について、民法は特に規定を置いていません。財産の評価は最終的には事実認定の問題であり、あらかじめ法律で評価方法を規定することが困難であるからでしょう。しかしながら、前述の通り配偶者居住権の評価は極めて重要であることから、民法改正時点においては、配偶者居住権の評価額の基準を検討すべきとされていました。

　その後、法務省において簡易な評価方法が検討され、裁判実務において用いられているほか、不動産鑑定士協会においても、配偶者居住権に関する評価方法に関する研究報告がなされています。

❸　配偶者居住権の評価に関する実務対応

⑴　不動産の評価に共通する事項
①　一般的な不動産の評価方法

　配偶者居住権だけでなくすべての相続財産について共通することですが、一般に、遺産分割において、分割の対象となる各相続財産の価格は相続時における時価とされます（大阪高判昭和58年6月2日（判タ506号186頁））。例えば、不動産の評価について、当事者間で評価につき合意が形成できない場合には、最終的には裁判所が選任した鑑定人（不動産の場合は主に不動産鑑定士）による鑑定を参考に評価額が認定されることになります。配偶者居住権についても、不動産の鑑定方法を参考としつつ、審判例の集積によって時価

評価の方法が定まることになるものと思われます。

　一方で、遺産分割において、当事者間で評価につき合意が形成できる場合も実務上は多くあります。その場合における簡易な評価方法としては、①相続税評価を参考とすること、②固定資産税評価額を参考とすること、③不動産業者による査定を参考にすることなどの方法が考えられます。

② 　配偶者居住権の評価時期

　配偶者居住権の価値を算定する場合、通常の遺産分割に際しては、特別受益や寄与分の主張がない限り、遺産分割時点の価値を算定することになります。

　一方で、配偶者居住権が遺贈された場合や、特別受益および寄与分の主張がある場合には、相続開始時点の価値を算定する必要が生じます。

(2) 　簡易な評価方法

　民法改正後、遺産分割調停などの具体的な実務に対応するため、簡易的な評価方法が検討されました。具体的な評価方法の計算式は、次の通りです。

配偶者居住権＝建物敷地の現在価額－配偶者居住権付所有権（負担付き
　　　　　建物所有権と負担付き土地所有権等の総和）

　この計算を行ううえでは、①建物敷地の現在価額、②負担付き建物所有権の価額、③負担付き土地所有権の価額をそれぞれどのように評価するかが重要になります。

① 　建物敷地の現在価額

　建物および敷地の現在価額については、従来の不動産に関する遺産分割と同じく、不動産鑑定によって評価を確定するか、固定資産税評価など簡易的な方法によって評価の合意を行うことになります。

②　負担付き建物所有権の価額

　負担付き建物所有権の価額とは、配偶者居住権を設定した場合に建物所有者が得ることとなる利益の現在価値を言います。具体的には、次の計算式によります。

> 負担付き建物所有権の価額
> ＝固定資産税評価額×(法定耐用年数−(経過年数＋存続年数))
> 　÷(法定耐用年数−経過年数)×ライプニッツ係数

※計算結果がマイナスの場合には、価値は 0 円。
※木造住宅用建物の法定耐用年数は22年、コンクリート造住宅用建物は47年（昭和40年 3 月31日大蔵省令第15号）。
※配偶者居住権の存続期間が終身の場合には、簡易生命表記載の平均余命の値を使用。
※ライプニッツ係数は以下のとおり。ただし、令和 2 年 4 月 1 日施行後民法における法定利率は 3 ％であり、 3 年ごとに見直される。

ライプニッツ係数（少数第四位以下四捨五入）

5 年	0.863
10年	0.744
15年	0.642
20年	0.554
25年	0.478
30年	0.412

③　負担付き土地所有権等の価額

　負担付き土地所有権等の価額は、配偶者居住権の存続期間は敷地を自由に使用収益できないことに着目して、所有者が配偶者居住権消滅後に得ることになる土地の価値を現在価値に割り戻すことになります。具体的には、次の計算式の通りです。

> 負担付き土地所有権等の価額
> 　＝敷地の固定資産税評価額または時価×ライプニッツ係数

　この計算式のうち、敷地の価値の算定については、固定資産税評価額以外の評価額（例えば、公示価格、固定資産税評価額の時価割戻しなど）を用いることも考えられます。

④　具体例

　上記の計算式について、具体例をもとに検討してみましょう。

> 事例：一戸建て（築17年、鉄筋コンクリート造、固定資産税評価額1,500万円）を対象として終身期間の居住権を設定したケース（配偶者（女性）70歳、敷地の固定資産税評価額は5,000万円）
> ※70歳女性の平均余命≒20年とします。

【簡易的な方法による計算】（固定資産税評価を基準とします。）

　　・建物敷地の現在価額

　　1,500万円＋5,000万円＝6,500万円

　　・負担付き建物所有権の価額

　　1,500万円×（47－（17＋20））÷（47－17）×0.554

　　≒1,500万円×（1／3）×0.554

　　＝277万円

　　・負担付き土地所有権等の価額

　　5,000万円×0.554＝2,770万円

　　・配偶者居住権の価額

　　6,500万円－277万円－2,770万円＝3,453万円

　上の計算は、配偶者居住権の負担のない不動産の価値を、固定資産税評価を基に計算しています。したがって、不動産の評価方法を固定資産税評価ではなく、相続税評価や不動産鑑定による場合には、その評価を基礎に上記計算を行うことになります。

⑤　相続税評価額

　第2部　税務編第4章で詳しく解説しますが、上記①〜④の算定方法は配偶者居住権の相続税評価額の算定方法と概ね一致しています。

　そのため、相続税申告手続が必要となる相続の場合で、相続人全員の合意ができる場合には、相続税評価額を用いることも多いと思われます。

⑶　不動産鑑定による方法

　上記の簡易の評価方法は、当事者間で評価の合意が可能である場合に用いられる方法です。不動産自体の評価に争いがある場合や、簡易の評価方法を用いること自体に同意が得られない場合には、配偶者居住権自体の不動産鑑定を実施するほかありません。

　不動産鑑定の手法については、日本不動産鑑定士協会連合会が令和元年12月に「配偶者居住権等の鑑定評価に関する研究報告」を公表しています。この研究報告は、不動産鑑定業者が、配偶者居住権の鑑定評価を行ううえで記載事項に十分留意することを求めており、将来的には、実務の蓄積を経たうえで実務指針として改定することが想定されています。

　具体的な算定方法についての詳細は複雑な内容になってしまうため割愛しますが、概要だけ触れると、配偶者居住権そのものについては「経済的利益還元法」、配偶者居住権が付着した建物およびその敷地については「権利消滅時現価法」という算定方法を用いて、それぞれの内訳価格を算定することが想定されています。

①　経済的利益還元法

　経済的利益還元法とは、配偶者居住権の内訳価格を算定する際に用いられる評価手法です。具体的には、配偶者居住権者が享受する経済的利益（建物に無償で継続して居住することができること）の価値を求める手法です。

　具体的には次の計算式を基に計算されます。

> 配偶者居住権の経済価値（①の価値）
> ＝（対象建物の賃料相当額－必要費）×（年金現価率）

※ 賃料相当額は、対象建物の実質賃料（支払賃料＋敷金の運用益等）を、賃料に関する鑑定手法を用いて算定します。

※ 必要費は、通常必要になる修繕費や固定資産税等の公租公課が該当します。

※ 経済的利益を現在価値に還元するため、経済的利益に年金現価率（利率は割引率、期間は配偶者居住権の存続期間）を乗じます。

② 権利消滅時現価法

配偶者居住権が付着した建物およびその敷地の所有者は、配偶者居住権が消滅するまでその土地建物を使用収益できません。そこで、配偶者居住権が付着した建物およびその敷地の経済価値は、配偶者居住権が消滅して土地建物を使用収益することが可能な状態になった時点の価値を予測し、現在価値に割り戻す形で算定します。

具体的には次の計算式によります。

> 配偶者居住権が付着した建物およびその敷地の経済価値（②の価値）
> ＝（配偶者居住権消滅時の建物およびその敷地の価格）×（複利現価率）

※ 配偶者居住権消滅時の価格の予測が困難な場合には、現時点における配偶者居住権の付着のない価格を権利消滅時の価格とみなし、将来の価格変動リスクを考慮した割引率で現在価値に割り引く方法などが検討されています。

③ 鑑定評価額の決定

上記①および②で算定した、それぞれの価額に基づき、最終的な鑑定評価を決定します。具体的には、鑑定評価時点における配偶者居住権が付着していない状態の建物および敷地の価額（正常価格）を決定します。この価格を、次の計算式に基づき、上記①で算出した価値と上記②で算出した価値の比率で配分し、それぞれの権利に係る内訳価格を鑑定評価額に併記することになります（齋藤哲郎「配偶者居住権の評価のあり方について—配偶者居住権の趣旨を踏まえての考察—」138頁（土地総合研究、2020年夏号）。

> 配偶者居住権の価額
> ＝正常価額×（①の価値÷（①の価値＋②の価値））
> 配偶者居住権付建物・敷地の価額
> ＝正常価額×（②の価値÷（①の価値＋②の価値））

━ 税務コラム ━

相続税申告の場面における配偶者居住権の鑑定評価

　配偶者居住権の評価に争いが生じ遺産分割調停や審判で鑑定がなされ、その鑑定評価額によって遺産分割方法が決まった場合に、相続税申告ではその鑑定評価額をもとに申告することになるのでしょうか。

【税理士の目線から】

　相続税申告における財産の評価方法について、相続税法で特別の定めのあるものを除き同法22条に定める時価をもって評価額とし、具体的には財産評価基本通達に定める方法により評価した価額が「時価」となります。

　一方、配偶者居住権の評価については相続税法において別段の定めとして、法定の評価方法が定められていますのでその評価方法に従って評価します。したがって、基本的には遺産分割調停や審判等において鑑定評価額により遺産分割方法が決まった場合であっても、相続税の計算においては、相続税法に定める評価方法を用いて評価することになると思われます。

　配偶者居住権の具体的な評価方法を、財産評価基本通達でなく相続税法で定めた主な理由を国税当局は次のように説明しています。

①　相続税法の原則的な「時価」とは、それぞれの財産の現

況に応じ、不特定多数の当事者間で自由な取引が行われる場合に通常成立すると認められる価額、すなわち、客観的な交換価値をいうものと解されており、取引可能な財産を前提としているが、配偶者居住権は譲渡することが禁止されているため、この「時価」の解釈を前提とする限り、解釈に委ねるには馴染まないと考えられること。

②　配偶者居住権の評価額について解釈が確立されているとは言えない現状において解釈に委ねると、どのように評価すれば良いのか納税者が判断するのは困難であると考えられ、また、納税者によって評価方法がまちまちとなり、課税の公平性が確保できなくなるおそれがあること。

③　配偶者の余命年数を大幅に超える存続期間を設定して配偶者居住権を過大に評価し、相続税の配偶者に対する税額軽減の適用を受ける等の租税回避的な行為を防止するためには、法令の定めによることが適切であると考えられること。

　ただし、配偶者居住権や敷地利用権の評価額の計算の基礎となる金額は、相続税法22条に定める「時価」とされていますので、具体的な評価においては建物や土地は財産評価基本通達の定めに従って評価することとなります。

20 配偶者居住権とその他の権利との比較

> 民法 400 条、594 条、597 条 3 項、598 条 3 項、612 条 3 項、1028 条、1030 条、1032 条 3 項、1036 条、借地借家法 31 条

Q1 遺産分割の場面で、配偶者居住権を取得するかどうかはどのように検討すればよいでしょうか。

Q2 遺言で配偶者に配偶者居住権を取得させるかどうかはどのように検討すればよいでしょうか。

Point

- 常に配偶者が配偶者居住権を取得するのが適切とは限りません。これまでの方法に加えて、配偶者居住権という新たな選択肢が増えたと考えるのが適切です。
- 遺言で配偶者居住権を取得させる場合には、配偶者とコミュニケーションをとるのが適切と考えられます。

❶ 遺産分割の場面での検討

　遺産分割において、配偶者居住権を取得するべきかどうかは、税務上の考慮も必要になるので、その点は第 2 部の税務編で解説しますが、法務的な観点からは、どのような場合に配偶者居住権を取得する

べきでしょうか。

　配偶者が自宅に居住する方法としては、ⓐ配偶者が自宅の所有権を取得する、ⓑ配偶者が自宅の所有者と賃貸借契約を締結する、ⓒ配偶者が自宅所有者と使用貸借契約を締結する、ⓓ配偶者が配偶者居住権を取得する、という選択肢が考えられます。以下で【各権利の比較】をまとめましたが、それぞれの権利に応じて法的な効力が大きく異なります。そのため、この違いを参考に配偶者のライフプランに応じて判断するのが適切であると考えられます。

【各権利の比較】

	ⓐ 所有権	ⓑ 賃貸借契約	ⓒ 使用貸借契約	ⓓ 配偶者居住権
(i)存続期間	制約なし	賃貸借契約の定めによるが、賃貸人からの更新拒絶には正当な理由を要する（借地借家法28条等）	使用貸借契約の定めによる	原則配偶者の終身だが、別段の定めをすることも可（民法1030条）
(ii)遺産分割の場面で取得する方法	遺産分割手続で、配偶者の具体的相続分の中から取得する（ただし、相続人全員が合意すれば配偶者が具体的相続分を超えて財産を取得することも可）	遺産分割手続とは別に、配偶者が所有権者と個別に賃貸借契約を締結	遺産分割手続とは別に、配偶者が所有権者と個別に使用貸借契約を締結	遺産分割手続で、配偶者の具体的相続分の中から取得する（ただし、相続人全員が合意すれば配偶者が具体的相続分を超えて財産を取得することも可）
(iii)権利取得の対価	自宅所有権の評価額（配偶者居住権よりは高額）	賃貸借契約で定められた賃料	無償	配偶者居住権の評価額（自宅所有権よりは低額）

(iv)介護施設の入所等の事情で権利が不要となった場合の換価方法など	自宅の売却	賃借人は賃貸借契約を解約することで、それ以降の賃料を支払う必要がなくなる	借主はいつでも使用貸借契約を解約することが可能（民法598条3項）	建物所有者と、権利放棄に伴う対価を取得する旨の合意をするなど
(v)自宅売却の権限および売却代金の帰属先	自宅所有者である配偶者	自宅所有者	自宅所有者	自宅所有者
(vi)増改築または第三者に使用収益させる権限	制約なし	所有者の承諾が必要（民法612条、400条等）	所有者の承諾が必要（民法民法594条、400条等）	所有者の承諾が必要（民法1032条3項）
(vii)建物の一部について権利を取得することの可否	可能（区分所有登記をすれば建物の一部について登記をすることも可能）	可能	可能	不可（民法1028条1項）
(viii)第三者対抗要件	登記	配偶者に対する建物の引渡し（借地借家法31条）	使用貸借は第三者に対抗できない	登記
(ix)二次相続（配偶者死亡）における自宅所有権の帰属	自宅所有者である配偶者の遺言等または遺産分割により帰属が決定	自宅所有権の帰属に影響はない	自宅所有権の帰属に影響はない	自宅所有者の帰属に影響はない
(x)二次相続（配偶者死亡）における自宅の利用権	－	配偶者の賃借人たる地位は相続により承継	配偶者の死亡により使用貸借契約は原則終了（民法597条3項）	配偶者の死亡により配偶者居住権は消滅する（民法1036条）

(1)　配偶者が自宅を自由に使用・収益・処分したい場合

　所有権は物に対する全面的な支配権を有し、自由に使用・収益・処分することができる最も強力な権利です。(v)(vi)の通り、自宅を売却

し処分する権限や増改築・第三者に使用収益させる権限を有するの
は、所有者です。他方で、他の権利は配偶者が自宅を利用するうえ
で、一定の制約を受けることになります。所有権と比較して他の権利
は相対的に弱いため、配偶者が自宅を自由に使用・収益・処分したい
と考える場合には、⒜所有権の取得を選択するのが適切です。

(2) 近いうちに自宅を売却し、売却代金を配偶者の生活費や介護施設
　　やマンションの購入費用に充てることを予定している場合
　配偶者がいったん自宅に居住するものの、近いうちに自宅を売却
し、その売却代金を配偶者の生活費や介護施設やマンションの購入費
用に充てることを予定している場合には、配偶者が⒜所有権の取得を
選択するのが適切です。(v)の通り、自宅の売却代金が帰属するのは所
有者だからです。

(3) 配偶者が自宅所有権よりも低額に権利を取得したい場合
　所有権を取得したいが配偶者の具体的相続分を超えてしまうため取
得ができない場合や、配偶者としては自宅に居住できれば十分で所有
権を取得する必要はなくその分金融資産を多く取得したいといった場
合には、自宅所有権以外の権利の取得を検討することになります。
　もちろん、**本章❸**で解説した通り、相続人全員の合意があれば、具
体的相続分に関わらずどのような内容で遺産分割を成立させることも
可能です。例えば配偶者が所有権を取得することで具体的相続分を超
えてしまう場合でも、相続人全員が合意すれば、問題なく配偶者は自
宅所有権を取得できます。それどころか、配偶者が自宅所有権や金融
資産などすべての財産を取得するということも相続人全員の合意があ
れば可能です。
　しかし、法定相続分や具体的相続分を意識した公平な分割を実現し
たいと相続人が考えている場合や、遺産分割審判のように具体的相続
分で分割することが義務付けられている場合などは、配偶者は自宅所

有権よりも低額に権利を取得できる⑥賃貸借契約ⓒ使用貸借契約ⓓ配偶者居住権を選択することで、配偶者の居住権と各相続人の具体的相続分の両面に配慮しつつ、柔軟な解決を図ることができます。(ⅲ)の通り、⑥ⓒⓓはいずれも所有権を取得するよりは対価が低額になります。

(4)　⑥ⓒⓓの比較

①　取得手続

(ⅱ)の通り、⑥賃貸者契約・ⓒ使用貸借契約は、遺産分割とは別に自宅の所有者と配偶者との合意によって成立します（民法601条、593条）。したがって、⑥ⓒはあくまで自宅所有者との合意が必要になります。

他方で、ⓓ配偶者居住権は遺産分割によって取得します（民法1028条1項）。ⓓ配偶者居住権も遺産分割協議を成立させるためには原則相続人全員の合意が必要ですが、相続人の合意がない場合でも遺産分割審判によって取得できる可能性がある点で（民法1029条）、⑥ⓒとは異なります。自宅所有者の合意がないが、自宅の居住権を確保したいという場合には、遺産分割審判によるⓓの取得を目指すことになります。

②　権利取得の対価

(ⅲ)の通り、⑥賃貸借契約の場合、契約により定められた賃料を支払うことになります。また、ⓓ配偶者居住権の場合、遺産分割手続において配偶者居住権の評価額により取得することになりますので、経済的には⑥の賃貸借契約における賃料を前払いしているとみることもできます。

他方で、ⓒ使用貸借契約は無償です。権利取得の対価を支払わずに無償で使用するという場合には、ⓒを検討することになります。子ども名義の自宅に、配偶者が居住していて、特に賃料などは支払っていないケースもあると思われますが、この場合、契約書は存在しなくても、使用貸借契約が成立していることが多いと思われま

す。

③　存続期間

　(i)の通り、ⓑ賃貸借契約やⓒ使用貸借契約の期間は契約により定まります。しかし、ⓑ賃貸借契約における賃借人は借地借家法による保護を受け、賃貸人側からは正当な理由がないと更新拒絶ができません（借地借家法28条）。そのため、賃借人側から見ると、賃貸借契約の存続期間の定めに関わらず、賃借人が希望する限り居住し続けることができることが多いといえます。ⓒ使用貸借契約は、借地借家法の保護を受けません。

　一方、ⓓ配偶者居住権の存続期間は原則終身ですが、特定の期間を存続期間とすることもできます。特定の期間を存続期間と定めた場合には、更新や延長をすることはできません。なお、配偶者居住権が消滅した段階で、改めて所有者と配偶者がⓑ賃貸借契約やⓒ使用貸借契約を締結することは可能です。

④　介護施設の入所や転居が生じる場合の対応

　(ⅳ)の通り、ⓒの使用貸借契約の場合、借主はいつでも解約できます（民法598条3項）。そのため、介護施設の入所や転居が生じ、取得した権利が何らかの事情で不要になった場合には、解約すれば足ります。

　ⓑ賃貸借契約の場合、契約により定められた賃料を支払うことになりますが(ⅲ)、契約期間が満了すれば、その後の賃料を支払う必要はなくなります(ⅳ)。例えば、賃貸借契約の契約期間を3年と定めれば、3年経過時点で不要となれば賃借人は契約を解消することができ、他方契約を継続する必要であれば更新することも原則可能です(i)（借地借家法28条）。

　　他方で、ⓓ配偶者居住権の場合、特に注意が必要です。配偶者居住権は、前述の通り経済的にはⓑの賃貸借契約における賃料を前払いしているとみることもできます(ⅲ)。この前払的性格を有していることと、配偶者居住権の譲渡が禁止されていることが相

まって、予期せぬ事情で介護施設の入所や転居が生じる場合に、不利益が生じる可能性があります。例えば、配偶者の具体的相続分の範囲内で、終身の配偶者居住権を取得したものの、何らかの事情により3年で自宅を使用しなくなってしまった場合には、それ以降の期間に対応する配偶者居住権の評価相当額についても権利取得時に前払いしているにも関わらず、結局利用できないことになります。そして、配偶者居住権は不要になったからといって、換価のため譲渡することもできません（民法1032条3項）。

　このような場合には、所有者と合意をして配偶者居住権の放棄に伴う対価を取得する(iv)、所有者の承諾により配偶者が第三者に自宅を賃貸する(vi)といった方法で、現金化することが考えられます。ただし、配偶者居住権の放棄や第三者への賃貸については、その必要が生じたときに所有者と個別に交渉することが困難または煩雑であると感じるケースも想定されます。その場合、所有者が承諾する場合には、配偶者居住権を配偶者が取得する遺産分割のタイミングで、配偶者が放棄する場合の対価や条件を定めることも可能とされています（潮見佳男『詳解相続法第2版』443頁（弘文堂、2022年））。

⑤　建物の一部について権利を取得することの可否

　(vii)の通り、ⓓ配偶者居住権は建物の全体について効力が及ぶこととされ、建物の一部のみ配偶者居住権を取得することは認められていません（民法1028条1項）。また、配偶者居住権を取得した配偶者は、従前居住していなかった部分について、居住の用に供することもできるとされており（民法1032条1項ただし書）、所有者の承諾を取る必要もありません。

　他方で、ⓑ賃貸借契約やⓒ使用貸借契約については、契約次第ですので、建物の一部のみ配偶者に使用権原を認めるという内容も可能です。したがって、建物の一部のみに権利を設定する場合には、ⓑⓒを検討することになります。

⑥　第三者対抗要件

　(ⅷ)の通り、ⓑ賃貸借契約は配偶者が建物の引渡しを受けることにより（借地借家法31条）、ⓓ配偶者居住権は登記をすることにより、第三者対抗要件を具備します。しかし、ⓒ使用貸借契約は、第三者対抗要件を具備する方法はありません。

(5)　二次相続への影響

　二次相続（配偶者死亡時）において、(ⅸ)の通りⓐ所有権を配偶者が取得していた場合には、配偶者の遺言等によって自宅所有権の帰属先が決まるか、配偶者が遺言等を残していない場合には配偶者の相続人の遺産分割協議によって自宅所有権の帰属先が決定されます。

　次に、ⓓの配偶者居住権を配偶者が取得する場合、配偶者の死亡によって配偶者居住権は消滅し、所有者は配偶者居住権の負担のない所有権を取得します(ⅸ)(ⅹ)。そのため、ⓓ配偶者居住権を設定する場合、自宅の最終的な所有者を決定する一面もあります。この点では、ⓒの使用貸借契約も同様です(ⅸ)(ⅹ)。

　ⓑの賃貸借契約の場合も、自宅の最終的な所有者を決定する一面があるという点ではⓒⓓと同様ですが、上記ⓒⓓと異なり、賃貸借契約の賃借人たる借主の地位が相続人に承継されます。二次相続における賃借権の承継先は、賃借人である配偶者の遺言によって定めるか、配偶者が遺言等を残していない場合には配偶者の相続人の遺産分割協議によって帰属先を決定します。したがって、賃借権は相続されるので、ⓒⓓと異なり、二次相続によっても、自宅の所有権には賃借権の負担がついたままとなります。

❷　遺言における活用

(1)　配偶者とコミュニケーションをとること

　遺言で配偶者の居住権を確保させる場合の考慮要素は上記❶と同様

です。上記❶で解説した通り、配偶者居住権を配偶者に取得させるのが適切かどうかは、配偶者のライフプランによって大きく変わります。この点、遺産分割の段階では配偶者が自らその必要性を判断できる一方、遺言の場合には被相続人が配偶者の代わりに判断をすることになります。

　特に、全面的な支配権を有する所有権を配偶者に帰属させる場合はともかく、ⓑⓒⓓの場合には、権利の性質や法的効果が異なるため、きめ細かな検討が必要になります。そのため、遺言で配偶者の居住権を確保させる場合には、事前に配偶者とコミュニケーションを取っておくべきでしょう。

　なお、ⓑⓒの場合には被相続人と配偶者との間で生前に契約を締結しておき、そのような負担をついた所有権を別の相続人に相続させるということになります（ⓒは借主の死亡により原則終了しますが、貸主である被相続人の死亡で終了しません）。ⓓの場合には、配偶者居住権を配偶者に遺贈する遺言や死因贈与契約を作成することになります。

(2)　配偶者と所有者の関係性

　上記❶(4)③で解説したように、特に配偶者居住権を取得する場合で何らかの事情で居住できない状況になった場合に、賃貸したり、配偶者居住権を放棄して対価を得たり、することが可能かは重要なポイントです(iv)。したがって、配偶者居住権を遺贈する場合は、配偶者と所有者が適切に協議できる関係にあるか十分考慮するべきだと思われます。遺言で、配偶者が放棄する場合の対価や条件を定めることも可能とされていますので、そのような内容を遺言に明記するかどうか検討することも考えられます。

民法 1029 条

Q 遺産分割の場面で配偶者居住権を取得するためには、どのような手続きが必要でしょうか。

Point

- 相続人全員の合意ができれば、配偶者は配偶者居住権を取得することができます。
- 相続人全員の合意ができない場合には、「配偶者が家庭裁判所に対して配偶者居住権の取得を希望する旨を申し出た場合において、居住建物の所有者の受ける不利益を考慮してもなお配偶者の生活を維持するために特に必要があると認められるとき」に該当する場合に限り、配偶者は配偶者居住権を取得することができます。

❶ 共同相続人間に、配偶者が配偶者居住権を取得することについて全員の合意が成立している場合

遺産分割協議・遺産分割調停・遺産分割審判いずれにおいても、共同相続人間で配偶者が配偶者居住権を取得することについて全員の合意が成立する場合には、配偶者は配偶者居住権を取得することができ

ます。

❷　配偶者が配偶者居住権を取得することについて、一部の相続人が反対の意思を示している場合

(1)　要　件

　一部の相続人が反対の意思を示している場合には、「配偶者が家庭裁判所に対して配偶者居住権の取得を希望する旨を申し出た場合において、居住建物の所有者の受ける不利益を考慮してもなお配偶者の生活を維持するために特に必要があると認められるとき」（民法1029条）という要件を充足した場合に限り、配偶者は配偶者居住権を取得することができます。

(2)　配偶者が配偶者居住権の取得を希望しない場合

　配偶者が配偶者居住権を取得する希望がない場合には、「配偶者が家庭裁判所に対して配偶者居住権の取得を希望する旨を申し出た場合」に該当しません。したがって、配偶者の意思に反して、配偶者が配偶者居住権を取得することはありません。

(3)　配偶者は配偶者居住権の取得を希望しているが、その他の相続人が反対している場合

　配偶者以外の相続人が反対している場合でも、一定の要件を満たす場合に、配偶者は配偶者居住権を取得することができます。その根拠について、配偶者以外の相続人は、通常は配偶者に対して扶養義務を負い、または負いうる関係にあることから（民法877条1項・2項）、「居住建物の所有者の受ける不利益を考慮してもなお配偶者の生活を維持するために特に必要があると認められるとき」という限定された要件を満たす場合には、建物所有者を取得する相続人の意思に反するとしても、その者が不利益を受けることはやむを得ないとされているためです（法制審・資料（19-1）9～10頁）。

① 配偶者居住権付所有権の取得希望者がいる場合

　配偶者居住権付所有権の取得希望者がいる場合ですが、仮に法定相続人が「配偶者」「配偶者居住権付所有権の取得を希望する相続人」2名だけであるのであれば、上記❶の問題となります。すなわち、共同相続人相続人2名全員が合意している以上、配偶者は配偶者居住権を取得することができます。

　したがって、ここで想定しているのは「配偶者」「配偶者居住権付所有権の取得を希望する相続人」「配偶者が配偶者居住権を取得することに反対している相続人」の少なくとも3名（もしくはそれ以上）の相続人が存在する場合です。この場合、少なくとも配偶者居住権の取得を希望する配偶者と自宅の所有権の取得を希望する者がいる以上、「配偶者が家庭裁判所に対して配偶者居住権の取得を希望する旨を申し出た場合において、居住建物の所有者の受ける不利益を考慮してもなお配偶者の生活を維持するために特に必要があると認められるとき」（民法1029条）に該当することになると考えられますが、常に該当するといえるのか解釈の余地が残るかもしれません。なぜなら、配偶者居住権の評価額について、①配偶者居住権の価額と②配偶者居住権付の建物所有権の価額が、③建物所有権の価額より大幅に低くなるという考え方（①＋②＝③にならない考え方）を前提とすれば、配偶者居住権の設定は、配偶者と建物所有権を取得する相続人だけでなく、それ以外の相続人についても、影響を与えることになるからです。

② 配偶者居住権付所有権の取得希望者がいない場合

㋐ 現物分割の原則に従って配偶者居住権付所有権を取得させるべき当事者がいないか

　配偶者居住権付所有権の取得希望者がいない場合でも、現物取得の原則に従って、配偶者居住権付所有権を取得させるのが相当といえる当事者がいないかを検討することになると思われます。

　この場合、当然に配偶者が配偶者居住権を取得することを前提に審判がされるわけではなく、「居住建物の所有者の受ける不利益を考慮してもなお配偶者の生活を維持するために特に必要があると認められるとき」に該当するか、個別に裁判所が判断をすることになります。

④　配偶者居住権付所有権を取得させるべき当事者がいない場合

　配偶者居住権の負担付きの不動産を任意売却または競売をすることが検討されることになります。そして、任意売却または競売によっても売却・競売できる可能性が低い見通しがあるのであれば、共有分割を目指すことになると思われます。

22 配偶者居住権の鑑定手続

Q 配偶者居住権を取得したいのですが、相続人間で合意ができず、家庭裁判所で遺産分割調停・審判の手続きが必要になりました。配偶者居住権の評価が争点になりそうですが、どのように配偶者居住権の評価額が決まるのでしょうか。

Point
- 遺産分割調停・審判においても、配偶者居住権の評価額についてすべての相続人間で合意をすることを目指すことになります。
- 合意ができない場合、鑑定を行うことになりますが、以下のような方法が考えられます。
  ① 建物敷地の評価についても合意ができない場合には、配偶者居住権の評価額と建物敷地の評価額を併せて鑑定する。
  ② 建物敷地の評価額のみ鑑定を行って、その建物敷地の鑑定価額をもとに簡易な評価方法によって配偶者居住権の評価額を算出するという合意をする。
- 配偶者居住権の評価額を存続期間に基づいて算出する場合、存続期間が終身とする場合でも、可能な限り想定される余命

> として確定的な年数を合意しておくことを目指すことになり
> ます。

❶　評価合意

(1)　概　要

　配偶者居住権に限らず、遺産分割では各相続財産の評価額が重要に
なってきます。特に不動産や取引相場のない株式などは一義的に評価
額が定まらないことから、相続人間で各財産の評価額について合意を
行う必要があります。

(2)　特別受益や寄与分の主張がない場合

　特別受益や寄与分の主張がない場合は、遺産分割時を基準時とし
て、配偶者居住権を評価すれば足ります。

(3)　特別受益や寄与分の主張がある場合

　特別受益や寄与分の主張がある場合には、①相続開始時を基準時と
した具体的相続分を計算する前提としての相続財産の評価、②遺産分
割時を基準時とした相続財産の評価という2つの地点での遺産評価が
必要になります。当事者が合意した場合には、1つの時点の評価で足
ります。

❷　評価合意ができない場合

(1)　鑑定の方法

　配偶者が配偶者居住権の取得を希望しているものの、評価合意がで
きない場合には、配偶者居住権の評価額を不動産鑑定士による鑑定評
価額をベースに確定させることになります。

ア　建物敷地の評価についても合意ができない場合には、配偶者居住
　　権の評価額と建物敷地の評価額を併せて鑑定することになります。
　　この点は、**本章⑲**をご参照ください。
イ　建物敷地の評価額のみ鑑定を行って、配偶者居住権の評価額は、
　　建物敷地の鑑定によって明らかになった価額をベースに、簡易な評
　　価方法を利用して算出する合意をするという方法も考えられます。

(2)　存続期間の合意

　存続期間をもとに、配偶者居住権の評価額を算出する場合、鑑定前
に当事者間で配偶者居住権の存続期間を合意しておくことが適当と考
えられます。

第1部　法務編

第3章　配偶者短期居住権

1 配偶者短期居住権の制度趣旨

民法 1037 条、752 条

Q 配偶者短期居住権の制度を創設した趣旨を教えてください。

point

- 被相続人が死亡した場合、配偶者が直ちに住み慣れた居住建物を離れ新たな生活を立ち上げなければならないとすると精神的にも肉体的にも大きな負担となります。そこで、被相続人の死亡後、一定期間、引き続き無償で居住することができる権利を創設しました。
- 配偶者は、配偶者短期居住権の効力が生じている間に、遺産分割協議による不動産の所有権（または居住権）の取得または転居などの検討を行うことになります。

❶ 意 義

　配偶者短期居住権とは、被相続人の配偶者が、被相続人の遺産である建物に相続開始の時に無償で居住していた場合に、一定の期間に限り、無償で住み続けられる権利です（民法1037条）。

　配偶者短期居住権の法的性質は、配偶者を債権者、他の相続人等を債務者とし、意思表示等の法律行為がなくとも自動的に発生する法定債権と解されています。

❷　創設の経緯

(1)　経緯と判例の議論

　配偶者が被相続人所有の建物に居住していた場合、通常は、それまで居住してきた建物に引き続き居住を希望すると思われます。高齢化が進展してきた近年においては、住み慣れた居住建物を離れて新たな生活を立ち上げなければならないとすると、精神的にも肉体的にも大きな負担となることから、よりその傾向が強くなってきたと考えられます。

　しかし、従前は、必ずしも配偶者の権利が法律上明文化されてはいませんでした。そのため、相続人である配偶者が被相続人の承諾を得て被相続人所有の建物に居住していた場合には、その配偶者は、相続開始前には被相続人の占有補助者としてその建物に居住できることになりますが、被相続人が死亡すると占有補助者としての資格を失うことになるので、居住し続ける明確な法的根拠が失われてしまうように見えていました。

　一方で、判例は、被相続人の一人が被相続人の許諾を得て被相続人所有の建物に同居していた場合には、特段の事由がない限り、被相続人とその相続人との間で、相続開始時を始期とし、遺産分割時を終期とする使用貸借契約が成立したものと推認される、としました（最判平成8年12月17日民集50巻10号2778頁）。したがって、従前においても、判例の要件を充たしている限り、配偶者は遺産分割の終了まで被相続人所有の建物に無償で居住することは可能でした。ただし、これはあくまで当事者の意思の合理的解釈に基づくものであるため、被相続人が明確にこれとは異なる意思を表示していた場合には、配偶者の

137

居住権は短期的にも保護されませんでした。

(2)　従前の議論を前提とした配偶者短期居住権の意義

　判例を含めた従前の議論からさらに踏み込み、民法は新たに「配偶者短期居住権」を創設し、被相続人の意思に関わらず配偶者の短期的な居住の権利が認められることになりました。これによって、上記判例によっては保護されない場合についても、配偶者は被相続人所有の建物に一定期間は居住し続けられることになります。

　なお、判例は同居の相続人等を保護したもので、配偶者のみを対象にしたものではありませんでしたが、配偶者短期居住権は配偶者に限り認められます。これは、民法改正の議論の際、「高齢化社会の進展に伴い、配偶者の居住権の保護の必要性が高まっていることに加え、夫婦は相互に同居・協力・扶助義務を負うなど（民法752条）、法律上最も緊密な関係にある親族であるとされていること等を考慮すれば、配偶者に限り、このような保護を与えることにも相応の理由がある」（法務省民事局参事官室「民法（相続関係）等の改正に関する中間試案の補足説明」3頁（2016年））とされたためです。

❸　配偶者短期居住権を取得したら

　配偶者短期居住権を取得した配偶者は、遺産分割終了時まで被相続人所有の建物に無償で居住し続けることができます。したがって、被相続人が死亡したからといって慌てて転居する必要はないわけです。

　一方で、配偶者短期居住権はあくまで遺産分割終了時までの短期的な権利に過ぎません。したがって、配偶者は、配偶者短期居住権の効力が生じている間に、遺産分割協議等によって不動産の所有権（または居住権）を取得するか、新たな転居先を見つけるかなどの検討を行うことになります。

2 配偶者短期居住権の概要

民法 1028 条、1037 条、891 条、892 条

Q 配偶者短期居住権とはどのような制度でしょうか。

Point

- 配偶者短期居住権は、被相続人の配偶者が、被相続人の遺産である建物に、一定期間に限り無償で住み続けることができる権利です。
- 配偶者短期居住権は、①居住建物について配偶者を含む共同相続人間で遺産の分割をすべき場合、②上記①以外の場合、という 2 つの類型があります。
- 配偶者は、遺言により他の相続人が自宅を取得する場合であっても配偶者短期居住権を取得します。
- 配偶者は相続放棄をしても、配偶者短期居住権を取得します。
- 配偶者短期居住権を取得した場合でも、遺産分割において、配偶者の具体的相続分からその価値が控除されることはありません。

❶　配偶者短期居住権の概要

　本章❶でご説明した通り、配偶者短期居住権とは、被相続人の配偶者が、被相続人の遺産である建物に相続開始の時に無償で居住していた場合に、一定の期間に限り、無償で住み続けられる権利です。

　第2章で説明した配偶者居住権との大きな違いは、①配偶者短期居住権は要件を満たせば法律上当然に発生する権利であること、②配偶者短期居住権は一時的な権利であること、③権利の対象は居住建物の使用に限られ、収益の目的とすることはできないこと、④取得した配偶者短期居住権は、取得後の遺産分割において考慮する必要がないこと等が挙げられます。

❷　2つの類型

　民法は、配偶者短期居住権を次の2つの場合に分けて定めています。
　①　配偶者が居住していた建物について、配偶者を含む共同相続人
　　　間で遺産の分割をすべき場合（民法1037条1項1号）
　②　上記①以外の場合（同項2号）
　2つの類型については、配偶者短期居住権の存続期間に違いが生じてきます。具体的な相違点については、本章❹を参照してください。

❸　遺産分割との関係

　以下では、具体的に配偶者短期居住権と遺産分割との関係について具体的な場面に分けて検討します。

(1) 通常の遺産分割をすべき場合

　遺言書が存在しないなど、配偶者を含めた通常の遺産分割をすべき場合については、上記類型のうち①の場合にあたります。したがって、配偶者は、配偶者短期居住権を取得することができます。

(2) 遺言書が存在する場合

　遺言書が存在して居住建物が配偶者以外の者に相続または遺贈された場合には、上記類型のうち②にあたります。遺言書で自宅が第三者に渡ってしまった場合であっても、配偶者にとって、一定期間自宅に継続的に居住する必要性があることは、通常の遺産分割の場合と変わりありません。この場合においても、配偶者は配偶者短期居住権を取得することができます。

(3) 欠格事由がある場合や廃除された場合

　被相続人への生命侵害行為や遺言への不当干渉などにより、配偶者に欠格事由（民法891条）がある場合があります。また、被相続人に対する虐待や重大な侮辱行為などの著しい非行があった場合、家庭裁判所への申立てにより配偶者が廃除（民法892条）され相続人でなくなることがあります。

　この場合には、配偶者は配偶者短期居住権を取得することができません（民法1037条１項ただし書き）。欠格事由がある場合や廃除される程度に配偶者に非行がある場合には、建物の所有権を取得する者の所有権を制約してまで配偶者の居住権を保護することを正当化することは困難と考えられたためです。

(4) 相続放棄をした場合

　上記(3)のように欠格事由がある場合や廃除された場合と異なり、配偶者が相続放棄をした場合には、配偶者は配偶者短期居住権を取得します。配偶者が相続放棄をしたとしても、配偶者の短期的な居住権を

保護する必要性は通常の遺産分割の場合と異ならないからです。

⑸　遺産分割協議への影響

　配偶者が配偶者短期居住権を取得した場合であっても、その後の遺産分割において配偶者の具体的相続分からその価値を控除することとはしていません。

　これは、配偶者短期居住権が配偶者の居住の権利を政策的に保護することとしたものであること、存続期間もごく短期に限られること、配偶者以外の相続人にとってみれば負担となる面はあるものの、夫婦の同居・協力・扶助義務の観点から相続開始後に配偶者が直ちに困窮することがないよう配慮すべきと考えられることから、合理性があると考えられています。

　なお、配偶者居住権（民法1028条）については、配偶者短期居住権と異なり、その価値が財産的に評価され、遺産分割の際にその価値が考慮されることになるため、注意が必要です（**第2章⑳**参照）。

③ 配偶者短期居住権の成立要件

民法 1037 条

Q 配偶者短期居住権が認められる要件を教えてください。

Point

● 配偶者短期居住権は、次の要件を満たす場合に認められます。

① 配偶者であること

② 相続開始の時に、被相続人の財産に属した建物に無償で居住していたこと

③ 相続開始の時点で、配偶者居住権を取得していないこと

④ 相続の欠格事由にあたらないことまたは廃除されていないこと

❶ 要件①：配偶者であること

配偶者短期居住権が認められるのは、被相続人の配偶者のみです。子や兄弟など、生前から被相続人と同居していた相続人であっても、配偶者でない者には、配偶者短期居住権は認められません。

　民法が配偶者短期居住権の対象を配偶者に限定したのは、高齢社会の進展に伴い、配偶者の居住権を保護する必要性が高まっていたこと、夫婦は相互に同居・協力・扶助義務を負う（民法752条）など最も緊密な関係なる親族であることを考慮したことによります。

　生前から同居していた配偶者以外の相続人は、これまで通り、被相続人との間で使用貸借契約が成立していたと推認されるという判例法理に則り、居住が継続できるかを判断することになります（最判平成8年12月17日民集50巻10号2778頁）。ただし、これまでに同判例に対し議論がされてきた通り、被相続人が建物を貸さない旨を明示していた場合など、他の相続人と被相続人との間で明らかに使用貸借契約が成立していたといえない場合には、配偶者以外の相続人はその居住を続けることができなくなる可能性があります。

　なお、法律婚ではない事実婚の配偶者などについては**本章⑧**で言及します。

❷　要件②：相続開始の時に、被相続人の財産に属した建物に無償で居住していたこと

　相続が開始した時点で、配偶者が被相続人の相続対象財産である建物に、対価を支払うことなく居住していたことが必要になります。

　「居住していた」とは、配偶者が当該建物を生活の本拠としていたことを意味しています。したがって、配偶者が老人ホームに入居しており自宅に帰る見込みがない場合など、生活の本拠としての実態がない場合には、「居住していた」場合にあたらないことになります。

❸　要件③：相続開始の時点で、配偶者居住権を取得していないこと

　相続開始時に遺言等により配偶者居住権を取得している場合には、配偶者短期居住権を認める必要性がないことから、配偶者短期居住権は成立しません。

❹ 要件④：相続の欠格事由にあたらないことまたは廃除されていないこと

　配偶者であっても、相続の欠格事由に該当する場合、廃除によって相続権を失った場合には、配偶者短期居住権を取得することができません。

　この2つの場合において配偶者短期居住権が発生しないとされた理由についてはは**本章❷**で言及していますので、そちらを参照してください。

配偶者短期居住権の存続期間

民法 1037 条、1041 条、554 条、597 条 3 項、891 条〜 893 条、939 条

Q 配偶者短期居住権の存続期間について教えてください。

Point

- 配偶者短期居住権の存続期間は、①居住建物について配偶者を含む共同相続人間で遺産の分割をすべき場合と、②それ以外の場合とで異なる期間が定められています。
- ①の場合、遺産分割により居住建物の帰属が確定した日または相続開始の時から 6 か月を経過する日のいずれか遅い日まで存続します。②の場合、居住建物取得者による配偶者短期居住権の消滅の申入れから 6 か月を経過する日まで存続します。
- 配偶者が相続放棄した場合でも、②の場合に該当するものとして配偶者短期居住権が認められます。
- 配偶者短期居住権の存続期間の途中で配偶者が死亡した場合は、当該死亡時点で配偶者短期居住権は消滅し、相続の対象とはなりません。

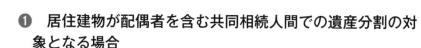

❶ 居住建物が配偶者を含む共同相続人間での遺産分割の対象となる場合

居住建物について、配偶者を含む共同相続人間で遺産の分割をすべき場合には、次の2つのうちいずれか遅い日まで配偶者短期居住権は存続します（民法1037条1項1号）。

① 遺産の分割により居住建物の帰属が確定した日

② 相続開始の時から6か月を経過する日

すなわち、この場合の配偶者短期居住権は、最低でも6か月は存続が保障され、かつ、居住建物の帰属についての遺産分割協議が継続する限りは存続し続けることになります。

なお、この存続期間の決定において、①の遺産分割は遺産全体について成立する必要はなく、遺産の一部分割により居住建物の帰属が確定した場合も含まれます。

❷ 居住建物が配偶者を含む共同相続人間での遺産分割の対象でない場合

⑴ 遺言または死因贈与により配偶者以外の者が居住建物の所有権を取得した場合

配偶者を含む共同相続人間で、居住建物が遺産の分割対象とならずに配偶者短期居住権が成立する場合としては、主に居住建物が遺言により遺贈もしくは遺産分割方法の指定がされ、または、死因贈与がされた場合が考えられます（民法1037条1項、554条）。

この場合の配偶者短期居住権は、居住建物の所有権を取得した者から配偶者短期居住権の消滅の申入れがされた日から6か月を経過する日まで存続します（民法1037条1項2号、同条3項）。この場合の配偶者短期居住権も、最低6か月は存続が保障されていることになります。

なお、居住建物の持分が複数人に遺贈されたような場合には、各取

147

得者は持ち分に関わらず単独で配偶者短期居住権の消滅の申入れをすることができ、配偶者短期居住権が消滅して以降の建物明渡請求も単独で行うことができます（堂薗幹一郎・野口宣大『一問一答　新しい相続法─平成30年民法等（相続法）改正、遺言書保管法の解説』43頁（商事法務、2019年））。

(2)　配偶者が相続放棄した場合

　配偶者が相続放棄した場合も、配偶者は初めから相続人とならなかったものとみなされますから（民法939条）、配偶者は遺産分割を行う共同相続人とはなりません。

　その場合でも、上記(1)と同様、遺産分割で居住建物を相続した者により配偶者短期居住権の消滅の申入れがされた日から6か月を経過する日まで、配偶者短期居住権が存続します（民法1037条1項2号、同条3項）。

　あえて相続放棄をした配偶者について配偶者短期居住権による保護を認める必要があるかという点について、立法過程の議論では、高齢化社会の進展に伴って配偶者の居住権保護の必要性が高まっていることや、婚姻の一方配偶者は死亡後に他方配偶者が直ちに建物からの退去を求められるような事態が生ずることがないよう配慮すべき義務を負うと解する婚姻の余後効を考慮して、相続放棄の有無にかかわらず配偶者短期居住権を認めるべきとされています（法制審・資料（6）2頁、法制審・資料（24-2）1〜2頁）。

(3)　配偶者が配偶者居住権を取得したとき

　配偶者が遺贈または死因贈与により配偶者居住権を取得したときは、配偶者短期居住権は成立しません（民法1037条1項ただし書）。

　配偶者居住権を取得した場合には、配偶者居住権により保護されることになり、配偶者居住権は、その登記を備えていない場合でも配偶者短期居住権と同等以上の効力が認められていることから、配偶者短

期居住権を認める必要がないためです。

⑷　配偶者に欠格事由または廃除事由がある場合

　配偶者が欠格事由に該当する場合および廃除された場合（民法891
条〜893条）は、配偶者短期居住権は成立しません（民法1037条１項
ただし書）。

　欠格や廃除は、被相続人に対して不相当な行為をした推定相続人か
ら相続権をはく奪する制裁であるところ、このような者にまで他の相
続人や受遺者等の負担において配偶者の居住権を保護する必要性が乏
しいと考えられたためです。

❸　配偶者の死亡

　配偶者短期居住権の存続期間中でも、配偶者が死亡した場合には、
配偶者短期居住権は消滅し（民法1041条、597条３項）、相続の対象に
はなりません。

　これらの配偶者短期居住権の消滅事由は、**本章7**で詳しく説明しま
す。

5 配偶者短期居住権の範囲

民法 1037 条、1038 条

Q1 父が死亡し、母は配偶者短期居住権を取得しました。父の生前、母は自宅の一部で駄菓子店を営んでいました。この場合、駄菓子店部分にも配偶者短期居住権は及ぶのでしょうか。

Q2 母が営む駄菓子店について、母が父に対して、賃料を支払っていた場合はどうでしょうか。

Q3 駄菓子店を営んでいたのが、父だった場合はどうでしょうか。

Q4 駄菓子店について、父が第三者に建物の一部を賃貸して、その第三者が営んでいた場合はどうでしょうか。

Point
- 建物のうち、従前居住目的で使用していなかった部分についても、配偶者短期居住権に基づいて一定範囲で使用することができます。

- 配偶者短期居住権が成立するのは、無償で使用していた部分です。有償で使用していた部分には配偶者短期居住権は成立しません。
- 配偶者短期居住権が成立するのは、配偶者が使用していた部分です。配偶者が使用せず、被相続人や第三者が使用していた部分には配偶者短期居住権は成立しません。

❶ Q1について

　配偶者短期居住権は、相続開始の時に配偶者が無償で居住していた建物について認められる権利であり、その範囲は、配偶者が対象建物の一部のみ無償で使用していた場合には当該部分に限るものとされています（民法1037条1項）。

　すなわち、無償で居住していた建物であれば、当該建物のうちこれまで居住目的でなかった部分を含め、無償で使用していた部分までは配偶者短期居住権の権利の対象となり、従前の用法に従ってそれぞれ使用することができるようになります（民法1037条1項、1038条1項）。

　よって、被相続人の生前に、配偶者が自宅の一部を駄菓子店経営などの営業目的で無償使用していた場合、駄菓子店部分にも配偶者短期居住権の効力が及びますから、従前の用法に従って駄菓子店経営のため当該部分を使用することができます（法制審・資料（15）4頁）。

❷ Q2について

　配偶者短期居住権は、配偶者が無償で居住していた建物のうち、相続開始の時に配偶者が無償で使用していた部分にのみ認められます（民法1037条1項第三括弧書き）。

　そのため、配偶者が、無償で居住していた建物の一部について、被相続人と賃貸借契約を締結するなど有償で使用していた場合、配偶者短期居住権は当該賃借部分に及びません。

　もっとも、当該賃貸借契約は、被相続人から対象建物の所有権を取得した相続人等と配偶者の間で有効に存続しますから、配偶者は当該賃貸借契約に基づいて引き続き当該賃借部分を有償で使用することができます。

　よって、被相続人の生前に、配偶者が自宅の一部を駄菓子店経営などの営業目的で使用するにあたって賃料を支払っていた場合、当該駄菓子店部分に配偶者短期居住権は及びませんが、配偶者は自宅の所有権を取得した相続人等に賃料を払って駄菓子店経営を続けることができます。

❸　Q3について

　配偶者短期居住権の権利の範囲は、対象建物の一部のみを無償で使用していた場合にあっては、その部分に限って認められるものとされていますから、配偶者が使用していなかった部分には及びません（民法1037条1項第三括弧書き）。

　そのため、被相続人が対象建物の一部について営業目的で使用していた場合、通常、配偶者が当該部分を無償で使用していたということはできないものと考えられますから、当該部分に配偶者短期居住権の効力は及ばず、配偶者は使用できないことになります。

　よって、被相続人の生前に、自宅の一部で被相続人が駄菓子店経営を行っていた場合、当該部分に配偶者短期居住権の効力は及ばず、配偶者は使用できないことになります。

❹ Q4について

上記❸で述べた通り、配偶者短期居住権は、配偶者が使用していな
かった部分には及びません（民法1037条1項第三括弧書き）。

そのため、対象建物の一部について、第三者が被相続人と賃貸借契
約を締結して使用していた場合、通常、配偶者が当該部分を無償で使
用していたということはできないものと考えられますから、当該部分
に配偶者短期居住権の効力は及ばず、配偶者は使用できないことにな
ります。

よって、被相続人の生前に、被相続人が第三者に自宅の一部を賃貸
して、その第三者が駄菓子店経営を行っていた場合、当該部分に配偶
者短期居住権の効力は及ばず、配偶者は使用できないことになりま
す。

民法 1037 条、1038 条、1041 条

Q 配偶者短期居住権を取得すると、どのような効果が
生じるのでしょうか。

Point

- 配偶者短期居住権を得た配偶者は、自ら居住建物の使用がで
  きますが、収益権限はありません。
- 配偶者には、用法遵守義務、譲渡禁止および無断増改築の禁
  止等の制限があります。
- 配偶者は、建物の修繕を行うことができ、通常の必要費は配
  偶者負担、その他の必要費は所有者負担です。有益費は一部
  が所有者負担になります。

❶ 居住建物の使用

　配偶者短期居住権を有する配偶者は、居住建物を無償で使用する権
利を有します（民法1037条 1 項）。配偶者居住権では使用および収益
をする権利が認められる（民法1028条 1 項）のと異なり、配偶者短期
居住権では居住建物で収益を行うことはできないとされています。

❷ 用法遵守義務・善管注意義務

　配偶者短期居住権を有する配偶者は、従前の用法に従い、善良な管理者の注意をもって、居住建物を使用する義務（用法遵守義務および善管注意義務）を負います（民法1038条1項）。このため、配偶者は、居住建物取得者に無断で居住建物を増改築することはできません。

　配偶者が用法遵守義務や善管注意義務に違反した場合、居住建物取得者から配偶者短期居住権の消滅請求（民法1038条3項）や損害賠償請求（民法415条）を受ける可能性があります。

❸ 譲渡禁止

　配偶者短期居住権は、譲渡ができません（民法1041条、1032条2項)。これは、あくまで配偶者短期居住権は、配偶者の短期的な居住の権利を保護する趣旨で設けられたにすぎず、第三者に譲渡することまで認める必要性はないためです。

❹ 第三者利用や無断増改築の禁止

　配偶者は、居住建物取得者の承諾を得なければ、第三者に居住建物の使用をさせることはできません（民法1038条2項)。

　もっとも、建物に居住するというとき、配偶者が家族や家事使用人と同居することは居住目的での使用の範囲に含まれると解されます。また、これらの者は独立の占有を有しない配偶者の占有補助者であって、同居させたとしても第三者に建物を使用収益させたことにはならないと解されます。このため、配偶者が家族や家事使用人を同居させるにとどまる限りでは、居住建物取得者の承諾を得る必要はないと考えられます。

　また、配偶者は無断での増改築も禁止されます。これは、配偶者が前記の用法遵守義務を負っていることから導かれます。

❺　居住建物の修繕

⑴　配偶者による修繕
　配偶者は、自ら居住建物の使用に必要な修繕をすることができます（民法1041条、1033条1項）。

⑵　居住建物取得者による修繕
　居住建物取得者は、居住建物を修繕する義務はありませんが、逆に、当該建物の所有者という立場から、配偶者が居住建物に適切な修繕を行わないために建物が腐朽するなど建物価値低下を防止する必要が生じる場合もあります。

　このため、居住建物の修繕が必要である場合において、配偶者が相当の期間内に必要な修繕をしないときには、居住建物取得者はその修繕をすることができるものとされています（民法1041条、1033条2項）。

　また、居住建物取得者が修繕を行うためには、居住建物に修繕が必要な状況であることを知る必要があるため、居住建物に修繕が必要であるにも関わらず、配偶者がこれを行わない場合には、すでに居住建物取得者が事情を知っている場合を除き、配偶者は居住建物取得者に対し、遅滞なくその旨を通知しなければならないという通知義務を定めています（民法1041条、1033条3項）。

❻　費用負担

　配偶者は、その居住建物を無償で使用する権利を得る反面、当該建

物について通常の必要費を負担しなければなりません（民法1041条、1034条１項）。この通常の必要費とは、使用貸借契約の場合と同様、建物に賦課される固定資産税などの公租公課のほか、普通に生活していく上で生じた修繕費といった費用などが含まれます。通常の必要費を居住建物取得者が支払った場合には、居住建物取得者は、配偶者に直ちに費用の償還を請求することができます。

　これに対し、例えば、不慮の風水害により家屋が損傷した場合の修繕費など、通常の必要費とはいえないものについては、居住建物取得者が負担します。居住建物取得者の支出を待たず配偶者が支出した場合には、居住建物の返還時に、居住建物取得者に対してその償還を求めることができます。

　さらに配偶者が有益費（例えば、居住建物取得者の承諾を得て建物のリフォームをした場合など、必要とまではいえないけれど、建物の価値を増加させる費用をいう。）を支出した場合には、居住建物の返還時にその価格の増加が現存する場合に限り、居住建物取得者の選択に従い、その支出金額または増加額が償還されます（以上、民法1041条、1034条、583条２項、196条）。

　まとめると、修繕費について①通常の必要費は配偶者の負担、②それ以外の必要費は居住建物取得者の負担、③有益費は価値が現存する場合に限り支出金額または増加額が居住建物取得者の負担となります。

　なお、これら費用の償還請求について、配偶者は、配偶者短期居住権が消滅し、居住建物を居住建物取得者に返還した時から１年以内に行わなければなりません（民法1041条、600条）。

7 配偶者短期居住権の消滅事由

> 民法 1037 条、1038 条、1039 条、1040 条、1041 条

Q 配偶者短期居住権はどのような場合に消滅するのでしょうか。また、配偶者短期居住権が消滅した場合、配偶者と居住建物所有者との間にどのような法律関係が生じるのでしょうか。

Point

- 配偶者短期居住権は、存続期間の満了、居住建物取得者による消滅請求、配偶者による配偶者居住権の取得、配偶者の死亡および居住建物の全部滅失等の事情により消滅します。
- 配偶者短期居住権が消滅した場合、配偶者は、居住建物の返還、原状回復義務、付属物の収去および損害賠償・費用償還等の義務を負います。

❶ 配偶者短期居住権の消滅原因

(1) 存続期間の満了

配偶者短期居住権は、配偶者の居住の利益と、居住建物取得者の負担との均衡から、一定期間に限って認められる権利です。このため、

配偶者短期居住権は、遺産分割によって居住建物の帰属が確定した場合など、**本章④**で述べた存続期間の満了により消滅します。

(2) 配偶者短期居住権の消滅請求

　配偶者が居住建物について負っている用法遵守義務、善管注意義務に違反したとき、居住建物取得者は、配偶者に対する意思表示によって配偶者短期居住権を消滅させることができます(民法1038条3項)。

　この消滅の意思表示（消滅請求）については、使用貸借契約における用法遵守義務違反等の場合の解除と同様、無催告で行うことができます。

(3) 配偶者居住権の取得

　配偶者が、遺産分割によって配偶者居住権を取得したときは、配偶者短期居住権は消滅します（民法1039条）。配偶者が配偶者居住権を取得した場合には、配偶者短期居住権以上の保護を受けることになるため、配偶者短期居住権の存続を認める必要がないためです。

　なお、配偶者が、遺贈または死因贈与によって、被相続人の相続開始当初から配偶者居住権を取得した場合には、配偶者は当初から配偶者短期居住権を取得しません（民法1037条1項ただし書）。

(4) 配偶者の死亡

　配偶者が死亡した場合には、配偶者短期居住権は消滅します（民法1041条、597条3項）。配偶者短期居住権は、被相続人の相続開始によって、配偶者がそれまで居住していた建物から直ちに退去しなければならなくなる事態を防止するため、政策的に設けられたものであり、配偶者が死亡した場合には存続させる意義がなくなるためです。

(5) 居住建物の全部滅失等

　居住建物の全部が滅失その他の事由により使用することができなく

なった場合には、配偶者短期居住権は消滅します（民法1041条、616条の2）。居住建物の全部が滅失して使用することができないような場合、配偶者短期居住権を認めても配偶者の居住の利益が保護されることにはならないほか、居住建物が朽廃等により全部滅失した場合にそれ以上の権利を配偶者に認める理由もないためです。

❷　配偶者短期居住権消滅後の法律関係

(1)　居住建物の返還

①　原　則

　配偶者短期居住権が消滅したときは、配偶者は、居住建物取得者に対し、居住建物を返還しなければなりません（民法1040条1項）。

②　配偶者居住権を取得した場合の例外

　配偶者が配偶者居住権を取得した場合には、配偶者短期居住権が消滅しても居住建物を返還する必要はありません（民法1040条1項、1039条）。配偶者が居住建物を使用する利益は、配偶者居住権によって保護されるためです。

③　配偶者が居住建物の共有持分を有する場合の例外

　配偶者が居住建物について共有持分を有する場合には、配偶者短期居住権が消滅しても、居住建物取得者は、配偶者短期居住権が消滅したことを理由としては、居住建物の返還を求めることができません（民法1040条1項ただし書）。これは、配偶者は建物の共有持分を有していれば、共有持分に応じてその建物の全部を使用することができ（民法249条）、最判昭和41年5月19日判決（民集20巻5号947頁）では、過半数を超える持分を有する共有者であっても、少数持分権者に対し、当然に共有物の明渡しを求めることができるわけではないと判示されました。そして、共有者に対する明渡しが認められるのは、長年共有建物を生活の拠点としていた共有者を実力的に排除し、他の共有者が占有している場合など極めて限定されて

います。

　したがって、配偶者が配偶者短期居住権のみならず、居住建物の共有持分も有していた場合に、配偶者短期居住権の消滅により居住建物を明け渡さなければならないことにすると、配偶者が共有持分のみを有していた場合との均衡を失することになるためです。

　そこで、配偶者が居住建物に共有持分を有する場合の法律関係については、一般の共有法理に委ねられ、配偶者短期居住権の消滅後は、配偶者は他の共有持分権者に対して持分割合に応じた地代相当額の不当利得金または損害賠償金を支払うほか（最判平成12年4月7日判時1713号50頁）、共有関係の紛争解決は、共有物分割協議（民法256条）や共有物分割請求訴訟（民法258条）などによって図ることになります。

(2)　原状回復義務

　配偶者は、配偶者短期居住権が消滅したことにより居住建物を返還するとき、被相続人の相続開始後に居住建物に生じた損傷がある場合には、居住建物について原状に復したうえで居住建物取得者に返還する原状回復義務を負います（民法1040条2項、621条）。ただし、配偶者に帰責事由のない損傷については原状回復義務がないほか（民法1040条2項、621条ただし書）、通常の使用によって生じた損耗や経年変化はここで原状回復の対象となる「損傷」には含まれないため（1040条2項、621条括弧書き）、これらについて配偶者は特段の修繕等を行う必要はありません。

　配偶者は、配偶者短期居住権が消滅したことにより居住建物を返還するとき、配偶者が被相続人の相続開始後に居住建物に附属させた物がある場合には、その附属させた物を収去する権利を有し、義務を負います（民法1040条2項、599条1・2項）。例えば、配偶者が居住建物にエアコンを設置していた場合、配偶者はエアコンを居住建物から取り外して転居先で使用する権利を有するとともに、居住建物からエ

アコンを撤去する義務を負うことになります。

　もっとも、居住建物から分離することができない物または分離するのに過分の費用を要する物については、収去義務を負わないものとされています（民法1040条2項、599条1項ただし書）。

⑧ 事実婚・パートナーシップ・同性婚への適用

> 民法 1028 条、1037 条

Q 事実婚・パートナーシップ・同性婚の場合にも、配偶者居住権や配偶者短期居住権は認められるのでしょうか。

Point
- 事実婚・パートナーシップ・同性婚の場合に配偶者居住権や配偶者短期居住権を適用することは困難です。
- しかし、使用貸借契約の推認という考え方によって、事実婚・パートナーシップ・同性婚の当事者が使用借権者として保護される可能性はあります。

❶ 権利者の範囲

　配偶者居住権や配偶者短期居住権は、被相続人の「配偶者」に認められた権利です（民法1028条1項、1037条1項）。「配偶者」とは、ある者と法律上の婚姻関係にある者を指すと解されており、法解釈としてこれと異なる用法で「配偶者」という用語を用いる場合には、その旨が定義された上で用いられています（例：配偶者からの暴力の防止

及び被害者の保護等に関する法律1条3項)。

　そうすると、法律上の婚姻関係にない事実婚・パートナーシップ・同性婚の場合に、配偶者居住権や配偶者短期居住権が認められると解釈することは困難と考えられます。

❷　使用貸借契約の推認等による居住権保護

　配偶者居住権や配偶者短期居住権は、居住の利益を保護するために設定される権利ですが、これ以外の方法によっても居住の利益の保護という目的を達成できる可能性があります。

　この点、判例において、共同相続人の1人が、相続開始前から被相続人の許諾を得て、遺産である建物に被相続人と同居してきたときは、特段の事情がない限り、少なくとも遺産分割終了までの間は使用貸借契約関係が推認されるとして、居住の利益の保護が図られています(最判平成8年12月17日民集50巻10号2778頁)。

　特に事実婚の夫婦についての判例としても、居住していた不動産について、それぞれが共有持分を有し、かつ、当該不動産で共同事業を営んでいたという事情はありますが、「その一方が死亡した後は他方が右不動産を単独で使用する旨の合意が成立していたものと推認するのが相当」として、特段の事情がない限り、内縁の夫の死後、共有関係が解消等されるまで、内縁の妻が当該不動産を単独で無償使用することを認めるべきとした事例があるほか(最判平成10年2月26日民集52巻1号255頁)、被相続人が生前、自分の死後は内縁の配偶者を同居していた建物に死ぬまで住まわせてほしいと相続人らに申し渡していたことにより終身の使用貸借契約を認めた事例(大阪高判平成22年10月21日判時2108号72頁)、内縁の夫の死後、その遺産の建物で同居していた内縁の妻が独立した生計を維持することができていないことなどから、相続人のした家屋明渡請求を権利濫用として認めなかった事例(最判昭和39年10月13日民集18巻8号1578頁)があります。

　よって、事実婚・パートナーシップ・同性婚の場合でも、判例理論に基づき、使用貸借契約の成立等を主張して、一定の範囲で居住の利益の保護を受けることができる可能性があります。

❸　生前の対応による解決

　事実婚・パートナーシップ・同性婚の場合であっても、居住不動産を遺贈する遺言を作成する、または、居住不動産の死因贈与契約を締結しておくなど、被相続人の生前の対応により、パートナー等に対して居住の利益の保護を図ることが可能です。

第1部　法務編

第4章　持戻しの免除の
意思表示の推定

1 持戻しの免除の意思表示とは

民法903条

Q 特別受益の持戻し免除の意思表示とは何でしょうか。遺産分割や遺言に関しどのような意味を持つのでしょうか。

Point

- 特別受益とは、被相続人から生前に贈与や遺贈を受けるなどした利益のことで、利益を受けた相続人とそうでない相続人間の不公平を是正するためのものです。
- 特別受益の持戻し免除の意思表示とは、生前贈与や遺贈などの利益があったとしても、その分は特別受益の持戻しを行わないという意思表示です。

❶ 特別受益の持戻しとは

(1) 特別受益の意義

共同相続人の中に、被相続人から遺贈を受けたり、生前に贈与を受けたりした人がいた場合、遺産分割に際して、この相続人が他の相続人と同じ相続分を受けるとすれば、不公平になります。そこで、民法

は、共同相続人の公平を図ることを目的に、特別な受益を相続分の前渡しとみて、計算上贈与を相続財産に持ち戻して相続分を算定することとしています。このような相続人が受けた遺贈や生前贈与のことを「特別受益」といいます（民法903条1項）。

　民法上、この特別受益は、共同相続人が「遺贈」か「婚姻若しくは養子縁組のため若しくは生計の資本として」受けた贈与とされています。

(2) 特別受益の持戻し

相続開始時に現存する相続財産額	＋	贈与の額	＝	みなし相続財産額

　各相続人の具体的な相続分を計算する際、特別受益が存在する場合には、「相続開始時に現存する相続財産」の額に相続人が受けた「贈与」の額が加算されます。これを「みなし相続財産」といいますが、相続税法上の「みなし相続財産」とは少し意味が異なりますので注意してください。

みなし相続財産額	×	法定相続分	－	特別受益分	＝	特別受益者の具体的相続分

　そして、「みなし相続財産額」を基礎としたうえで、各相続人の相続分を乗じて各相続人の相続分を算定し、特別受益となる贈与を受けた人については、この額から特別受益分（贈与の額）を控除し、その残額をもって特別受益者が現実に受ける相続分（具体的相続分）を確定します。

　なお、遺贈が存在する場合には、遺贈する財産は相続開始時に現存する相続財産を構成しているため、贈与のように持戻しは行うことはありません。みなし相続財産に各相続人の相続分を乗じて各相続人の相続分を算定し、遺贈を受けた人については、この額から特別受益分

（遺贈の額）を控除し、その残額をもって特別受益者が現実に受ける相続分（具体的相続分）を確定することになります。

(3)　特別受益の持戻しの具体例

【前　提】

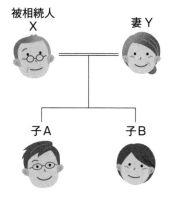

被相続人：X

法定相続人：妻Y、子A、子B

相続開始時の財産額：1億円

生前贈与額：子Aへ2,000万円

【具体的相続分の計算】

① みなし相続財産額

　相続開始時の財産額1億円

　＋生前贈与額2,000万円

　＝1億2,000万円

② 各相続人の相続分を乗じた額

　Y：みなし相続財産額1億2,000万円×1／2＝6,000万円

　A：みなし相続財産額1億2,000万円×1／4＝3,000万円

　B：みなし相続財産額1億2,000万円×1／4＝3,000万円

③ 具体的相続分

　Y：6,000万円

　A：3,000万円－生前贈与額2,000万円＝1,000万円

　　※ただし生前贈与で2,000万円取得済み

　B：3,000万円

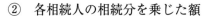

　結論として、妻Yは相続財産から6,000万円、子Aは相続財産から1,000万円、生前贈与で2,000万円、子Bは相続財産から3,000万円を取得できることになります。すなわち、子Aは被相続人Xから2,000万円の生前贈与を受けていますが、特別受益の持戻しにより、生前贈与を受けなかった場合と同様の金額しか相続されないことになります。

❷ 特別受益の持戻し免除の意思表示

(1) 特別受益の持戻し免除の意思表示

　被相続人は、遺言等の方法により意思表示することにより、特別受益者の受益分の持戻しを免除することができます（民法903条3項）。すなわち、被相続人が、相続開始時までに、特別受益を遺産分割において持ち戻す必要がない旨を、明示または黙示に意思表示していれば、持戻し計算をする必要はないとされています。これを「（特別受益の）持戻し免除の意思表示」といいます。

(2) 持戻し免除の意思表示の具体例

　先ほどと同じ例で、子Aへの生前贈与につき持戻し免除の意思表示がされていたとすると、以下のように結論が変わります。

【前　提】

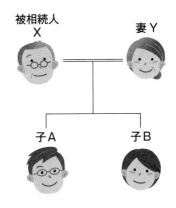

　被相続人：X
　法定相続人：妻Y、子A、子B
　相続開始時の財産額：1億円
　生前贈与額：子Aへ2,000万円（持戻し免除の意思表示あり）

【具体的相続分の計算】

① みなし相続財産額
　　相続開始時の財産額<u>1億円</u>
② 各相続人の相続分を乗じた額
　　Y：相続財産<u>1億円</u>×1/2＝<u>5,000万円</u>
　　A：相続財産<u>1億円</u>×1/4＝<u>2,500万円</u>
　　B：相続財産<u>1億円</u>×1/4＝<u>2,500万円</u>
③ 具体的相続分
　　Y：<u>5,000万円</u>

Ａ：2,500万円

　※　ただし生前贈与で2,000万円取得済み

Ｂ：2,500万円

　結論として、妻Ｙは相続財産から5,000万円、子Ａは相続財産から2,500万円、生前贈与で2,000万円、子Ｂは相続財産から2,500万円を取得できることになり、子Ａは被相続人Ｘから2,000万円の生前贈与を受けている分だけ法定相続分よりも多くの財産を取得することになります。このような取扱いを認めることで、生前贈与等を行った被相続人の意思を尊重するのが特別受益の持戻し免除の意思表示です。

❸　遺言がある場合の特別受益および特別受益の持戻し免除の意思表示の意味

⑴　遺言がある場合の特別受益の持戻し免除の意思表示の意味

　❶で見たように、特別受益の持戻しは遺産分割を行う場合に意味を持ちます。そのため、持戻し免除の意思表示は、遺産分割を行う必要がある場合にのみ考慮すればよいものです。

　一方、遺言がある場合には、通常遺産分割協議を行う必要はないため、特別受益の持戻しや特別受益の持戻し免除は問題となりません。もっとも、遺言が存在する場合であっても、遺言が被相続人の全財産を網羅していない場合には、遺言から漏れている相続財産につき相続人全員で遺産分割協議を行う必要があります。さらに、遺言で全財産が網羅されていても、その内容が相続分の指定（例えば妻Ｙに３分の１、子Ａに３分の１、子Ｂに３分の１の割合で分けるよう指示する遺言）である場合には特別受益は問題となりうるため、特別受益の持戻しや特別受益の持戻し免除の意思表示が問題となる場合があります。

⑵　遺言がある場合の具体例

　例えば、上記の例で、相続財産１億円のうち、2,000万円の預金に

ついて子Bに相続させる旨の遺言が作成されており、遺言にはそれ以外の財産については記載がなかったとします。その場合の計算は以下の通りです。

【具体的相続分の計算】

①　みなし相続財産額

　　相続開始時の財産額1億円

②　各相続人の相続分を乗じた額

　　Y：相続財産1億円×1／2＝5,000万円

　　A：相続財産1億円×1／4＝2,500万円

　　B：相続財産1億円×1／4＝2,500万円

③　具体的相続分

　　Y：5,000万円

　　A：2,500万円

　　B：2,500万円－2,000万円＝500万円

　　※　ただし遺言で2,000万円取得済み

　結果として、子Bは遺言で2,000万円を相続するにもかかわらず、取得額は2,500万円で子Aと変わりません。一方、子Bへの2,000万円の取得について、持戻し免除の意思表示が存在した場合には、2,000万円の預金については遺言に基づき子Bが取得しますが、これを具体的相続分の計算時に差し引く必要はありません。その結果、妻Yが4,000万円、子Aが2,000万円、子Bが2,000万円と遺言による2,000万円を取得することになります。

┌─ **法務コラム** ─────────────────────────────┐

実際に特別受益の持戻し免除の意思表示が問題となる場面

　遺産分割が必要となる場合でも、相続人どうしの関係が良好な場合には、遺産の配分は法定相続分にとらわれることなく自由に決めて問題ありません。そのため、実際上、特別受益の持戻しのような厳密な計算が必要となるのは、相続人間で意見が対立しているときや遺産分割協議がまとまらず遺産分割調停・審判を行っている場合です。

　また、本文で述べたように、被相続人が遺言を作成しており、かつ、その遺言で被相続人の全部の財産が網羅されていれば、相続財産はすべて遺言に基づいて配分されることになりますので、特別受益の持戻し等を考える必要はありません。

　そのため、特別受益の持戻しや特別受益の持戻し免除の意思表示が実際上適用されるのは、①相続人間で遺産分割について意見が対立し、かつ、②－1被相続人が生前贈与をしていた、または、②－2遺言を作成していたが全部の財産を網羅していなかった場合に限られることになります。

└──────────────────────────────────────┘

2 成立要件

Q1 婚姻期間20年を超える夫婦について持戻し免除の意思表示の推定という制度ができたようですが、どのような制度ですか。

Q2 事実婚の期間が20年を超えている場合にも、この制度は利用できますか。

Point

- 持戻し免除の意思表示の推定とは、
  ① 婚姻期間が20年以上であること
  ② 居住用不動産を目的とするものであること
  ③ 遺贈または贈与がなされていること
  のいずれも満たしている場合に、持戻しの免除の意思表示があったものと推定するものです。

- 遺産分割において相続人となることができるのは法律婚をしている配偶者であり、そもそも事実婚の場合には相続を受ける権利がないため、特別受益の持戻し免除の制度を利用できません。

❶　持戻し免除の意思表示の推定

⑴　（特別受益の）持戻し免除の意思表示の推定規定の概要

（特別受益の）持戻し免除の意思表示の推定とは、

①　婚姻期間が20年以上である夫婦の一方配偶者が、他方配偶者に対し、

②　その居住用不動産を目的とする

③　遺贈または贈与したときには、

被相続人による特別受益の持戻し免除の意思表示があったものと推定するもので、上記の要件を満たす贈与に関しては、原則として当該居住用不動産の持戻し計算を不要とする制度です。

⑵　（特別受益の）持戻し免除の意思表示の推定規定の制定経緯

この制度は、平成30年相続法改正により新規に創設された制度で、婚姻期間が20年以上の夫婦の一方が他の一方に対して居住用不動産の贈与等をした場合については、通常それまでの貢献に報いるとともに、老後の生活を保障する趣旨で行われるものと考えられ、遺産分割における配偶者の相続分を算定するにあたり、居住用不動産の価額を控除してこれを減少させる意図は有していない場合が多いといえることから定められたものです。

平成30年相続法改正における議論の過程においては、配偶者保護のための方策が検討されており、被相続人の財産形成に対する配偶者の貢献を考慮するため、配偶者の法定相続分の引上げも議論されていました。しかし、パブリックコメントや法制審議会部会において反対が多かったことから、法定相続分の引上げ案は採用されませんでした。しかし、配偶者の法定相続分の引上げに代わる別の方策の指摘や贈与や遺贈を促進する方向での検討もされるべきではないかとの意見もあり、婚姻期間が20年以上の夫婦間で居住用不動産の贈与等がなされた

場合には持戻し免除の意思表示を推定する規定を設け、これにより配偶者の相続における取得額を事実上増やすこととなりました。

❷ 持戻し免除の意思表示の推定規定の適用要件

⑴ 総　論
　持戻し免除の意思表示の推定規定は以下の要件のすべてを満たす場合に適用されます。
　①　婚姻期間が20年以上の夫婦であること
　②　居住用不動産を目的とするものであること
　③　遺贈または贈与がなされていること

⑵ 婚姻期間が20年以上の夫婦であること（要件①）
　まず、婚姻期間が20年以上の夫婦であることが必要です。
　20年間の婚姻期間を算定する際には、事実婚の期間を含めることはできません。そのため、事実婚の期間が20年を超えていたとしても、法律婚の期間が20年を超えていなければこの規定は適用されないことになります。
　また、婚姻期間20年の基準時は、居住用不動産の贈与または遺贈のときとされています。そのため、居住用不動産を贈与したときに、婚姻期間が20年を超えている必要があります。例えば、婚姻後10年目に贈与がされ、相続開始時には婚姻期間が20年を超えていたとしても、この規定は適用されません。
　なお、同一の当事者間で結婚、離婚、結婚を繰り返している場合には、婚姻期間が通算して20年以上となっていれば、この要件は満たすものとされています。

⑶ 居住用不動産を目的とするものであること（要件②）
　贈与等の目的物が居住用不動産である場合に要件を満たします。居

住用不動産は、生活の本拠となるもので、老後の生活保障という観点から特に重要なものであり、その贈与等は類型的に相手方配偶者の老後の生活保障を考慮して行われる場合が多いと考えられるため、居住用不動産の贈与・遺贈のみが対象とされています。

⑷　遺贈または贈与がなされていること（要件③）

　遺贈または贈与されていることも当然必要となります。

　贈与のみならず遺贈も対象とされており、いわゆる「相続させる遺言」（特定財産承継遺言）もこの規定を直接適用できないものの、結果的にはこの規定を適用したのと同じ結果になることが多いとされています。

❸　贈与税の配偶者控除（相続税法21条の６）の要件との違い

　相続税法上、婚姻期間が20年以上の夫婦間で、居住用不動産等の贈与が行われた場合において、基礎控除に加え最高2,000万円の控除を認める制度（贈与税の配偶者控除）があります。特別受益の持戻し免除の意思表示の推定規定を創設した際の議論においては、この相続税の規定も参考にして、婚姻期間20年を基準としたと言われています。

　基本的に、相続税法上の贈与税の特例が適用される場合には、特別受益の持戻し免除の推定規定も適用されることになります。もっとも、持戻し免除の推定規定は、遺贈の場合にも適用されますので、その点で贈与税の特例とは適用範囲が異なることになります。

　また、相続税法上の贈与税の特例は、居住用不動産の購入資金の贈与を受けた場合にも適用を受けることが可能です。これに対して、この規定は、居住用不動産の購入資金の贈与の場合は、適用が認められないようにも見えますが、居住用不動産の購入資金の贈与がされた場合には、実質として居住用不動産の贈与がなされたとして評価され、本規定を適用できる場合が多いとされています。

3 居宅兼店舗の場合

民法 903 条 4 項

Q 居宅兼店舗が贈与された場合には、持戻し免除の意思表示の推定制度は利用できるのでしょうか。

Point

- 居宅部分と店舗部分が構造上一体となっているか、店舗部分がどの程度を占めるのか等により居住用不動産か否かが判断されます。

- 構造上一体となっている 3 階建ての建物の 1 階部分の一部で店舗を営んでいるが、その余の部分は居住用という場合には、建物全体の贈与につき居住用不動産と考えることができます。

- 居住用部分と店舗部分が構造上分離されており、居住用部分がいわゆる離れのようになっているケースは建物全体を居住用建物とみることはできませんが、居住用部分については居住用不動産とみることができる可能性があります。

- 構造上建物は一体となっているが、その大部分を店舗が占めている場合には、居住用不動産とみることはできません。

❶　居住用不動産の贈与または遺贈の要件

　特別受益の持戻し免除の意思表示の推定規定の適用を受けるには、居住用不動産の贈与または遺贈がされたことが必要です。居住用不動産は、生活の本拠となるもので、老後の生活保障という観点から特に重要なものであり、その贈与等は類型的に相手方配偶者の老後の生活保障を考慮して行われる場合が多いと考えられるためです。

❷　居宅兼店舗の場合

　居宅兼店舗には、さまざまな形態のものがありますので、居宅兼店舗が上記要件を充足するか否かは、不動産の構造や形態、被相続人の遺言の趣旨等によって判断されることになります。

⑴　ケース1
　【構造上一体となっている3階建ての建物の1階部分の一部で夫婦で店舗を営み、それ以外の部分は居住用であった場合】

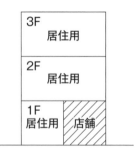

　構造上一体となっている3階建ての建物の1階部分の一部で夫婦で店舗を営み、それ以外の部分は居住用であった場合には、3階建て建物のうち、1階部分の一部という建物全体からするとほんの一部を店舗に使っていることになります。それ以外は居住用に使っていますの

で、建物全体を居住用不動産と評価することが可能です。

(2) ケース2

【構造上住居部分と店舗部分が分離されており、居住用部分がいわ
ゆる離れのような形態となっている場合】

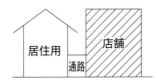

　構造上住居部分と店舗部分が分離されており、居住用部分がいわゆ
る離れのような形態となっている場合には、構造上店舗部分と住居部
分が分離されていることから、建物全体を居住用不動産とみることは
できません。もっとも、居住部分に限って居住用不動産と判断される
こともありえます。

(3) ケース3

【構造上建物は一体となっているが、その大部分を店舗が占めてい
る場合】

　構造上建物は一体となっているが、その大部分を店舗が占めている
場合には、大部分が店舗ですので、建物全体を居住用不動産とみるこ
とはできません。

民法903条4項

Q 被相続人が複数回にわたり居住用不動産を配偶者に贈与していた場合、持戻し免除の意思表示の推定規定が適用されるでしょうか。

Point

● 一般に、一度居住用不動産の贈与をした者が、転居をしてその後また居住用不動産の贈与をするといった場合には、先の贈与については相手方配偶者の老後の生活保障のためという趣旨は失われ、持戻し免除の意思表示は撤回されたものと考えられることが多いと考えられます。

❶ （特別受益の）持戻し免除の意思表示の推定規定の適用要件

特別受益の持戻し免除の意思表示の推定規定の適用を受けるには、①婚姻期間が20年以上の夫婦であること、②居住用不動産を目的とするものであること、③遺贈または贈与がなされていることの3要件を満たすことが必要です。

では、例えば、婚姻期間が20年経過した夫婦であるXとYについ

て、Xが居住用不動産甲を妻Yに贈与し、その後、Xが新居乙を購入しYとともに引越しを行い、XがYに居住用不動産乙を贈与した場合はどうなるのでしょうか。「居住用不動産」は贈与したときを基準として判断するとされていることから、居住用不動産を配偶者に贈与した後に別の居住用不動産を配偶者に贈与することは想定できます。

❷　複数回の贈与がされた場合

　しかしながら、一般に、婚姻期間が長期にわたる夫婦間でされた居住用不動産の贈与等については、相手方配偶者の老後の生活保障のために行われる場合が多いと考えられます。そのため、仮に居住用不動産を配偶者に2回贈与することがあったとしても、1回目の贈与については、相手方配偶者の老後の生活保障のために与えたという趣旨は撤回されたものと考えられます。

　したがって、仮に婚姻期間20年を超える夫婦間で、居住用不動産の贈与が複数回なされたとしても、そのうち特別受益の持戻し免除の意思表示の推定規定が適用されるのは、最後の1回の贈与に限られると考えられます。

┌─ **税務コラム** ─────

婚姻20年以上になる夫婦間における自宅または
自宅の購入資金の贈与に関する税務上の特例

　結婚して20年が経った際、妻に対し自宅の持分を贈与しました。婚姻期間が20年以上になる夫婦間で、自宅またはその取得資金を配偶者に贈与した場合、贈与価額のうち2,000万円までは贈与税がかからないと聞いたからです。今般、自宅を買い替えることになりました。購入資金を妻に贈与しようと思うのですが、前回適用を受けた贈与税の特例を再度使うことはできますか？

【税理士の目線から】
　婚姻期間が20年以上の夫婦間で、自宅またはその購入資金の贈与があった場合、贈与税の計算上2,000万円を控除できる特例があります。「贈与税の配偶者控除」といいます。基礎控除110万円もありますので、実際は2,110万円までは贈与を受けた配偶者に贈与税はかかりません。
　「贈与税の配偶者控除」は、同じ配偶者からの贈与については一生に一度しか適用を受けることができません。したがって、現自宅の持分の贈与について、すでにこの特例の適用を受けているのであれば、買い替えにかかる購入資金の贈与については、この特例の適用を受けることはできません。

5 相続させる旨の遺言がある場合の適用関係

民法903条4項

Q 居住用不動産について、「相続させる旨の遺言」が された場合にも、持戻し免除の意思表示の推定規定 は適用されるのでしょうか。

Point

● 持戻し免除の意思表示の推定規定は、居住用不動産の贈与ま たは遺贈の場合に適用されるものなので、「相続させる旨の 遺言」の場合に持戻し免除の意思表示の推定規定を直接適用 することはできません。もっとも、結果的には、推定規定を 適用したのと同じ結果になる場合が多いと考えられます。

❶ 推定規定の意味

(1) 平成30年相続法改正前の状況

　平成30年に相続法が改正される前にも特別受益の持戻し免除の意思 表示規定は存在していましたが、その意思表示の方法は遺言でなくて もよく、さらには明示でも黙示でもよいとされていました。

　その結果として、妻の老後の生活を支えるための贈与が問題となっ

た事案において、特別受益の持戻し免除の意思表示が認められること
もありました。

(2)　平成30年相続法改正後

　平成30年相続法改正においては、特別受益の持戻し免除の意思表示
の推定規定が設けられました。「推定」の意味は、民法903条4項の要
件を満たす贈与等が行われた場合には、反証がない限り、その意思表
示があったものと認定されるということです。ここでいう反証は、被
相続人が持戻し免除の意思表示が行われなかったことを証明すること
をいいます。具体的には、特別受益の持戻し免除の意思表示を争う相
続人が、被相続人が「持戻し免除を認めない」とか「この贈与につい
ては持戻しを行う」といった意思を実際に表示していたことを証拠を
もって証明しない限り、特別受益の持戻し免除の意思表示があったも
のとして扱われることになります。

❷　「相続させる旨の遺言」の場合

(1)　「相続させる旨の遺言」の意味

　特別受益の持戻し免除の意思表示の推定規定は、贈与と遺贈の場合
を対象としており、いわゆる「相続させる旨の遺言」は対象とされて
いません。それでは「○所在の不動産は、妻Yに相続させる」といっ
たいわゆる「相続させる旨の遺言」の場合はどのように考えればよい
でしょうか。特別受益の持戻し免除の意思表示が問題となるのは遺産
分割が必要とされる場合ですので、ここでは、遺言は存在するが、そ
の遺言で全財産が網羅されておらず、遺産分割が必要となる場合であ
ることが前提となっています。

　「相続させる旨の遺言」は、法律上遺贈とは区別されており、遺産
分割方法の指定がされ（民法908条）（最判平成3年4月19日民集45巻
4号477頁参照）、かつ、相続分の指定がされたものと取り扱われま

す。なお、平成30年相続法改正においては、「相続させる旨の遺言」は「特定財産承継遺言」として定義されています。

⑵　遺贈の場合との違い

とはいえ、婚姻期間が20年以上となる夫婦の一方が他方に対して居住用不動産を贈与または遺贈した場合、これによって遺産分割における配偶者の取り分をその分減らす意図は有していない場合が多いこと等を考慮して、持戻し免除の意思表示の推定規定は設けられました。遺贈でなく、「相続させる旨の遺言」(特定財産承継遺言) がされた場合にもこれは同様と考えられます。

したがって、結論としては、「相続させる旨の遺言」がなされた場合であっても、遺贈がなされた場合と同様に、特段の事情がない限り、遺産分割方法の指定と相続分の指定がなされたものとして取り扱うべきことになります。その結果、婚姻期間が20年以上の夫婦の一方が他方に対し、居住用不動産を相続させる旨の遺言を残しており、かつ、残余の財産に関する遺産分割が必要となる場合には、当該遺産分割協議において、居住用不動産については別枠として取り扱うことになります。

具体的には以下の通りです。

【前　提】

被相続人：X

法定相続人：妻Y、子A、子B

相続開始時の財産額：8,000万円

遺言：妻Yへ5,000万円の居住用不動産を相続させる旨の遺言

【具体的相続分の計算】

①　遺産分割の対象となる相続財産

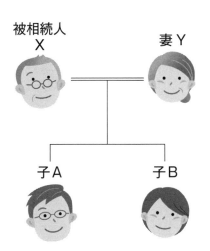

　　　　相続開始時の財産額8,000万円－5,000万円＝3,000万円
②　各相続人の相続分を乗じた額
　　Y：相続財産3,000万円×1／2＝1,500万円
　　A：相続財産3,000万円×1／4＝750万円
　　B：相続財産3,000万円×1／4＝750万円
③　具体的相続分
　　Y：1,500万円
　　※ただし相続させる旨の遺言により5,000万円の居住用不動
　　　産を取得済み
　　A：750万円
　　B：750万円

Q 先日、夫Xが亡くなりました。夫Xの法定相続人は私Yと、子Zです。夫Xはもともと現金1億円を持っていましたが、亡くなる直前に、1億円で自宅高級マンションを購入し、私Yに生前贈与しました。そのため相続開始時に夫Xの遺産は何もありません。遺留分という制度があるようですが、持戻し免除の意思表示の推定規定があるため、子Zの遺留分を侵害していないことになるのでしょうか。

Point

● 特別受益の持戻し免除の意思表示の効果は、遺留分を侵害しない範囲で、効力を有します。したがって、生前贈与または遺贈が遺留分を侵害している場合には、持戻し免除の意思表示の効果は生じません。

❶ 持戻し免除の意思表示と遺留分の関係

被相続人により多額の生前贈与がなされ、その生前贈与により遺留分権利者の遺留分が侵害された場合、遺留分権利者は遺留分侵害額請

求をすることにより、遺留分侵害額を回収することができます。

　それでは、被相続人が生前贈与をするだけでなく、持戻し免除の意思表示を行っていた場合はどうでしょうか。

　この点に関し、平成30年改正後民法は特段の規定を置いていませんが、遺留分請求者は、持戻し免除の意思表示に関係なく遺留分を請求できると理解されています。

　なお、平成30年改正前の民法には「被相続人が前2項の規定と異なった意思を表示したときは、その意思表示は、遺留分に関する規定に違反しない範囲内で、その効力を有する。」という規定があり、この規定は平成30年改正民法で削除されています。もっとも、持戻し免除の意思表示よりも遺留分請求のほうが強いという関係を変更する趣旨ではなく、単に遺留分減殺請求ではなくなったから改正されたのであって、従前と同様に遺留分が優先すると考えられています。

❷　本問の検討

　そのため、本問の場合、夫Xによる特別受益の持戻し免除の意思表示が実際に存在した場合であっても、妻Yへの不動産の贈与は遺留分侵害額請求の対象となります。夫Xは特別受益の持戻し免除の意思表示を行っても、遺留分権利者である子Zの権利を害することまでは認められていないのです。

　また、仮にXYの夫婦が婚姻期間20年以上経過しており、持戻し免除の意思表示の推定規定が適用される場合であったとしてもこれは同様です。

　結果として、子Zは被相続人Xの妻Yへの相続開始直前の贈与を遺留分侵害額の計算上算入することができ、子Zが妻Yに遺留分請求をした場合には、妻Yは子Zの遺留分侵害額（1億円×1/4＝2,500万円）を支払わなければならないことになります。

第2部　税務編

第1章　配偶者居住権と相続税

1 配偶者居住権設定時の相続税の課税

相続税法23条の2

Q 先日、父が亡くなりました。遺産分割協議におい
て、自宅に配偶者居住権を設定して、母が取得し、
土地建物の所有権は子である私が取得する予定です。相続税
はどのようにかかるのでしょうか？

Point

- 配偶者居住権や、配偶者居住権が設定された建物の敷地を利
  用する権利（以下、税務編において「敷地利用権」という。）
  は、相続財産として相続税の課税対象になります。
- 配偶者居住権が設定された建物およびその敷地も相続財産と
  して、相続税の課税対象になります。
- 配偶者居住権や敷地利用権の評価方法は第4章をご参照くだ
  さい。

　平成30年の民法改正により、配偶者居住権という新しい権利が創設
され、令和2年4月1日以降開始の相続または令和2年4月1日以降
に作成される遺言より、設定できるようになりました。配偶者居住権
は、被相続人の配偶者が、被相続人が亡くなった後も自宅に住み続け
られるよう保証するための権利ですから、取得できるのは被相続人の

配偶者に限られます。この配偶者居住権（下図①）や敷地利用権（下図③）は、相続財産として相続税の対象になりますので、お父様の相続税を計算する際には、財産として計上する必要があります。

　また、配偶者居住権が設定された自宅建物やその敷地の所有権も、相続財産になります。したがって、お父様の相続税を計算する際には、あなたが取得した自宅建物所有権（下図②）および敷地所有権（下図④）も相続財産として計上する必要があります。

　配偶者居住権（下図①）および敷地利用権（下図③）の評価額は、自宅土地や建物の相続税評価額を基に、配偶者の余命年数、配偶者居住権の存続期間、建物の場合は経過年数等なども考慮して算出される率や割合を用いて計算します。そして、建物所有権（下図②）や敷地所有権（下図④）は、以下の算式で計算します。

建物所有権（下図②）の評価額
　＝建物の相続税評価額（下図 A）－配偶者居住権の評価額（下図①）

敷地所有権の評価額（下図④）
　＝土地の相続税評価額（下図 B）－敷地利用権の評価額（下図③）

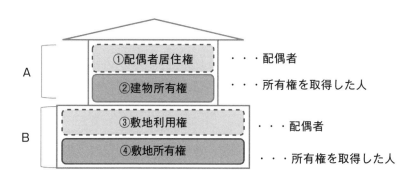

193

　したがって、結果として、配偶者居住権の評価額＋建物所有権の評価額＝建物の相続税評価額になり、敷地利用権の評価額＋敷地所有権の評価額＝土地の相続税評価額になります。

　詳しい評価方法は、**第４章**をご覧ください。

　なお、配偶者居住権と同時に配偶者短期居住権も創設されましたが、配偶者短期所有権は遺産分割協議により自宅の取得者が確定する日または相続開始から６か月を経過する日のいずれか遅い日には消滅する短期の権利であることから、相続税の課税対象にはなりません。

根拠法令なし

Q 父の相続の際、母が配偶者居住権を取得し、子である私が居住建物所有権を取得しました。先日、その母が亡くなったのですが、母が所有していた配偶者居住権や敷地利用権は、母の相続税の計算上、財産として相続税がかかるのでしょうか？

Point

● 二次相続（夫婦の相続で先に亡くなった方の相続を一次相続といい、後に亡くなった方の相続を二次相続という。以下、第1章において同じ。）においては、配偶者居住権や敷地利用権は相続財産になりませんので、相続税はかかりません。

　民法では、一次相続で配偶者居住権を取得した配偶者に相続が発生した場合、配偶者居住権は消滅することとされており、配偶者の相続財産にはなりません。したがって、配偶者の相続における相続税の計算上も、配偶者居住権やその敷地利用権は相続税の対象にはなりません。

　配偶者居住権が消滅すると、一次相続で配偶者居住権が設定された自宅土地・建物を取得した人は、完全な所有権を取得することができ

ます。それまで自由に利用することができなかった所有権が自由に利用できる所有権に変わり、価値が上がったという見方もできます。配偶者居住権創設当初には、所有者が経済的な利益を受けたものとして二次相続で所有者に相続税がかかるのではないか、という疑問の声もありましたが、その後、配偶者居住権に対する税務の取扱いが明確になり、二次相続では、配偶者が所有していた配偶者居住権や敷地利用権には相続税がかからないことになりました。

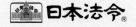

ZJS <税理士情報サイト>

① 税理士向けニュース記事

無料会員 有料会員

毎日公表される税務に関する法令や通達、事務運営指針その他の情報を漏れなく、スピーディーに発信。また、キーワード検索もできますので、「過去の通達がいつ発出されたか」などの疑問もその場で氷解します!

② 税理士情報メルマガ配信

無料会員 有料会員

日常業務に追われて、日々のニュースさえも毎日はチェックできない税理士先生のために、1週間まとめた税界の情報をパックでお送りします。さらに、話題の税務判決・裁決事例について、わかりやすく紹介します。

③ 税理士向け動画セミナー

無料会員 有料会員

無料会員向けの「セレクト動画」、有料会員向けの「プレミア動画」で、著名な税理士、弁護士、学者やその道のプロが、タイムリーなテーマを深く掘り下げてレクチャーします。いつでも手が空いた時に視聴可能です。

シリーズ対談・税務判例批評　大淵博義・三木義一

第1回　東京地裁令和3年12月23日判決
簿外経費の損金算入可否と
主張立証責任

④ 税理士業務書式文例集

有料会員

税理士事務所の運営に必要な業務書式はもちろん、関与先企業の法人化の際に必要となる定款・議事録文例、就業規則等各種社内規程、その他税務署提出書式まで、約500種類の書式が、編集・入力が簡単なWord・Excel・Text形式で幅広く収録されています。

⑤ ビジネス書式・文例集

有料会員

企業の実務に必要となる書式、官庁への各種申請・届出様式、ビジネス文書、契約書等、2000以上の書式・文例をWEB上でダウンロードすることができます（Microsoft Word・Microsoft Excel・PDF形式）。

サービス・コンテンツ一覧

⑥電子書籍の無料提供

有料会員

税理士にとって日頃の情報収集は必要不可欠。そこで、税理士情報サイトの有料会員向けに、原則として2ヵ月に1冊のペースで、日本法令の税理士向け最新刊（WEB版・PDFファイル形式）を無料提供します。

⑦ビジネスガイドWEB版

有料会員

会社の総務・経理・人事で必要となる企業実務をテーマとした雑誌「月刊ビジネスガイド」のWEB版が、2002年1月号から最新号まですべて読み放題。キーワード検索も可能です。

⑧税制改正情報ナビ

有料会員

税制改正に関する情報を整理し、詳しく解説します。具体的には、
・税制改正に関する日々のニュース記事の配信
・年度版『よくわかる税制改正と実務の徹底対策』Web版
・上記書籍の著者による詳細な解説動画
等を無料で利用できます。

⑩モデルフォーム集

有料会員

『法人税 税務証拠フォーム作成マニュアル』『家族間契約の知識と実践』などに収録した書式、文例および解説を完全収録。税理士業務でそのまま活用できます。

⑨税務判決・裁決例キーワード検索

有料会員

税理士業務遂行上、さまざまな税務判断の場面で役立てたいのが過去の税務判決・裁決例。ただ、どの事例がどこにあるのか、探すのはなかなか一苦労だし、イチから読むのは時間がかかる…。そこで、このアーカイブでは「キーワード検索」と「サマリー」を駆使することで、参照したい判決・裁決例をピンポイントで探し出し、スピーディーに理解することが可能となります。

⑪弊社商品の割引販売

有料会員

日本法令が制作・販売する書籍、雑誌、セミナー、DVD商品、様式などのすべての商品・サービスをZJS会員特別価格〈2割引き〉で購入できます。高額な商品ほど割引額が高く、お得です！

税理士情報サイト　お申込みの手順

❶WEBで「税理士情報サイト」を検索
❷トップページ右上の「新規会員登録」をクリック
❸「無料会員登録」or「有料会員登録」を選択

無料会員登録

❹「個人情報方針」への「同意」をチェックして「申込ページ」へ。

❺お名前とメールアドレスを入力して、お申込み完了。

❻お申込みを確認後、ご登録いただいたメールアドレス宛に、「ログインID（会員番号）：弊社が設定した5ケタの半角数字」と「パスワード：お客様が設定した8文字以上の半角英数字」をご連絡いたします。

有料会員登録

有料会員年会費
税込 **29,700**円

❹「個人情報方針」、「会員規約」、「Japplic利用規約」への「同意」をチェックして「申込フォーム」へ。

❺入会申込みフォームに必要事項を入力、お申込み。

❻お申込みを確認後、弊社から請求書と郵便振込用紙（払込取扱票）をお送りいたしますので、所定の年会費をお振り込みください。お振込みを確認後、ご登録いただいたメールアドレス宛に、「ログインID（会員番号）：弊社が設定した5ケタの半角数字」と「パスワード：お客様が設定した8文字以上の半角英数字」をご連絡いたします。

お問合せ

〒101-0032　東京都千代田区岩本町1-2-19
株式会社日本法令　ZJS会員係
電話：03-6858-6965　FAX：03-6858-6968
Eメール：sjs-z@horei.co.jp

日本法令®

③ 配偶者居住権の消滅と課税

> 相続税法９条
> 相基通９-13の２

Q 父の相続の際、母が配偶者居住権を取得し、子である私が居住建物および土地の所有権を取得しました。その際、配偶者居住権の存続期間を15年としたのですが、今般、15年が過ぎたため、配偶者居住権が消滅しました。この場合、私に何か税金がかかるのでしょうか？

Point

- 存続期間の満了により配偶者居住権が消滅した場合、居住建物および土地の所有者に課税は生じません。
- 配偶者が死亡した場合や、建物の全部が滅失し使用収益できなくなった場合なども、配偶者居住権は消滅しますが、これらの場合においても居住建物および土地の所有者には課税は生じません。
- 一方、配偶者による配偶者居住権の放棄や合意解除などにより、配偶者居住権が存続期間中に消滅した場合には、居住建物および土地の所有者に課税が生じます。詳しくは第３章をご参照ください。

配偶者居住権は、以下の場合に消滅します。

197

① 存続期間が満了した場合
② 配偶者が死亡した場合
③ 居住建物の全部が滅失その他の事由により使用収益できなくなった場合
④ 居住建物所有者による消滅請求があった場合
  ※配偶者が善良な管理者の注意をもって居住建物の使用収益をしない場合や、居住建物所有者の承諾なしに居住建物の改築もしくは増築、または第三者に居住建物の使用収益をさせた場合に、居住建物所有者は配偶者居住権を消滅させることができます。
⑤ 配偶者による配偶者居住権の放棄があった場合
⑥ 所有者と配偶者が配偶者居住権を合意解除した場合

　このうち、①存続期間の満了、②配偶者の死亡および③居住建物の全部が滅失その他の事由により使用収益できなくなった場合には、配偶者居住権が消滅したとことに関し、課税は生じないこととされています。したがって、今般、お父様の相続において配偶者居住権を設定する際に定めた存続期間が満了し、お母様が所有する配偶者居住権が消滅しても、居住建物・敷地の所有者であるあなたに課税は生じません。
　一方、④〜⑥の事由により配偶者居住権が消滅した場合には、その消滅の際に所有者から配偶者に対し対価の支払いがない場合や、支払いがあっても著しく低額である場合には、所有者に対し、贈与税が課税されます。また、配偶者が対価を受領した場合には総合譲渡所得として所得税・住民税が課税されます。詳しくは**第3章**をご覧ください。

措法69条の4、措法31条の3、措法35条

Q 配偶者居住権を設定すると相続税の節税になると聞きましたが、本当ですか？　また、設定にあたり気を付けるべき点があれば教えてください。

Point

- 二次相続で配偶者居住権に相続税がかからないという点では、節税になります。

- ただし、一次相続における小規模宅地等の評価減の金額に影響する場合があるので、有利不利を検討する必要があります。

- また、自宅を売却する場合、配偶者が配偶者居住権消滅の対価を受領すると、総合譲渡所得として課税されます。その際、居住用不動産を譲渡した場合の3,000万円特別控除は使えません。配偶者が自宅の所有権を所有していて、それを売却した場合よりも負担が重くなると見込まれるため、自宅を売却する可能性がある場合は、設定しないほうがよい可能性があります。

- 配偶者居住権の価額は、配偶者の年齢や建物の耐用年数、経過年数などにより変動します。設定するか否かは、小規模宅

　　地等の評価減への影響や、将来、自宅を売却する可能性があるかなども含め、総合的に検討する必要があります。

　本章②でご説明した通り、一次相続で配偶者居住権を取得した配偶者が、その後亡くなった場合（二次相続開始）、配偶者居住権は消滅することとされていることから、相続税の対象になりません。居住建物所有者は相続税の負担なく、自宅の完全所有権を取得することができます。配偶者居住権が消滅した分だけ、二次相続の相続財産が減りますから、相続税が減少します。

　配偶者が一次相続で自宅所有権を取得した場合には、その所有権は二次相続でも配偶者の相続財産として相続税の課税対象になるのと比べると、一次相続で配偶者居住権を設定したほうが二次相続では節税になると言えるでしょう。

◆一次相続で配偶者が自宅所有権を取得した場合

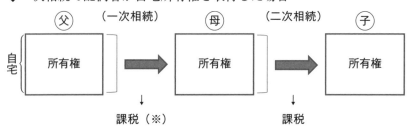

◆一次相続で配偶者が配偶者居住権を取得した場合

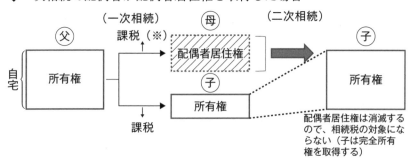

※ 一次相続では、「配偶者の税額軽減の特例」により、法定相続分または1億6,000万円までの財産取得について配偶者に相続税はかかりません。

一方で、いくつか気を付けるべき点があります。

① 「小規模宅地等の評価減」への影響

1つめは、一次相続において小規模宅地等の評価減の金額に影響が出る場合があることです。自宅土地については、相続税の計算上、「小規模宅地等の評価減」（措法69条の4）という特例があり、330㎡を限度として敷地の評価額を80％減額することができます。配偶者はこの特例を無条件に受けることができますが、配偶者以外の相続人が適用を受けるには被相続人と同居しているなどの要件があります。配偶者居住権を設定し、別居している子供が敷地所有権を取得した場合には、その敷地所有権はこの特例の適用を受けることができません。特例が適用できないとその分、相続税評価額が高くなり、結果、相続税も高くなる場合があります。

一方で、一次相続では配偶者が自宅敷地に「小規模宅地等の評価減」の適用を受けて相続税を少なくできたものの、二次相続で子供が要件を満たせなければ、「小規模宅地等の評価減」の適用は受けられません。自宅敷地に丸々相続税がかかってしまい、一次・二次合計の相続税が重くなるケースもあります。

「小規模宅地等の評価減」は自宅に適用する場合、最大330㎡までの評価額に対しその80％を減額してもらえるという、効果の大きな特例ですが、細かく要件が決められています。配偶者居住権が二次相続で相続税がかからないことによる節税効果と、「小規模宅地等の評価減」への影響を比較し、どちらが有利かを慎重に判断する必要があります。

配偶者居住権と「小規模宅地等の評価減」の関係については、第2章で詳しく述べていますので、ご覧ください。

② 自宅を譲渡した場合の課税への影響

2つめは、自宅を売却することとなった場合の譲渡課税に対する

影響です。

　配偶者が自宅土地建物の所有権を取得し、その後売却することとなった場合、例えば、その自宅に住まなくなってから３年を経過する日の属する年の12月31日までに売却する等一定の要件を満たした場合には、自宅の売却益から特別控除として3,000万円を控除することができます（措法35条）。また、所有期間が10年超である場合には、所得税・住民税の税率が通常の長期譲渡の際の税率より軽減される特例もあります（措法31条の３）。

　一方、配偶者居住権は、法律上、譲渡ができないこととされています。ただし、放棄や合意解除をし、その対価を取得することによって、実質的に譲渡したのと同様の経済効果を得られます。配偶者が放棄等に伴い受領した対価には、総合譲渡所得として所得税・住民税がかかりますが、前述の居住用不動産を売却した場合の3,000万円の特別控除や軽減税率といった特例の適用を受けることはできません。また、不動産の譲渡は分離課税のため、短期保有（※１）であれば39.63％（所得税30.63％、住民税９％）、長期保有（※１）であれば、税率20.315％（所得税15.315％、住民税５％）で一律ですが、総合譲渡の場合は、譲渡益から特別控除50万円を差し引いた譲渡所得を、年金などの雑所得や不動産所得など他の所得と合算した上で、累進税率で所得税が課税されます。税率は、短期譲渡（※２）であれば、所得税・住民税合計で最高55.945％、長期譲渡（※２）であればその２分の１で最高約28％になります。したがって、自宅を売却した場合の税負担は、配偶者居住権を設定したときのほうが、重くなる可能性が高いと言えます。

※１　不動産譲渡（分離課税）の場合、譲渡した年の１月１日時点での所有期間が５年未満なら短期、５年以上は長期。
※２　総合譲渡の場合は、資産の取得日（＝配偶者居住権の設定日）から５年以内の譲渡は短期、５年超なら長期。ただし、配偶者居住権等の消滅に係る譲渡所得の場合は、被相続人の取得日からの保有期間が５年を超える場合は、配偶者居住権等を取得した日から配偶者居住権が消滅した日までの期間が５年以内の場合でも、長期譲渡所得となります。

　このように、一次相続で配偶者居住権を設定すると、二次相続の節税になる可能性がある一方で、一次相続の相続税が高くなったり、換金した際の税負担が重くなる可能性があります。配偶者の年齢や性別により配偶者居住権の評価額は変わります。小規模特例の適用にどの程度影響があるのか、将来、配偶者に介護が必要になり老人ホーム等に入居することになった場合、自宅を売却する可能性があるのかないのか、といった将来のことも考えて設定するしないを慎重に検討する必要があります。

法務コラム

配偶者居住権設定の落とし穴

　配偶者居住権は、配偶者が自宅に住み続けることができる権利だし、所有権よりも低い評価額で取得できるし、場合によっては税務上有利になることもある……。配偶者にとって、配偶者居住権は常に取得しておいたほうが良いと感じるかもしれません。しかし、思いがけず取得するべきではなかった！？と感じるケースもあります。

　例えば、配偶者居住権を取得した数年後に自宅を売却することになったケース。配偶者は所有者ではないため、売却代金を取得することはできません。この場合、配偶者は、配偶者居住権を放棄してその代わりに対価を得ることは可能ですが、所有者と合意が必要ですし、配偶者居住権の対価は所有権価格より低額になってしまいます。配偶者居住権ではなく、所有権を取得すればよかった……ということもあり得るのです。つまり配偶者居住権を取得すべきかどうかは、配偶者の将来のライフプランに大きく左右されるのです。詳しくは法務編**第3章⑦**にも記載していますので、ご参照ください。

5 配偶者居住権と物納

相続税法 41 条

Q 配偶者居住権や、配偶者居住権が設定された建物およびその敷地を、物納に充てることはできますか。

Point

- 配偶者居住権は、譲渡することができないため管理処分不適格財産に該当します。このため、物納することはできません。
- 配偶者居住権が設定された建物およびその敷地は、ほかに物納に充てるべき適当な財産がない場合に限り、物納に充てることができます。

❶ 物納制度の概要

　国税は金銭で納付することが原則ですが、相続税に限り、延納によっても納付することが困難である場合には、一定の相続財産で納付すること（物納）が認められています（相続税法41条）。

　ただし、すべての財産が物納に充てられるわけではありません。物納に充てることができる財産およびその順位は、以下の表の通りに定められています。

順　位	物納に充てることのできる財産の種類
第1順位	①不動産、船舶、国債証券、地方債証券、上場株式等
	②不動産及び上場株式のうち物納劣後財産に該当するもの
第2順位	③非上場株式
	④非上場株式のうち物納劣後財産に該当するもの
第3順位	⑤動産

（出典：国税庁　相続税の物納の手引～手続編～より）

　なお、「管理処分不適格財産」に該当するものは物納に充てること
ができません。国は、物納された財産を売却することとなりますが、
その財産を管理または売却するにあたり支障がある財産は収納しない
こととしています。このような財産を「管理処分不適格財産」といい
ます。代表的なものとしては、抵当権の目的となっている不動産や所
有権の帰属について争いがある不動産などが該当します(相令18条)。

❷　配偶者居住権

　配偶者居住権は配偶者に一身専属的に帰属する権利であり、民法
上、第三者に譲渡することができないと定められています。したがっ
て、配偶者居住権は「管理処分不適格財産」に該当し、物納に充てる
ことはできません。

❸　配偶者居住権が設定された建物およびその敷地

　配偶者居住権が設定された建物およびその敷地は、「物納劣後財産」
として、他に物納に充てるべき適当な財産がない場合に限り、物納に
充てることができます。上記の表でいうところの第1順位②の財産に
該当するため、①に劣後し③～⑤に優先して物納に充てることができ
ます。
　物納財産の収納価額は、原則として物納財産の相続時点における相

205

続税評価額とされますが、収納の時までに配偶者居住権の設定、変更
または消滅があった場合には、収納時点における評価額とされます
（相基通43-3）。

　また、敷地について小規模宅地等の評価減の特例の適用を受けてい
る場合には、その特例適用後の価額となります。

第2部　税務編

第2章　配偶者居住権と小規模宅地等の評価減の特例

1 小規模宅地等の評価減

措法 69 条の 4

Q 配偶者居住権を設定した場合、敷地利用権や自宅建物の敷地所有権について、小規模宅地等の評価減の特例を適用できますか。

また、適用できる場合、対象面積はどのように求めるのでしょうか。

Point

- 配偶者が取得した自宅建物の敷地利用権には、特定居住用宅地等として小規模宅地等の評価減の特例を適用できます。
- 自宅建物の敷地所有権は、被相続人の同居親族が取得するなどの要件を満たした場合に限り、小規模宅地等の評価減の特例を適用できます。
- 小規模宅地等の評価減の対象面積は、敷地面積を、敷地利用権と敷地所有権の相続税評価額の比で按分して求めます。

❶ 小規模宅地等の評価減の特例の概要と要件

⑴ 概　要

　相続や遺贈によって取得した財産の中に、相続開始の直前において被相続人等の事業の用または居住の用に供されていた宅地等（土地または土地の上に存する権利をいう）があり、一定の要件を満たす場合には、その宅地等のうち限度面積までの部分については、相続税の課税価格の計算上、次の表に掲げる区分ごとにそれぞれの割合を減額することができます（措法69条の4第1項・2項）。

	特例の対象となる宅地等		限度面積		減額割合
①	特定居住用宅地等	330㎡	①と②は併用可		80%
②	特定事業用宅地等	400㎡			80%
	特定同族会社事業用宅地等				80%
③	貸付事業用宅地等	200㎡	併用する場合、調整計算あり※		50%

※①または②と③を併用する場合の限度面積
　①×（200/330）＋②×（200/400）＋③≦200㎡

⑵ 特定居住用宅地等の要件（措法69条の4第3項2号）

　①　特定居住用宅地等とは、被相続人の居住の用に供されていた宅地等、または、被相続人の生計一親族の居住の用に供されていた宅地等をいいます。

　②　特定居住用宅地等に小規模宅地等の評価減の特例（以下、「本特例」という）を適用する要件は以下のとおりです。

　　㋐　被相続人の配偶者が取得した場合、必ず適用されます

　　㋑　被相続人の居住の用に供されていた一棟の建物に居住していた親族（同居親族）が宅地等を取得した場合は、申告期限までその建物に居住し、かつ、その宅地等を申告期限まで所有していること

　　ⓤ　被相続人の配偶者または同居親族で法定相続人に該当する者がいない場合において、持ち家がない親族（いわゆる「家なき子」）が宅地等を取得したときは、次の要件をすべて満たすこと

　　　ⓐ　相続開始前3年以内に、その家なき子自身が、家なき子の配偶者または家なき子の三親等内の親族等が所有する家屋（相続開始直前において被相続人の居住の用に供されていた家屋を除く）に居住したことがないこと

　　　ⓑ　相続開始時にその家なき子が居住している家屋を、その家なき子が相続開始前のいずれの時においても所有していたことがないこと

　　　ⓒ　その宅地等を申告期限まで所有していること

(3)　**特定事業用宅地等の要件（措法69条の4第3項1号）**
　①　特定事業用宅地等とは、被相続人や被相続人の生計一親族の事業（不動産貸付業等を除く）の用に供されていた宅地等をいいます。
　②　特定事業用宅地等に本特例を適用する要件は以下の通りです。
　　ⓐ　被相続人の親族が申告期限までの間に事業を引き継ぐこと（被相続人の事業用の場合）
　　ⓘ　申告期限まで事業を継続して営んでいること
　　ⓤ　その宅地等を申告期限まで所有していること

(4)　**特定同族会社事業用宅地等の要件（措法69条の4第3項3号）**
　①　特定同族会社事業用宅地等とは、被相続人およびその親族等が発行済株式総数の50％超を有する法人の事業（不動産貸付業等を除く）の用に供されていた宅地等をいいます。
　②　特定同族会社事業用宅地等に本特例を適用する要件は以下の通りです。

　　㋐　申告期限においてその宅地等を取得した者がその法人の役員
　　　　であること
　　㋑　申告期限までその法人の事業の用に供していること
　　㋒　その宅地等を申告期限まで所有していること

(5)　貸付事業用宅地等の要件（措法69条の4第3項4号）
　①　貸付事業用宅地等とは、被相続人や被相続人の生計一親族の事
　　　業（不動産貸付業等に限る）の用に供されていた宅地等をいいま
　　　す。
　②　貸付事業用宅地等に本特例を適用する要件は以下の通りです。
　　㋐　被相続人の親族が申告期限までの間に事業を引き継ぐこと
　　　　（被相続人の事業用の場合）
　　㋑　申告期限まで事業を継続して営んでいること
　　㋒　その宅地等を申告期限まで所有していること

❷　敷地利用権

　敷地利用権は土地の上に存する権利として小規模宅地等の評価減の
特例の適用対象となります。適用対象となるのは、特定居住用宅地等
および特定事業用宅地等のみであり、特定同族会社事業用宅地等およ
び貸付事業用宅地等の特例の適用はありません。
　なお、二次相続の際には敷地利用権は消滅するため、特例の対象と
なりません。敷地利用権は配偶者居住権の設定に伴って配偶者のみが
取得するものであり、配偶者は無条件で特定居住用宅地等の特例を適
用することができます。
　また、特定事業用宅地等の特例についても、配偶者が❶(3)の要件を
満たす場合には、事業用部分に対応する面積に応じて適用することが
できます（**本章❹**参照）。

❸　敷地所有権

　敷地所有権は土地に該当するため、敷地の取得者が❶(2)〜(5)の各要件を満たす場合に限り、小規模宅地等の評価減の特例を適用することができます。

　なお、❶(2)の特定居住用宅地等の特例の適用にあたっては、家なき子が相続人にいる場合に、配偶者居住権を設定しないほうが一次相続と二次相続のトータルでみて有利なケースがあります（**本章❷**参照）。

❹　小規模宅地等の評価減の対象面積の求め方

　敷地利用権あるいは敷地所有権について、小規模宅地等の評価減の特例の適用を受ける場合の対象面積は、敷地面積を、敷地利用権と敷地所有権の相続税評価額の比で按分して求めます（措令40条の2第6項）。

　算式で表すと次の通りです。

(1)　**敷地利用権**
　　　＜算式＞

$$土地の面積 \times \frac{敷地利用権の相続税評価額}{土地の相続税評価額}$$

(2)　**敷地所有権**
　　　＜算式＞

$$土地の面積 \times \frac{敷地所有権の相続税評価額}{土地の相続税評価額}$$

　なお、共有している場合（**本章❸**参照）や店舗と併用している場合（**本章❹**参照）には、共有持分や床面積に応じて計算します。

措法 69 条の 4

Q 配偶者居住権を設定すると、相続税の節税になりますか。

Point

- 配偶者居住権および自宅建物の敷地利用権は、二次相続において課税対象とならないため、この点において相続税が軽減されることは確かです。
- しかし、配偶者居住権の設定により、小規模宅地等の評価減の特例の適用対象が減る等、一次相続の相続税が増える場合もあるため、総合的に見て節税になるかどうかはケースバイケースです。

❶ 配偶者居住権の設定により相続税が減少する場合

⑴ 概 要

　配偶者が死亡した場合、配偶者居住権および敷地利用権は消滅し、配偶者の相続財産となりません。このため、二次相続において相続税が減少し、一次二次トータルでみた場合にも相続税が減少することが

あります。

　配偶者居住権の設定により相続税が軽減されるケースを、具体例で見ていきましょう。

(2)　具体例

　＜前提＞

　相続人は、被相続人と同居している配偶者と別居している長男です。長男は自己の家屋等に居住したことがある、いわゆる「持ち家あり」の相続人です。

　被相続人の財産は、自宅（土地）が2億円、その他の財産が4億円であり、配偶者自身の財産は2億円とします。なお、小規模宅地等の評価減の特例の適用を受ける場合には、限度面積の範囲内でそれぞれ要件を満たすものとします。

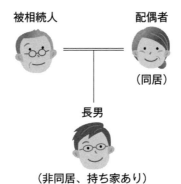

　＜ケース1＞自宅を配偶者が取得した場合

　配偶者が自宅のすべてを取得し、その他の財産は法定相続分である1/2の割合で配偶者と長男がそれぞれ取得した場合の相続税は、以下の通りです。

一次相続 （単位：円）

	相続税評価額	配偶者	長男
自宅	200,000,000	200,000,000	0
小規模宅地等の評価減	▲ 160,000,000	▲ 160,000,000	0
その他の財産	400,000,000	200,000,000	200,000,000
財産合計額	440,000,000	240,000,000	200,000,000
相続税（※1）	**62,599,900**	5,690,900	56,909,000

※1　小規模宅地等の評価減の特例および配偶者の税額軽減を考慮しています。

二次相続 （単位：円）

	相続税評価額	長男
自宅	200,000,000	200,000,000
その他の財産（※2）	394,309,100	394,309,100
財産合計額	594,309,100	594,309,100
相続税	**237,154,500**	237,154,500

※2　配偶者自身の財産＋一次相続の「その他の財産」－相続税額

　長男は「持ち家あり」の相続人であるため、二次相続において小規模宅地等の評価減の特例は適用できません。

　一次相続の相続税62,599,900円と二次相続の相続税237,154,500円を合計すると、<u>299,754,400円</u>となります。

＜ケース2＞配偶者居住権を設定し、一次相続で自宅の所有権を長男が取得した場合

　配偶者居住権を設定することで配偶者が敷地利用権を取得し、自宅の所有権を長男が取得、その他の財産は法定相続分である1/2の割合で配偶者と長男がそれぞれ取得するものとした場合、相続税は以下のようになります。なお、一次相続において、被相続人と別居していた長男は小規模宅地等の評価減の特例を適用できません。敷地利用権の評価額は1億円とします。

一次相続　　　　　　　　　　　　　　　　　　　　　（単位：円）

	相続税評価額	配偶者	長男
自宅・敷地利用権	200,000,000	100,000,000	100,000,000
小規模宅地等の評価減	▲ 80,000,000	▲ 80,000,000	0
その他の財産	400,000,000	200,000,000	200,000,000
財産合計額	520,000,000	220,000,000	300,000,000
相続税（※）	**92,942,300**	0	92,942,300

※　小規模宅地等の評価減の特例および配偶者の税額軽減を考慮しています。

二次相続　　　　　　　　　　　　　　　　　　　　　（単位：円）

	相続税評価額	長男
その他の財産	400,000,000	400,000,000
財産合計額	400,000,000	400,000,000
相続税	**140,000,000**	140,000,000

　　配偶者居住権および敷地利用権は、配偶者の死亡により消滅するため、二次相続において相続財産となりません。また、一次相続の際、長男が自宅の所有権を取得しているため、二次相続において自宅は相続財産となりません。

　　一次相続の相続税92,942,300円と二次相続の相続税140,000,000円を合計すると、232,942,300円となります。

＜ケース1とケース2の比較＞

　　一次相続と二次相続の税額合計を比較すると、ケース2の税額（232,942,300円）がケース1の税額（299,754,400円）よりも66,812,100円少なくなります。したがって、本事例の場合は配偶者居住権を設定したほうが有利となります。

❷ 配偶者居住権の設定により相続税が増加する場合

(1) 概　要

　小規模宅地等の評価減の特例の適用にあたっては、原則として子ど
もが同居していることなどが条件となるため、前述のように別居して
いる長男が自宅建物を相続した場合、一次相続で本特例を適用するこ
とはできません。

　しかし、二次相続については、別居であっても持ち家がない子ども
である場合には、小規模宅地等の評価減の特例を適用することができ
ます。

　したがって、持ち家がない子どもの場合、一次相続で配偶者居住権
を設定して子どもが自宅を相続するより、一次相続では配偶者が自宅
を相続し、子どもは二次相続で自宅を相続したほうが有利となるケー
スがあります。

(2) 具体例

　＜前　提＞

　相続人は、被相続人と同居している配偶者と別居している長男で
す。長男は自己の家屋等に居住したことがない、いわゆる「持ち家
なし」の相続人（家なき子）です。

　被相続人の財産は、自宅（土地）が2億円、その他の財産が4億
円であり、配偶者自身の財産は2億円とします。なお、小規模宅地
等の評価減の特例の適用を受ける場合には、限度面積の範囲内でそ
れぞれ要件を満たすものとします。

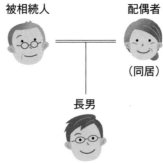

被相続人　　　配偶者
（同居）
長男
（非同居、持ち家なし）

＜ケース１＞配偶者居住権を設定し、一次相続で自宅の所有権を長
　　　　　　男が取得した場合

　配偶者居住権を設定することで配偶者が敷地利用権を取得し、自
宅の所有権を長男が取得します。その他の財産は法定相続分である
１／２の割合で配偶者と長男がそれぞれ取得するものとした場合の
相続税は以下の通りです。なお、一次相続において、父と別居して
いた長男は小規模宅地等の評価減の特例を適用できません。敷地利
用権の評価額は１億円とします。

一次相続　　　　　　　　　　　　　　　　　　　　　（単位：円）

	相続税評価額	配偶者	長男
自宅・敷地利用権	200,000,000	100,000,000	100,000,000
小規模宅地等の評価減	▲ 80,000,000	▲ 80,000,000	0
その他の財産	400,000,000	200,000,000	200,000,000
財産合計額	520,000,000	220,000,000	300,000,000
相続税（※）	**92,942,300**	0	92,942,300

※　小規模宅地等の評価減の特例および配偶者の税額軽減を考慮しています。

二次相続 (単位：円)

	相続税評価額	長男
その他の財産	400,000,000	400,000,000
財産合計額	400,000,000	400,000,000
相続税	**140,000,000**	140,000,000

　配偶者居住権および敷地利用権は、配偶者の死亡により消滅するため、二次相続において相続財産となりません。また、一次相続の際、長男が自宅の所有権を取得しているため、二次相続において自宅は相続財産となりません。

　一次相続の相続税92,942,300円と二次相続の相続税140,000,000円を合計すると、<u>232,942,300円</u>となります。

＜ケース２＞一次相続で配偶者が自宅を相続し、二次相続で長男が
　　　　　　自宅を相続した場合

　配偶者が自宅のすべてを取得し、その他の財産は法定相続分である１／２の割合で配偶者と長男がそれぞれ取得した場合の相続税は以下の通りです。

一次相続 (単位：円)

	相続税評価額	配偶者	長男
自宅	200,000,000	200,000,000	0
小規模宅地等の評価減	▲ 160,000,000	▲ 160,000,000	0
その他の財産	400,000,000	200,000,000	200,000,000
財産合計額	440,000,000	240,000,000	200,000,000
相続税（※１）	**62,599,900**	5,690,900	56,909,000

※１　小規模宅地等の評価減の特例および配偶者の税額軽減を考慮しています。

二次相続　　　　　　　　　　　　　　　　　　　（単位：円）

	相続税評価額	長男
自宅	200,000,000	200,000,000
小規模宅地等の評価減	▲ 160,000,000	▲ 160,000,000
その他の財産（※2）	394,309,100	394,309,100
財産合計額	434,309,100	434,309,100
相続税	**157,154,500**	157,154,500

※2　配偶者自身の財産＋一次相続の「その他の財産」－相続税額

　　長男は「持ち家なし」の相続人であるため、二次相続において小規模宅地等の評価減の特例を適用することができます。
　　一次相続の相続税62,599,900円と二次相続の相続税157,154,500円を合計すると、219,754,400円となります。

＜ケース1とケース2の比較＞
　　一次相続と二次相続の税額合計を比較すると、ケース2の税額（219,754,400円）がケース1の税額（232,942,300円）よりも13,187,900円少なくなります。したがって、本事例の場合は、配偶者居住権を設定せずに一次相続で配偶者が自宅を相続し、長男は二次相続で自宅を相続したほうが有利となります。

❸　まとめ

　　配偶者居住権および自宅建物の敷地利用権は、二次相続において課税対象とならないため、この点において相続税が軽減されることは確かです。
　　ただし、一次相続および二次相続の全体で見た場合には、配偶者居住権の設定により必ずしも相続税の節税になるとは限らないことに注意が必要です。

小規模宅地等の評価減の事例①
敷地を共有取得した場合

> 措法 69 条の 4
> 措令 40 条の 2 第 6 項

Q 被相続人が所有する自宅に被相続人・その配偶者・長男の 3 人が同居していました。相続人は配偶者・長男・次男の 3 人です。

遺産分割により、配偶者は配偶者居住権および敷地利用権を取得しました。また、同居している長男は自宅建物と敷地所有権の半分を取得し、同居していない次男は敷地所有権の半分を取得しました。

この場合、各人が取得する財産について小規模宅地等の評価減の特例は適用できますか。

Point

- 配偶者が取得する敷地利用権は、特定居住用宅地等として小規模宅地等の評価減の特例の適用があります。
- 同居親族の長男が取得する敷地所有権は、特定居住用宅地等として小規模宅地等の評価減の特例の適用があります。
- 非同居親族の次男が取得する敷地所有権は、要件を満たさないため、小規模宅地等の評価減の特例の適用がありません。

❶　前提条件

　本問については、具体的な設例を使って説明します。前提条件を整理します。

⑴　相続人
　相続人は次の3人です。
　・被相続人と同居している配偶者
　・被相続人と同居している長男
　・被相続人と同居していない次男
　＜親族関係図＞

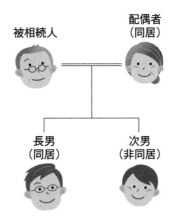

⑵　遺産分割
　自宅に配偶者居住権を設定し、配偶者は配偶者居住権および敷地利用権を取得しました。長男は自宅建物と敷地所有権の半分を取得し、同居していない次男は敷地所有権の半分を取得しました。
　土地の相続税評価額は90,000,000円でしたが、配偶者居住権設定後の評価額は、敷地利用権30,000,000円、敷地所有権60,000,000円となり

ました。

利用区分ごとの面積や評価額は下図の通りです。

＜自宅の利用状況および遺産分割後の状況＞

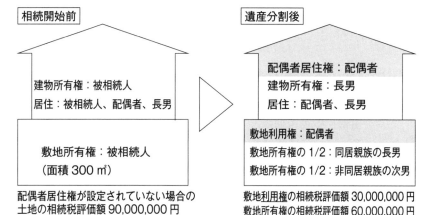

相続開始前
建物所有権：被相続人
居住：被相続人、配偶者、長男
敷地所有権：被相続人
（面積 300 ㎡）

配偶者居住権が設定されていない場合の
土地の相続税評価額 90,000,000 円

遺産分割後
配偶者居住権：配偶者
建物所有権：長男
居住：配偶者、長男
敷地利用権：配偶者
敷地所有権の 1/2：同居親族の長男
敷地所有権の 1/2：非同居親族の次男

敷地利用権の相続税評価額 30,000,000 円
敷地所有権の相続税評価額 60,000,000 円

❷ 配偶者が取得する敷地利用権

特定居住用宅地等として小規模宅地等の評価減の特例（以下、❸において「本特例」という）の適用があります。

なお、敷地利用権に本特例を適用する場合、土地の面積のうち敷地利用権に対応するものを求める必要があります。この面積は、土地の面積に、土地の相続税評価額のうちに占める敷地利用権の相続税評価額の割合を乗じて求めます（措令40条の2第6項、措通69の4-1の2）。

＜算式＞

$$土地の面積 \times \frac{敷地利用権の相続税評価額}{土地の相続税評価額}$$

本事例では、土地の面積が300㎡、配偶者居住権が設定されていな

い場合の土地の相続税評価額が90,000,000円、敷地利用権の相続税評価額が30,000,000円であるため、敷地利用権に対応する面積は100㎡（=300㎡×30,000,000/90,000,000）となります。

この100㎡すべてに本特例を適用する場合、敷地利用権の相続税評価額の20% 相当である6,000,000円には相続税が課税され、80% 相当である24,000,000円には相続税が課税されません。

❸　同居親族の長男が取得する敷地所有権

長男が相続税の申告期限までの間、自宅に住み続けるなどの要件を満たす場合には、特定居住用宅地等として本特例の適用があります。

なお、配偶者居住権が設定されている敷地所有権にこの特例を適用する場合、土地の面積のうち敷地所有権に対応するものを求める必要があります。この面積は、土地の面積に、土地の相続税評価額のうちに占める敷地所有権の相続税評価額の割合を乗じて求めます。また、敷地所有権を共有取得する場合には、その共有取得した持ち分を乗じます。

＜算式＞

$$\text{土地の面積} \times \frac{\text{敷地利用権の相続税評価額}}{\text{土地の相続税評価額}} \times \text{その共有持分}$$

本事例では、土地の面積が300㎡であり、土地の相続税評価額が90,000,000円、敷地所有権の相続税評価額が60,000,000円、長男の共有取得した持分が1/2であるため、敷地所有権の面積は100㎡（=300㎡×60,000,000/90,000,000×1/2）となります。

この100㎡すべてに本特例を適用する場合、敷地所有権の相続税評価額の20% 相当である6,000,000円には相続税が課税され、80% 相当である24,000,000円には相続税が課税されません。

❹ 非同居親族の次男が取得する敷地所有権

　被相続人の同居親族がいるため、特定居住用宅地等の要件を満たさ
ず、本特例の適用はありません。

❺ 本事例における小規模宅地等の評価減の特例のまとめ

配偶者居住権：配偶者

建物所有権：長男

居住：配偶者、長男

敷地利用権：配偶者	（100㎡）本特例の適用あり、80％評価減
敷地所有権の1/2：同居親族の長男	（100㎡）本特例の適用可能性あり、80％評価減
敷地所有権の1/2：非同居親族の次男	（100㎡）本特例の適用なし

4 小規模宅地等の評価減の事例②
店舗兼住宅の場合

措法 69 条の 4
措令 40 条の 2 第 6 項

Q 被相続人が所有していた店舗兼住宅は、1 F 部分は被相続人の事業に使っており、2 F 部分には被相続人とその配偶者が居住していました。

遺産分割により、配偶者が配偶者居住権および敷地利用権を取得し、非同居親族の長男が店舗兼住宅の建物および敷地所有権を取得しました。なお、被相続人の事業は配偶者が引き継ぎました。

この場合、各人が取得する財産について小規模宅地等の評価減の特例は適用できますか。

Point

- 配偶者が取得する敷地利用権は、特定居住用宅地等および特定事業用宅地等として小規模宅地等の評価減の特例の適用があります。
- 非同居親族の長男が取得する敷地所有権は、要件を満たさないため、小規模宅地等の評価減の特例の適用がありません。

❶ 前提条件

　本問については、具体的な設例を使って説明します。前提条件を整理します。

⑴ 相続人
　相続人は次の2人です。
　・被相続人と同居している配偶者
　・被相続人と同居していない別生計親族である長男
　＜親族関係図＞

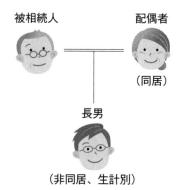

⑵ 店舗兼住宅の利用状況および遺産分割
　店舗兼住宅は、1F部分は被相続人の事業に使っており、2F部分は被相続人とその配偶者が居住していました。
　遺産分割により、配偶者が配偶者居住権および敷地利用権を取得し、非同居親族の長男が店舗兼住宅の建物および敷地所有権を取得しました。なお、被相続人の事業は配偶者が引き継ぎました。
　土地の相続税評価額は20,000,000円でしたが、配偶者居住権設定後の評価額は、敷地利用権5,000,000円、敷地所有権15,000,000円となり

ました。

　利用区分ごとの面積や評価額は下図の通りです。

<＜店舗兼住宅の利用状況および遺産分割後の状況＞

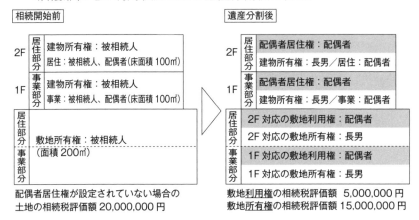

配偶者居住権が設定されていない場合の
土地の相続税評価額 20,000,000 円

敷地利用権の相続税評価額　5,000,000 円
敷地所有権の相続税評価額 15,000,000 円

❷　店舗兼住宅に対する配偶者居住権の効力および財産評価等への影響

　配偶者居住権を設定した場合、配偶者は建物全体を無償で使用収益することが可能ですが、原則として、建物を従前と同じ用途に使用収益することになります（民法1028条、1032条）。

　すなわち、店舗兼住宅に配偶者居住権を設定した場合、配偶者は、居住部分に加えて店舗部分に関しても店舗のまま使用収益が可能です。このため、配偶者居住権やその敷地利用権は、居住部分だけでなく店舗部分にも存在すると考え、財産評価や小規模宅地等の評価減の特例計算（以下、❹において「本特例」という。）を行います。

❸　利用区分に応じた敷地利用権および敷地所有権の按分

　配偶者居住権を設定した店舗兼住宅に本特例を適用する場合、相続

税評価額および面積について、敷地所有権部分と敷地利用権部分に分けるだけでなく、店舗部分と居住部分にも分ける必要があります。

これは、店舗部分に対応するものは特定事業用宅地等に、居住部分に対応するものは特定居住用宅地等に該当する可能性があり、本特例を分けて計算するためです。

具体的には、下記のように計算します。

(1) 店舗部分と居住部分に対応する敷地利用権

① 相続税評価額の按分計算

利用区分ごとの敷地利用権の相続税評価額は、敷地利用権全体の相続税評価額に、土地全体の面積に占める利用区分ごとの土地の面積の割合を乗じて求めます。なお、利用区分ごとの土地の面積は、利用区分ごとの建物の床面積比で按分して求めます。

【算式A：店舗部分に対応する敷地利用権の相続税評価額】

$$\text{敷地利用権の相続税評価額}\ 5{,}000{,}000\text{円} \times \frac{\text{店舗部分に対応する土地面積}100\text{m}^2\ (\text{※}1)}{\text{土地面積}200\text{m}^2} = 2{,}500{,}000\text{円}$$

> (※1) 店舗部分に対応する土地面積
>
> $$\text{土地面積}\ 200\text{m}^2 \times \frac{\text{店舗部分に対応する建物床面積}100\text{m}^2}{\text{建物総床面積}200\text{m}^2} = 100\text{m}^2$$

【算式B：居住部分に対応する敷地利用権の相続税評価額】

$$\text{敷地利用権の相続税評価額}\ 5{,}000{,}000\text{円} \times \frac{\text{居住部分に対応する土地面積}100\text{m}^2\ (\text{※}2)}{\text{土地面積}200\text{m}^2} = 2{,}500{,}000\text{円}$$

> (※2) 居住部分に対応する土地面積
>
> $$\text{土地面積}\ 200\text{m}^2 \times \frac{\text{居住部分に対応する建物床面積}100\text{m}^2}{\text{建物総床面積}200\text{m}^2} = 100\text{m}^2$$

---

② 面積の按分計算

利用区分ごとの敷地利用権の面積は、利用区分ごとの土地の面積に、利用区分ごとの土地の相続税評価額のうちに占める敷地利用権

の相続税評価額の割合を乗じて求めます（措令40条の2第6項、措通69の4-1の2）。

【算式C：店舗部分に対応する敷地利用権の面積】

店舗部分に対応する土地の面積100㎡ × $\dfrac{\text{店舗部分に対応す店舗部分に対応する敷地利用権の相続税評価額 2,500,000円}}{\text{店舗部分に対応する土地の相続税評価額10,000,000円（※3）}}$ = 25㎡

（※3）店舗部分に対応する土地の相続税評価額

土地の相続税評価額20,000,000円 × $\dfrac{\text{店舗部分に対応する土地の面積100㎡}}{\text{土地の面積200㎡}}$ = 10,000,000円

【算式D：居住部分に対応する敷地利用権の面積】

居住部分に対応する土地の面積100㎡ × $\dfrac{\text{居住部分に対応する敷地利用権の相続税評価額2,500,000円}}{\text{居住部分に対応する土地の相続税評価額10,000,000円（※4）}}$ = 25㎡

（※4）居住部分に対応する土地の相続税評価額

土地の相続税評価額20,000,000円 × $\dfrac{\text{居住部分に対応する土地の面積100㎡}}{\text{土地の面積200㎡}}$ = 10,000,000円

---

(2)　店舗部分と居住部分に対応する敷地所有権

①　相続税評価額の按分計算

　利用区分ごとの敷地所有権の相続税評価額は、利用区分ごとの土地の相続税評価額から、利用区分ごとの敷地利用権の相続税評価額を控除して求めます。

【算式E：店舗部分に対応する敷地所有権の相続税評価額】

店舗部分に対応する土地の相続税評価額（算式C※3）10,000,000円 － 店舗部分に対応する敷地利用権の相続税評価額（算式A）2,500,000円 = 7,500,000円

【算式F：居住部分に対応する敷地所有権の相続税評価額】

居住部分に対応する土地の相続税評価額（算式D※4）10,000,000円 － 居住部分に対応する敷地利用権の相続税評価額（算式B）2,500,000円 = 7,500,000円

---

② 面積の按分計算

　利用区分ごとの敷地所有権の面積は、利用区分ごとの土地の面積に、利用区分ごとの土地の相続税評価額のうちに占める敷地所有権の相続税評価額の割合を乗じて求めます（措令40条の２第６項、措通69の４‐１の２）。

【算式G：店舗部分に対応する敷地所有権の面積】

$$\text{店舗部分に対応する}\atop\text{土地の面積100㎡} \times \frac{\substack{\text{店舗部分に対応する敷地所有権の相続税評価額}\\ \text{7,500,000円（算式E）}}}{\substack{\text{店舗部分に対応する土地の相続税評価額}\\ \text{10,000,000円（算式C ※3）}}} = 75㎡$$

【算式H：居住部分に対応する敷地所有権の面積】

$$\text{居住部分に対応する}\atop\text{土地の面積100㎡} \times \frac{\substack{\text{居住部分に対応する敷地所有権の相続税評価額}\\ \text{7,500,000円（算式F）}}}{\substack{\text{居住部分に対応する土地の相続税評価額}\\ \text{10,000,000円（算式D ※4）}}} = 75㎡$$

---

❹ 配偶者が取得する敷地利用権の本特例の適用

⑴ 店舗部分に対応する敷地利用権

　配偶者が相続税の申告期限までの間、事業を継続するなどの要件を満たす場合には、特定事業用宅地等として本特例の適用があります。

　本事例では、店舗部分に対応する敷地利用権の面積が25㎡です。この25㎡すべてに本特例を適用する場合、店舗部分に対応する敷地利用権の相続税評価額2,500,000円（**算式A**）の20％相当である500,000円には相続税が課税され、80％相当である2,000,000円には相続税が課税されません。

⑵ 居住部分に対応する敷地利用権

　特定居住用宅地等として本特例の適用があります。

　本事例では、居住部分に対応する敷地利用権の面積が25㎡です。この25㎡すべてに本特例を適用する場合、居住部分に対応する敷地利用

231

権の相続税評価額2,500,000円（算式B）の20%相当である500,000円には相続税が課税され、80%相当である2,000,000円には相続税が課税されません。

❺　非同居、かつ、生計別親族の長男が取得する敷地所有権の本特例の適用について

被相続人の同居親族がいるため、特定居住用宅地等の要件を満たしません。また、被相続人の事業を長男が引き継いでいないため、特定事業用宅地等の要件も満たしません。

よって、本特例の適用はありません。

❻　本事例における小規模宅地等の評価減の特例のまとめ

2F	居住部分	配偶者居住権：配偶者	
		建物所有権：長男／居住：配偶者	
1F	事業部分	配偶者居住権：配偶者	
		建物所有権：長男／事業：配偶者	
居住部分		2F対応の敷地利用権：配偶者	（25㎡）本特例の適用あり、80%評価減
		2F対応の敷地所有権：長男	（75㎡）本特例の適用なし
事業部分		1F対応の敷地利用権：配偶者	（25㎡）本特例の適用可能性あり、80%評価減
		1F対応の敷地所有権：長男	（75㎡）本特例の適用なし

小規模宅地等の評価減の事例③
賃貸併用住宅の場合

措法 69 条の 4
措令 40 条の 2 第 6 項

Q 被相続人が所有していた賃貸併用住宅は、1F部分は第三者に賃貸し、2F部分には被相続人とその配偶者が居住していました。

遺産分割により、配偶者が配偶者居住権および敷地利用権を取得し、非同居かつ別生計親族である長男が賃貸併用住宅の建物および敷地所有権を取得しました。なお、不動産賃貸業は長男が引き継ぎました。

この場合、各人が取得する財産について小規模宅地等の評価減の特例は適用できますか。

Point

- 配偶者が取得する敷地利用権は、すべて居住部分に対応するものとされ、特定居住用宅地等として小規模宅地等の評価減の特例の適用があります。
- 長男が取得する敷地所有権は、貸付事業用宅地等として小規模宅地の評価減の特例の適用があります。

❶　前提条件

本問については、具体的な設例を使って説明します。前提条件を整理します。

(1)　相続人

相続人は次の2人です。

・被相続人と同居している配偶者

・被相続人と同居していない別生計親族である長男

＜親族関係図＞

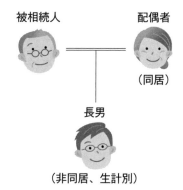

(2)　賃貸併用住宅の利用状況および遺産分割

賃貸併用住宅は、1F部分は第三者に賃貸し、2F部分には被相続人とその配偶者が居住していました。

遺産分割により、配偶者が配偶者居住権および敷地利用権を取得し、非同居かつ別生計親族である長男が賃貸併用住宅の建物および敷地所有権を取得しました。なお、不動産賃貸業は長男が引き継ぎました。

土地の相続税評価額は26,850,000円でしたが、配偶者居住権設定後

の評価額は、敷地利用権5,000,000円、敷地所有権21,850,000円となりました。

利用区分ごとの面積や評価額は下図の通りです。

＜賃貸併用住宅の利用状況および遺産分割後の状況＞

相続開始前		遺産分割後	
2F 居住部分	建物所有権：被相続人 居住：被相続人、配偶者 （床面積 200㎡）	2F 居住部分	配偶者居住権：配偶者 建物所有権：長男／住：配偶者
1F 貸付部分	建物所有権：被相続人 貸付事業：被相続人（床面積 200㎡）	1F 貸付部分	建物所有権：長男 貸付事業：長男
居住部分 貸付部分	敷地所有権：被相続人 （面積 300㎡）	居住部分 貸付部分	2F 対応の敷地利用権：配偶者 2F 対応の敷地所有権：長男 1F 対応の敷地所有権：長男

配偶者居住権が設定されていない場合の
土地の相続税評価額 26,850,000円
　2F 対応部分の相続税評価額 15,000,000 円
　1F 対応部分の相続税評価額 11,850,000 円

敷地利用権の相続税評価額　5,000,000 円
敷地所有権の相続税評価額 21,850,000 円

❷　空室なしの賃貸併用住宅に対する配偶者居住権の効力および財産評価等への影響

配偶者居住権を設定しても、原則として賃貸併用住宅のうち相続開始の前から賃貸している部分については、権利を主張することができません。

よって、賃貸併用住宅に配偶者居住権を設定した場合、配偶者居住権やその敷地利用権は、貸付部分に対応するものは存在しないと考え、すべて居住部分に対応するものとして、財産評価や小規模宅地等の評価減の特例計算（以下、⑤において「本特例」という。）を行います（措通69の4-24の2）。

❸　利用区分に応じた敷地利用権および敷地所有権の按分

配偶者居住権を設定した空室なしの賃貸併用住宅に本特例を適用す

235

る場合、相続税評価額および面積について、敷地所有権部分と敷地利用権部分に分けるだけでなく、貸付部分と居住部分にも分ける必要があります。

　これは、貸付部分に対応する敷地所有権は貸付事業用宅地等に、居住部分に対応する敷地所有権・敷地利用権は特定居住用宅地等に該当する可能性があり、本特例を分けて計算するためです。

　具体的には、下記のように計算します。

(1)　敷地利用権

①　相続税評価額の計算

　賃貸併用住宅にかかる敷地利用権の相続税評価額は、すべて居住部分に対応するものとされるため、貸付部分と居住部分に按分する必要はありません。

　よって、本事例では5,000,000円が敷地利用権の相続税評価額になります。

②　面積の計算

　賃貸併用住宅にかかる敷地利用権の面積は、居住部分に対応する土地の面積に、居住部分に対応する土地の相続税評価額のうちに占める敷地利用権の相続税評価額の割合を乗じて求めます（措令40条の2第6項、措通69の4-1の2）。

【算式A：敷地利用権の面積】

居住部分に対応する
土地の面積150㎡（※1）　×　$\dfrac{敷地利用権の相続税評価額5,000,000円}{居住部分に対応する土地の相続税評価額15,000,000円}$　＝ 50㎡

（※1）居住部分に対応する土地の面積150㎡

土地の面積
300㎡　×　$\dfrac{居住部分に対応する建物床面積200㎡}{建物総床面積400㎡}$　＝ 150㎡

---

(2)　賃貸部分に対応する敷地所有権

①　相続税評価額の計算

　貸付部分に対応する土地の相続税評価額が、そのまま貸付部分に対応する敷地所有権の相続税評価額になります。

　通常、配偶者居住権を設定した場合の敷地所有権の相続税評価額は、配偶者居住権を設定しない場合の土地の相続税評価額からその敷地利用権を差し引くことで求めます。しかし、賃貸併用住宅の場合、貸付部分については敷地利用権の評価はゼロと考えるため、貸付部分に対応する土地の相続税評価額が、そのまま貸付部分に対応する敷地所有権の相続税評価額になります。

　よって、本事例では11,850,000円が、貸付部分に対応する敷地所有権の相続税評価額になります。

②　面積の計算

　貸付部分に対応する敷地所有権の面積は、土地の面積に、建物総床面積のうちに占める賃貸部分の建物床面積の割合を乗じて求めます（措令40条の2第6項、措通69の4-1の2）。

【算式B：貸付部分に対応する敷地所有権の面積】

$$\underset{300㎡}{土地の面積} \times \frac{貸付部分に対応する建物床面積200㎡}{建物総床面積400㎡} = 150㎡$$

(3)　居住部分に対応する敷地所有権

①　相続税評価額の計算

　居住部分に対応する敷地所有権の相続税評価額は、居住部分に対応する土地の相続税評価額から、居住部分に対応する敷地利用権の相続税評価額を控除して求めます。

【算式C：居住部分に対応する敷地所有権の相続税評価額】

$$\underset{15,000,000円}{\underset{土地の相続税評価額}{居住部分に対応する}} - \underset{5,000,000円}{敷地利用権の相続税評価額} = 10,000,000円$$

②　面積の計算

居住部分に対応する敷地所有権の面積は、居住部分に対応する土地の面積から、敷地利用権の面積を控除して求めます（措令40条の2第6項、措通69の4−1の2）。

【算式D：居住部分に対応する敷地利用権の面積】

居住部分に対応する
土地の面積150㎡（算式A ※1）　−　敷地利用権の面積50㎡（算式A）＝100㎡

---

❹　配偶者が取得する敷地利用権の本特例の適用

敷地利用権はすべて居住部分に対応するものとされ、特定居住用宅地等として本特例の適用があります。

本事例では、敷地利用権の面積は50㎡です。この50㎡すべてに本特例を適用する場合、敷地利用権の相続税評価額5,000,000円の20％相当である1,000,000円には相続税が課税され、80％相当である4,000,000円には相続税が課税されません。

❺　非同居、かつ、生計別親族の長男が取得する敷地所有権の本特例の適用

⑴　貸付部分に対応する敷地所有権

長男が相続税の申告期限までの間、貸付を継続するなどの要件を満たす場合には、貸付事業用宅地等として本特例の適用があります。

本事例では、貸付部分に対応する敷地所有権の面積が150㎡です。この150㎡すべてに本特例を適用する場合、貸付部分に対応する敷地所有権の相続税評価額11,850,000円の50％相当である5,925,000円には相続税が課税され、50％相当である5,925,000円には相続税が課税されません。

⑵　居住部分に対応する敷地所有権

　被相続人の同居親族がいるため、特定居住用宅地等の要件を満たしません。

　よって、本特例の適用はありません。

❻　本事例における小規模宅地等の評価減の特例のまとめ

2F	居住部分	配偶者居住権：配偶者
		建物所有権：長男／居住：配偶者
1F	貸付部分	建物所有権：長男
		貸付事業：長男

居住部分	2F 対応の敷地利用権：配偶者	（50㎡）本特例の適用あり、80% 評価減
	2F 対応の敷地所有権：長男	（100㎡）本特例の適用なし
貸付部分	1F 対応の敷地所有権：長男	（150㎡）本特例の適用可能性あり、50% 評価減

小規模宅地等の評価減の事例④
賃貸併用住宅で空室がある場合

措法 69 条の 4
措令 40 条の 2 第 6 項

Q 被相続人が所有していた賃貸併用住宅は、2 F 部分は 2 室あり、1 室は第三者に賃貸し、もう 1 室は空室となっていましたが、1 F 部分には被相続人とその配偶者が居住していました。

遺産分割により、配偶者が配偶者居住権および敷地利用権を取得しました。また、非同居かつ別生計親族である長男が賃貸併用住宅の建物および敷地所有権を取得しました。なお、不動産賃貸業は長男が引き継ぎました。

この場合、各人が取得する財産について小規模宅地等の評価減の特例は適用できますか。

Point

- 配偶者が取得する敷地利用権は、居住部分と空室部分に対応するものとされます。敷地利用権のうち居住部分に対応する部分については、特定居住用宅地等として小規模宅地等の評価減の特例の適用がありますが、空室部分に対応する部分については、小規模宅地等の評価減の特例は適用できません。
- 長男が取得する敷地所有権のうち、空室部分を除いた賃貸事業の用に供されている部分は、貸付事業用宅地等として小規

模宅地等の評価減の特例の適用があります。

❶ 前提条件

本問については、具体的な設例を使って説明します。前提条件を整理します。

(1) 相続人

相続人は次の2人です。

・被相続人と同居している配偶者
・被相続人と同居していない別生計親族である長男

＜親族関係図＞

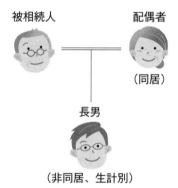

(2) 賃貸併用住宅の利用状況および遺産分割

賃貸併用住宅は、2F部分は2室あり、1室は第三者に賃貸し、もう1室は空室となっていました。1F部分には被相続人とその配偶者が居住していました。

遺産分割により、配偶者が配偶者居住権および敷地利用権を取得し、非同居かつ別生計親族である長男が賃貸併用住宅の建物および敷

地所有権を取得しました。なお、不動産賃貸業は長男が引き継ぎました。

　土地の相続税評価額は57,300,000円でしたが、配偶者居住権設定後の評価額は、敷地利用権15,000,000円、敷地所有権42,300,000円となりました。

　利用区分ごとの面積や評価額は下図の通りです。

　＜賃貸併用住宅の利用状況および遺産分割後の状況＞

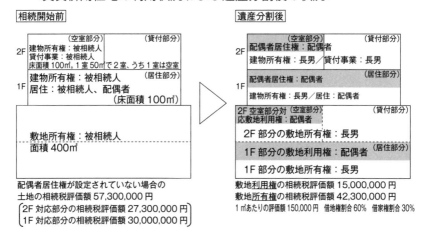

❷　空室ありの賃貸併用住宅に対する配偶者居住権の効力および財産評価等への影響

　本章❺で記載したとおり、配偶者居住権を設定しても、原則として賃貸併用住宅のうち相続開始の前から賃貸している部分については、権利を主張することができません。このため、配偶者居住権やその敷地利用権（以下、❻において「配偶者居住権等」という）は、貸付部分に対応するものは存在しないと考えます。

　これに対して、空室部分は賃借人に権利が主張できないとはいえないため、配偶者居住権に基づき使用収益が可能と解されます。

　すなわち、空室ありの賃貸併用住宅に配偶者居住権を設定した場合、居住部分だけでなく空室部分にも配偶者居住権等が存在すると考

え、財産評価や小規模宅地等の評価減の特例計算（以下、⑥において「本特例」という。）を行います（措通 69 の 4 - 24 の 2 ）。

❸ 利用区分に応じた敷地利用権および敷地所有権の按分

　配偶者居住権を設定した空室ありの賃貸併用住宅に本特例を適用する場合、相続税評価額および面積について、敷地所有権部分と敷地利用権部分に分けるだけでなく、貸付部分、空室部分、居住部分にも分ける必要があります。

　これは、貸付部分に対応する敷地所有権は貸付事業用宅地等に、居住部分に対応する敷地所有権・敷地利用権は特定居住用宅地等に該当する可能性があり、本特例を分けて計算するためです。

　具体的には、下記のように計算します。

(1) 空室部分に対応する敷地利用権
① 相続税評価額の計算

　空室部分に対応する敷地利用権の相続税評価額は、敷地利用権の相続税評価額に、空室部分および居住部分に対応する土地面積のうちに占める空室部分に対応する土地面積の割合を乗じ求めます。

【算式Ａ：空室部分に対応する敷地利用権の相続税評価額】

$$\text{敷地利用権の相続税評価額} \times \frac{\text{空室部分に対応する土地面積100㎡（※1）}}{\text{空室部分および居住部分に対応する土地面積300㎡（※2）}} = 5{,}000{,}000\text{円}$$
（15,000,000円）

（※1）空室部分に対応する土地面積

$$\text{土地面積}_{400㎡} \times \frac{\text{空室部分に対応する建物床面積50㎡}}{\text{建物総床面積200㎡}} = 100㎡$$

（※2）空室部分および居住部分に対応する土地面積

$$\text{土地面積}_{400㎡} \times \frac{\text{空室部分および居住部分に対応する建物床面積150㎡}}{\text{建物総床面積200㎡}} = 300㎡$$

---

②　面積の計算

　空室部分に対応する敷地利用権の面積は、空室部分に対応する土地面積に、空室部分に対応する土地の相続税評価額のうちに占める敷地利用権の相続税評価額の割合を乗じて求めます（措令40条の2第6項、措通69の4-1の2）。

【算式B：空室部分に対応する敷地利用権の面積】

空室部分に対応する
土地面積100㎡（算式A※1）　×　$\dfrac{\text{空室部分に対応する敷地利用権の相続税評価額5,000,000円（算式A）}}{\text{空室部分に対応する土地の相続税評価額15,000,000円（※3）}}$　= 33.33㎡

（※3）空室部分に対応する土地の相続税評価額
　　　　1㎡あたりの評価額150,000円　×　空室部分に対応する土地面積100㎡ = 15,000,000円

---

(2)　居住部分に対応する敷地利用権

①　相続税評価額の計算

　居住部分に対応する敷地利用権は、敷地利用権の相続税評価額に、空室部分および居住部分に対応する土地面積のうちに占める居住部分に対応する土地面積の割合を乗じ求めます。

【算式C：居住部分に対応する敷地利用権の相続税評価額】

敷地利用権の
相続税評価額　×　$\dfrac{\text{居住部分に対応する土地面積200㎡（※4）}}{\text{空室部分および居住部分に対応する土地面積300㎡（算式A※2）}}$　= 10,000,000円
15,000,000円

（※4）居住部分に対応する土地面積
　　　　土地面積　×　$\dfrac{\text{居住部分に対応する建物床面積100㎡}}{\text{建物総床面積200㎡}}$　= 200㎡
　　　　400㎡

---

②　面積の計算

　居住部分に対応する敷地利用権の面積は、居住部分に対応する土地面積に、居住部分に対応する土地の相続税評価額のうちに占める敷地利用権の相続税評価額の割合を乗じて求めます（措令40条の2第6項、措通69の4-1の2）。

【算式D：居住部分に対応する敷地利用権の面積】

居住部分に対応する
土地面積200㎡（算式C※4） × $\dfrac{\text{居住部分に対応する敷地利用権の相続税評価額10,000,000円（算式C）}}{\text{居住部分に対応する土地の相続税評価額30,000,000円（※5）}}$ = 66.66㎡

（※5）居住部分に対応する土地の相続税評価額
1㎡あたりの評価額150,000円×居住部分に対応する土地面積200㎡（算式C※4）＝30,000,000円

(3) 空室部分に対応する敷地所有権

① 相続税評価額の計算

空室部分に対応する敷地所有権の相続税評価額は、空室部分に対応する土地の相続税評価額から、空室部分に対応する敷地利用権の相続税評価額を控除して求めます。

【算式E：空室部分に対応する敷地所有権の相続税評価額】

空室部分に対応する　　　　　　空室部分に対応する
土地の相続税評価額（算式B※3） − 敷地利用権の相続税評価額（算式A）＝10,000,000円
　　15,000,000円　　　　　　　　　5,000,000円

② 面積の計算

空室部分に対応する敷地所有権の面積は、空室部分に対応する土地面積に、空室部分に対応する土地の相続税評価額のうちに占める敷地所有権の相続税評価額の割合を乗じて求めます（措令40の2⑥、措通69の4−1の2）。

【算式F：空室部分に対応する敷地所有権の面積】

空室部分に対応する
土地面積100㎡（算式A※1） × $\dfrac{\text{空室部分に対応する敷地所有権の相続税評価額10,000,000円（算式E）}}{\text{空室部分に対応する土地の相続税評価額15,000,000円（算式B※3）}}$ = 66.66㎡

(4) 居住部分に対応する敷地所有権

① 相続税評価額の計算

居住部分に対応する敷地所有権の相続税評価額は、居住部分に対応する土地の相続税評価額から、居住部分に対応する敷地利用権の相続税評価額を控除して求めます。

【算式G：居住部分に対応する敷地所有権の相続税評価額】

居住部分に対応する
土地の相続税評価額（算式D ※5）
30,000,000円
− 居住部分に対応する
敷地利用権の相続税評価額（算式C）
10,000,000円
= 20,000,000円

②　面積の計算

居住部分に対応する敷地所有権の面積は、居住部分に対応する土地面積に、居住部分に対応する土地の相続税評価額のうちに占める敷地所有権の相続税評価額の割合を乗じて求めます（措令40条の2第6項、措通69の4−1の2）。

【算式H：居住部分に対応する敷地所有権の面積】

$$\text{居住部分に対応する土地面積200㎡（算式C ※4）} \times \frac{\text{居住部分に対応する敷地所有権の相続税評価額20,000,000円（算式G）}}{\text{居住部分に対応する土地の相続税評価額30,000,000円（算式D ※5）}} = 133.33㎡$$

(5)　貸付部分に対応する敷地所有権

①　相続税評価額の計算

貸付部分に対応する敷地所有権の相続税評価額は、1㎡あたりの評価額に、貸付部分に対応する土地面積を乗じ、借地権割合等を考慮して計算します。

【算式 I ：貸付部分に対応する敷地所有権の相続税評価額】

1㎡あたりの評価額150,000円×貸付部分に対応する土地面積100㎡（※6）×(1−借地権割合0.6×借家権割合0.3) = 12,300,000円

（※6）貸付部分に対応する土地面積

$$\text{土地面積}{400㎡} \times \frac{\text{貸付部分に対応する建物床面積50㎡}}{\text{建物総床面積200㎡}} = 100㎡$$

②　面積の計算

土地面積に、建物総床面積のうちに占める貸付部分に対応する建物床面積の割合を乗じ求めます。（算式 I ※6参照）

❹ 配偶者が取得する敷地利用権の本特例の適用

　居住部分に対応する敷地利用権は、特定居住用宅地等として本特例の適用があります。

　本事例では、居住部分に対応する敷地利用権の面積が66.66㎡です。この66.66㎡すべてに本特例を適用する場合、居住部分に対応する敷地利用権の相続税評価額10,000,000円（算式C）の20%相当である2,000,000円には相続税が課税され、80%相当である8,000,000円には相続税が課税されません。

　なお、空室部分に対応する敷地利用権は、特定居住用宅地等や貸付事業用宅地等の要件を満たさず、本特例の適用はありません。

❺ 非同居、かつ、生計別親族の長男が取得する敷地所有権の本特例の適用

⑴ 貸付部分に対応する敷地所有権

　長男が相続税の申告期限までの間、賃貸を継続するなどの要件を満たす場合には、貸付事業用宅地等として本特例の適用があります。

　本事例では、貸付部分に対応する敷地所有権の面積が100㎡です。この100㎡すべてに本特例を適用する場合、貸付部分に対応する敷地所有権の相続税評価額12,300,000円（算式I）の50%相当である6,150,000円には相続税が課税され、50%相当である6,150,000円には相続税が課税されません。

⑵ 空室部分および居住部分に対応する敷地所有権

　特定居住用宅地等や貸付事業用宅地等の要件を満たさず、本特例の適用はありません。

❻　本事例における小規模宅地等の評価減の特例のまとめ

2F	（空室部分） 配偶者居住権：配偶者	（貸付部分）
	建物所有権：長男／貸付事業：長男	

1F	（居住部分） 配偶者居住権：配偶者
	建物所有権：長男／居住：配偶者

2F 空室部分対応の 敷地利用権：配偶者 ※1（空室部分）	（貸付部分）
2F 部分の敷地所有権：長男（※2）	
1F 部分の敷地利用権：配偶者（※3）（居住部分）	
1F 部分の敷地所有権：長男（※4）	

※1　(33.33㎡)本特例の適用なし

※2　(100㎡＋66.66㎡)貸付部分対応は本特例の適用可能性あり、50％評価減

※3　(66.66㎡)本特例の適用あり、80％評価減

※4　(133.33㎡)本特例の適用なし

法務コラム

配偶者居住権の敷地利用権とは？

　税法上、配偶者居住権を有する配偶者は、敷地利用権を有するものとして評価がされることになっています。この敷地利用権とは何でしょうか。そもそも配偶者居住権の根拠となっている民法では「居住建物の全部について無償で使用及び収益をする権利」（1029条）と規定されあくまで建物に対する権利とされており、敷地利用権という言葉は出てきません。

　ただ、建物は土地の上に存在している以上、配偶者居住権を有する配偶者も何らかの形で土地を利用しています。

　この点、建物賃貸借契約に関する建物賃借人の敷地の使用が問題となった東京高判昭和34年4月23日判タ92号50頁では「住宅に使用するための家屋の賃貸借契約において、その家屋に居住し、これを使用するため必要な限度でその敷地の通常の方法による使用が随伴することは当然であって、この

場合その敷地の占有使用につきことさらに賃貸人の同意を得る必要はない。然しながら飽く迄も賃借家屋の使用占有に伴うもの、言い換えれば本来の目的たる家屋の使用を占有する上において常識上当然に必要とされる程度に限られるものと言わなければならない。」とされています。配偶者居住権の敷地利用権もこのような性質のものといえるかもしれません。

　注意が必要なのは、配偶者居住権を設定する際に設けた存続期間について、配偶者が敷地に対して独自の権利を持つものではないということです。例えば終身の存続期間を設けて配偶者居住権を設定したとしても、敷地が定期借地契約となっていて5年後に返還しなければならない場合には、敷地所有者は建物所有者や配偶者居住権を有する配偶者に5年後に土地を明け渡すよう求めることができます。終身の配偶者居住権を設定したのだから、当然に終身の敷地利用権があるということにはならないのです。

第2部　税務編

第3章　配偶者居住権が存続期間中に消滅した場合の取扱い

1 配偶者居住権が消滅した場合の税務上の取扱い

相基通 9-13 の 2
措通 31・32 共 -1

Q 配偶者居住権が消滅した場合の税務上の取扱いについて教えてください。

Point

- 配偶者居住権が、配偶者の死亡、存続期間の満了、居住建物の全部滅失等による事由により消滅した場合には、配偶者や自宅建物とその敷地の所有者（以下第 3 章において「建物等所有者」という。）に税負担はありません。

- 配偶者居住権が、配偶者と建物等所有者との間の合意解除、配偶者による放棄、建物等所有者からの消滅請求の事由により消滅した場合に、建物等所有者が対価を支払わなかった、または、著しく低い対価しか支払わなかったときには、建物等所有者に贈与税が課税されます。

- 配偶者居住権の消滅につき、配偶者が建物等所有者から対価を受けた場合には、配偶者に総合課税による譲渡所得税が課税されます。

❶ 概　要

　配偶者居住権は、配偶者が長期間、安定的に住居を確保するための権利であるため、その存続期間は原則として配偶者の終身の間とされています。しかし、長期的に考えれば、配偶者が介護施設へ入所することにより配偶者居住権が必要なくなる、または、配偶者が第三者に無断賃貸するなど違反をしたことにより建物等所有者から消滅請求される、という可能性がないとも限りません。もしかすると、地震により居住建物が滅失するかも知れません。

　ここでは、そのようなケースにおいて、配偶者居住権が消滅した場合の課税関係について説明します。なお、配偶者居住権の消滅事由の詳細については、**法務編第２章16**をご参照ください。

❷ 税負担がない場合

　配偶者居住権の存続期間は原則として配偶者の終身とされていますが、遺産分割等により期間を定めることもできます。この存続期間の満了により、配偶者居住権は消滅します。また、配偶者居住権が設定された居住建物の全部が滅失した場合にも、配偶者居住権は消滅することとされています。これらの場合、その消滅の時に当初設定した配偶者居住権に基づく建物の使用収益が完了し、配偶者から建物等所有者へ移転する経済的価値は存在しないと考えられるため、贈与とはみなされません。よって、配偶者にも建物等所有者にも税負担は生じないこととなります（相基通９-13の２）。

❸ 贈与税が課税される場合

　配偶者居住権は、定められた存続期間の延長や更新はできないと解

されています。一方、配偶者と建物等所有者との間の合意もしくは配偶者による放棄、または建物等所有者の意思表示によって、配偶者居住権の存続期間の終了前に配偶者居住権を消滅させることができることとされています。建物等所有者の意志表示によって配偶者居住権を消滅させることができるのは、配偶者が建物等所有者の承諾なく第三者に居住建物の賃貸を行うなどの違反があった場合です。

　これらの事由により、配偶者居住権の存続期間の満了前に配偶者居住権が消滅することとなった場合において、建物等所有者がその対価を支払わなかった、または、著しく低い対価しか支払わなかったときには、適正な対価の支払いなしに、建物等所有者は当初予定されていた存続期間の満了を待たず居住建物等の使用収益ができることとなります。すなわち、配偶者から建物等所有者へ居住建物等を使用収益する権利が移転したものと考えられます。このため、建物等所有者が、配偶者が有していた配偶者居住権の価額に相当する利益の額または土地を配偶者居住権に基づき使用する権利（以下、**第3章**において「**敷地利用権**」という。）の価額に相当する利益の額（対価の支払いがあった場合には、その価額を控除した金額）を、配偶者から贈与により取得したものとみなされます。よって、建物等所有者に贈与税が課税されることとなります（相基通9-13の2）。

❹　譲渡所得税が課税される場合

　配偶者が介護施設へ入所する等の事情により配偶者居住権が必要なくなった場合、配偶者居住権を譲渡することはできませんが、配偶者居住権の合意解除や放棄は可能と解されています。例えば、配偶者居住権が設定された居住建物の所有者がその対価を配偶者に支払い、配偶者居住権を消滅させることも可能と考えられます。合意解除が行われた場合には、事実上、配偶者居住権を有する者から建物等所有者に対する資産の譲渡と同じ効果が生じることになります。この点を踏ま

え、配偶者居住権の消滅につき対価の支払いを受けた場合には、その対価は、譲渡所得として所得税の課税対象となります。

なお、配偶者居住権が賃借権類似の法定債権の性質を有する点を踏まえ、配偶者居住権の譲渡は、賃借権の課税関係と同様に、総合課税の譲渡所得として課税すべきものとされています(措通31・32共－1)。

2 配偶者居住権の消滅につき、対価の支払いが なかった場合の課税関係

相基通9-13の2

Q 配偶者居住権を有している母が、介護施設に入所するため、配偶者居住権を放棄することになりました。この放棄に際して、自宅の所有者である私（子）は、母に対価を支払っていません。この場合、私（子）に対し贈与税が課税されますか。

Point

- 配偶者居住権の消滅時に子から母に対して対価の支払いがない場合には、子が母から配偶者居住権および敷地利用権の価額に相当する利益を贈与により取得したものとみなします。
- 質問のケースでは、配偶者居住権の放棄に際して、子が母に対価を支払っていないため、子に対して贈与税が課税されます。

❶ 税務上の取扱い

配偶者居住権の合意解除や放棄により配偶者居住権が消滅し、その際建物等所有者から配偶者に対して対価の支払いがなかった場合に

は、建物等所有者が、配偶者から配偶者居住権と敷地利用権（以下「配偶者居住権等」）の価額に相当する利益を贈与により取得したものとして取り扱います。このとき贈与を受けたものとされる金額は、配偶者居住権の価額に相当する金額と、敷地利用権の価額に相当する金額の合計金額です。なお、配偶者居住権等の価額は、相続税評価額に準ずることとされています（評価額の計算については**第4章1**を参照）。

　また、配偶者が建物等所有者に無断で第三者に自宅建物の賃貸を行うなど、用法遵守義務、善管注意義務に違反したことを理由として、建物等所有者の意思表示により配偶者居住権が消滅した場合も同様に、建物等所有者が配偶者から配偶者居住権等の価額に相当する利益を贈与によって取得したものとして取り扱います（相基通9-13の2）。

❷　質問のケース

　本問の場合には、配偶者居住権の放棄にあたり、建物等所有者である子から、配偶者居住権を有している母に対して対価の支払いがないことから、子が母から配偶者居住権等を贈与により取得したものとして、子に対して贈与税が課税されます。

配偶者居住権の消滅につき、対価の支払いが あった場合の課税関係

措通 31・32 共 - 1 ほか

Q 配偶者居住権を有している母が、介護施設に入所することになりました。これを機に配偶者居住権を、自宅所有者である私（子）へ譲渡（売却）したいと思っています。この場合の税金の取扱いはどうなりますか。

Point

- 配偶者居住権は譲渡できないため、母と子との間で配偶者居住権を合意解除することになります。
- 合意解除を行った際に対価の支払いがあった場合、母に対して総合課税による譲渡所得税が課税されます。
- 対価の額が時価よりも著しく低い場合には、その差額に対して子に贈与税が課税されます。
- 譲渡所得の計算上、所有期間の判定は、母が配偶者居住権を取得した時期にかかわらず、被相続人が自宅を購入した日から判定します。
- 居住用財産を譲渡した場合の3,000万円の特別控除の特例は受けられません。

❶ 配偶者にかかる税金の取扱い

　配偶者居住権は譲渡することができません（民法1032条２項）が、対価を得て合意解除することは可能です。配偶者が、配偶者居住権の設定されている建物等所有者から対価を得て合意解除し、配偶者居住権を消滅させた場合には、税務上は配偶者から建物等所有者に対して配偶者居住権の譲渡があったものと同様に扱い、配偶者に対して譲渡所得税が課税されます。

❷ 譲渡所得課税の取扱い

　配偶者居住権を消滅させた際の譲渡所得は、総合課税の対象となります。

　分離課税の譲渡所得となる資産は「土地若しくは土地の上に存する権利又は建物及びその付属設備若しくは構築物」または「事業又はその用に供する資産の譲渡に類するもののうち一定のもの」に限られており、賃借権類似の法定債権の性質を有する配偶者居住権はこれらに含まれていないことから、分離課税の譲渡所得にはなりません（措通31・32共‐１）。

　なお、総合課税の譲渡所得であるため、配偶者居住権の消滅については、3,000万円の特別控除や、通常の譲渡よりも低い税率で計算できるといった、居住用財産を譲渡した場合の特例の適用を受けることはできません。

❸ 総合課税の譲渡所得税額の計算方法

　総合課税の譲渡所得の金額は、次の算式によって計算します。
　　譲渡所得の金額　＝　譲渡価額　－　（取得費　＋　譲渡費用）　－　50万円（※）

※　譲渡益の合計額が50万円以下の場合は、その譲渡益の金額を限度とします。

　このとき、所有期間が5年を超えるかどうかで、総合課税の対象となる所得の金額が変わります。所有期間が5年以内の場合は短期譲渡所得に該当し、上記の算式で計算した金額のすべてが総合課税の対象となります。これに対して所有期間が5年を超える場合は長期譲渡所得に該当し、上記の算式で計算した金額を2分の1にした金額が総合課税の対象となります（所得税法22条、33条）。

　なお、配偶者居住権を消滅させた際に取得した収入金額が譲渡価額になり、配偶者居住権を消滅させるために支払った費用が譲渡費用となります。取得費については本章❹で詳しく説明します。

❹　総合課税の譲渡所得の所有期間の判定

　配偶者居住権等の所有期間の判定は、配偶者が配偶者居住権を取得した時期に関わらず、被相続人が配偶者居住権の目的となっている不動産を取得した日から行います。そのため、配偶者が配偶者居住権を取得した日から消滅した日までの期間が5年以内であっても、被相続人が自宅を取得した日から配偶者居住権の消滅した日までの期間が5年を超えている場合には、長期譲渡所得となります（所令82条2項、3項）。

❺　建物等所有者に対して課税されるケース

　配偶者居住権を消滅させた際に、建物等所有者が配偶者に対して支払った対価の額が時価に対して著しく低い場合には、時価と実際に支払った対価の額との差額部分について、建物等所有者に贈与税が課税されます（相基通9-13の2）。

❻ 質問のケース

　本問の場合には、配偶者居住権の消滅に際して、建物等所有者である子から配偶者居住権を有している母に対して対価の支払いがあるため、母に対して総合課税の譲渡所得税が課税されます。なお、子の支払った金額が配偶者居住権等の時価に対して著しく低い金額である場合には、その時価と支払額の差額部分について、子に贈与税が課税されます。

4 配偶者居住権の消滅にかかる 配偶者の総合譲渡所得の取得費

所得税法60条3項ほか

Q ③の場合、母に総合課税の譲渡所得税が課税されるとのことですが、譲渡所得の取得費の計算の仕方を教えてください。

Point

- 配偶者の総合譲渡所得の計算における配偶者居住権等の取得費は、配偶者居住権を設定した時点での配偶者の取得費相当額から、配偶者居住権の設定から消滅までの間に減少した権利に相当する金額を控除して計算します。
- 消滅の際の対価の5％を取得費とすることもできます。
- 配偶者居住権を設定した父の相続において母に相続税が課税されていた場合には、他の要件も満たしていれば相続財産を譲渡した場合の取得費加算の特例が適用できます。

❶ 取得費の計算

(1) 配偶者居住権の取得費の計算

① 概　要

　相続または遺贈により取得した財産を譲渡した際の取得費の計算
では、被相続人が取得した日、取得した金額を引き継ぐものとされ
ています（所得税法60条1項）。

　本問のように、合意解除によって配偶者居住権が消滅した場合の
総合譲渡所得の計算における配偶者居住権の取得費は、㋐の金額か
ら㋑の金額を控除して計算します。

　㋐　配偶者居住権設定時点での取得費相当額

　　被相続人から引き継いだ建物の取得費相当額に、相続開始時
　点の建物の相続税評価額（配偶者居住権設定前）に占める配偶
　者居住権の相続税評価額の割合を乗じて計算（所令169条の2
　第1項）

　㋑　配偶者居住権の設定から消滅までの間に減少した権利の額

　　㋐の金額に配偶者居住権の存続年数（※）に占める配偶者居
　住権の設定時から消滅時までの年数の割合を乗じて計算（所令
　169条の2第2項）

　※　存続年数とは、遺言書や分割協議書で定められている場合には
　　その年数とし、終身の場合または定められた年数が配偶者居住権
　　設定時の配偶者の平均余命（厚生労働省の作成に係る完全生命表
　　に掲げる年齢および性別に応じた年数）を超える場合には平均余
　　命の年数とします（相令5条の7第3項）。

② 計算式

　配偶者居住権の取得費は、次の算式により計算した金額です。

$$\text{配偶者居住権の取得費} = \text{設定時の配偶者居住権の取得費(⑦)} - \text{消滅時までの減価の額(⑦)}$$

$$⑦ = \left\{ \begin{array}{c} \text{被相続人の自宅建物の購入・建築代金相当額} \end{array} - \begin{array}{c} \text{被相続人の取得から配偶者居住権設定時点までの償却費相当額} \end{array} \right\} \times \dfrac{\text{相続発生時点の配偶者居住権部分の相続税評価額}}{\text{相続発生時点の自宅建物の相続税評価額}}$$

$$⑦ = ⑦ \times \left\{ \dfrac{\text{配偶者居住権の設定時から消滅時までの年数(※1)}}{\text{配偶者居住権の存続年数(※1)}} \right\}^{(※2)}$$

※１　端数が６か月以上の場合には１年とし、端数が６か月未満の場合には切捨て

※２　この割合が１を超えるときは、１とする

③　イメージ図

配偶者居住権の取得費のイメージは次の通りです。

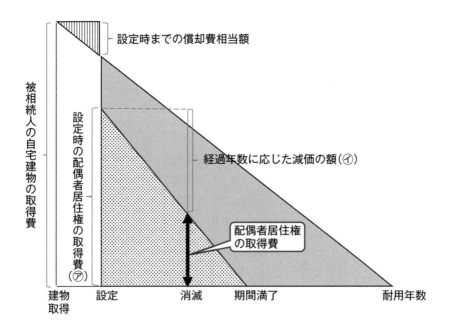

(2)　敷地利用権の取得費

①　概　要

　相続または遺贈により取得した財産を譲渡した際の取得費の計算
では、被相続人が取得した日、取得した金額を引き継ぐものとされ
ています（所法60条１項）。

　本問のように、合意解除によって配偶者居住権が消滅した場合の
総合譲渡所得の計算における敷地利用権の取得費は、㋐の金額か
ら、㋑の金額を控除して計算します。

　㋐　配偶者居住権設定時点での取得費相当額

　　　被相続人から引き継いだ土地等の取得費相当額に、相続開始
　　時点での土地等の相続税評価額に占める敷地利用権の相続税評
　　価額の割合を乗じて計算（所令169条の２第３項）

　㋑　配偶者居住権の設定から消滅までの間に減少した権利の額

　　　㋐の金額に配偶者居住権の存続年数（※）に占める配偶者居
　　住権の設定時から消滅時までの年数の割合を乗じて計算（所令
　　169条の２第４項）

　※　存続年数とは、遺言書や分割協議書で定められている場合には
　　その年数とし、終身の場合または定められた年数が配偶者居住権
　　設定時の配偶者の平均余命（厚生労働省の作成に係る完全生命表
　　に掲げる年齢および性別に応じた年数）を超える場合には平均余
　　命の年数とします（相令５条の７第３項）。

②　計算式

　敷地利用権の取得費は、次の算式により計算した金額です。

$$\frac{敷地利用権}{の取得費} = \frac{設定時の敷地}{利用権の取得費（㋐）} - \frac{消滅時までの}{減価の額（㋑）}$$

$$㋐ = 被相続人の自宅敷地の取得費相当額 \times \frac{相続発生時点の敷地利用権部分の相続税評価額}{相続発生時点の自宅敷地の相続税評価額}$$

$$ ⑦ \quad = \quad ⑦ \quad \times \quad \left\{ \frac{\text{配偶者居住権の設定時から}}{\text{配偶者居住権の存続年数（※1）}} \right\} \text{（※2）} $$

※1　端数が6か月以上の場合には1年とし、端数が6か月未満の場合には切捨て

※2　この割合が1を超えるときは、1とする

③　**イメージ図**

敷地利用権の取得費のイメージは次の通りです。

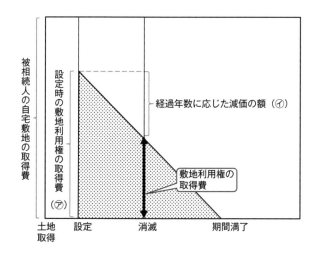

❷　**具体例**

上記で説明した内容を具体例を使って説明します。

(1)　**前　提**

具体例の前提は以下の通りです。

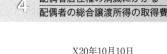

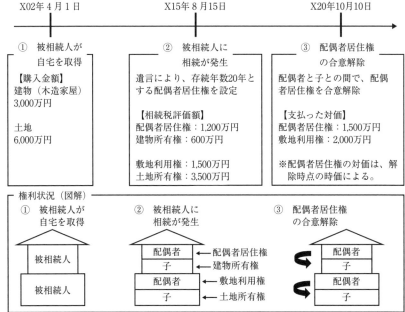

(2) 配偶者居住権の取得費

配偶者居住権の取得費の計算は以下の通りです。

＜取得費の計算＞

記号	項　目	算式等	金額
A	被相続人の取得費		30,000,000円
B	被相続人の取得日から配偶者居住権設定時点までの旧定額法による償却費相当額	A×0.9×0.031（※）×13年＝	10,881,000円
C	相続発生時点の配偶者居住権の取得費相当額	$(A-B) \times \dfrac{12,000,000円}{12,000,000円＋6,000,000円}＝$	12,746,000円
D	設定時点から消滅時点までの期間経過による権利減少額	$C \times \dfrac{5年}{20年}＝$	3,186,500円
F	配偶者居住権の取得費	C－D＝	9,559,500円

※　非業務用の木造家屋の耐用年数：22年×1.5＝33年⇒旧定額法の償却率0.031

＜期間の計算＞

項　目	対象期間	期　間
被相続人の取得から配偶者居住権設定時点までの経過年数	X02年4月1日から X15年8月15日まで	13年（6か月未満切捨て）
配偶者居住権設定時から消滅時点までの経過年数	X15年8月15日から X20年10月10日まで	5年（6か月未満切捨て）

(3)　敷地利用権の取得費

敷地利用権の取得費の計算は以下の通りです。

＜取得費の計算＞

記号	項　目	算式等	金額
A	被相続人の取得費		60,000,000円
B	相続発生時点の敷地利用権の取得費相当額	$A \times \dfrac{15{,}000{,}000円}{15{,}000{,}000円 + 35{,}000{,}000円} =$	18,000,000円
C	設定時点から消滅時点までの期間経過による権利減少額	$B \times \dfrac{5年}{20年} =$	4,500,000円
D	敷地利用権の取得費	B − C =	13,500,000円

＜期間の計算＞

項　目	対象期間	期間
配偶者居住権設定時から消滅時点までの経過年数	X15年8月15日から X20年10月10日まで	5年（6か月未満切捨て）

❸　取得に要した費用の金額がある場合

取得費を計算するうえで、土地建物の取得、配偶者居住権の設定に際して発生した手数料、不動産取得税、登録免許税等の通常必要と認められる費用がある場合には、すでに必要経費に算入された金額を除いて、取得費に算入することができます。

❹ 概算取得費について

　配偶者居住権と敷地利用権の取得費を計算するにあたり、被相続人の取得費が不明な場合や、算出した取得費が消滅の際の対価の5％相当額未満となる場合には、配偶者居住権と敷地利用権の消滅対価の5％相当額を取得費とすることができます（所基通60-5）。

❺ 相続税の取得費加算の特例について

　父から配偶者居住権を相続した際、母に相続税が課税されていた場合、他の要件も満たしていれば、相続財産を譲渡した場合の取得費加算の特例が適用できます。取得費加算の特例とは、相続または遺贈により取得した土地などの財産を、相続が開始した日の翌日から相続税の申告期限の翌日以後3年を経過する日までの間に譲渡した場合には、その相続に係る相続税額のうち一定の額を、譲渡した資産の取得費に加算することができるという特例です（措法39条）。
　取得費に加算する相続税額は、次の算式で計算します。

$$その者の相続税額 \times \frac{その者の相続税の課税価格の計算の基礎とされたその譲渡した財産の価額}{その者の相続税の課税価格 + その者の債務控除額} = 取得費に加算する金額$$

5 配偶者居住権の消滅後、子が土地建物を売却する場合の取扱い

所得税法 33 条ほか

Q 配偶者居住権を有している母が、介護施設に入所することになりました。自宅には所有者である私（子）は住んでいないため、配偶者居住権を解消した上で、自宅を譲渡（売却）しようと考えています。この場合の税金の取扱いを教えてください。

Point

- 配偶者居住権を消滅させた際に、子から母に対し対価の支払いがない、または著しく低い対価の支払いしかない場合は、子に贈与税が課税されます。
- 母が子から対価を受領している場合は、母に総合課税の譲渡所得税が課税されます。
- 配偶者居住権を消滅させた後に、子が自宅を譲渡した場合には、子に対して分離課税の譲渡所得税が課税されます。
- 所有期間の判定は、消滅した配偶者居住権部分も含めて、被相続人が自宅を購入した日から判定し、取得価額も被相続人の取得価額を引き継ぎます。

❶　配偶者居住権の譲渡

　配偶者居住権は譲渡できない（民法1032条2項）ため、配偶者居住権が設定された自宅建物とその敷地を譲渡する方法としては、1つめは、まず配偶者と建物等所有者との合意解除により、配偶者居住権を消滅させた後に建物等所有者が譲渡する方法が考えられます。2つめは、配偶者が建物等所有者から自宅建物とその敷地を買い取り（こうすることで配偶者居住権は消滅します。）、その上で配偶者が自宅建物とその敷地を譲渡する方法が考えられます。ここでは、前者の、配偶者居住権を合意解除した後に自宅を譲渡するケースについて説明します。配偶者が建物等所有者から自宅建物とその敷地を買い取るケースは本章❽をご覧ください。

❷　税務上の取扱い

(1)　配偶者居住権の消滅時の取扱い
　配偶者居住権の存続期間終了前に、放棄や合意解除等により配偶者居住権を消滅させるにあたり、建物等所有者が配偶者に対し対価を支払わない場合または著しく低い対価しか支払わない場合には、建物等所有者に対して贈与税が課税されます（詳しくは本章❷をご参照ください）。また、配偶者が、配偶者居住権の合意解除等にあたり対価を受領した場合には、配偶者に対して総合課税の譲渡所得税が課税されます（詳しくは**本章❸**をご参照ください）。

(2)　自宅建物とその敷地を譲渡した時の取扱い
　配偶者居住権を消滅させた後に、建物等所有者が自宅建物とその敷地を譲渡した場合には、建物等所有者に対して分離課税の譲渡所得税が課税されます。

❸ 分離課税の譲渡所得の計算方法

分離課税の譲渡所得の金額は、次の算式によって計算します。

譲渡所得の金額＝譲渡価額－（取得費＋譲渡費用）

このとき、譲渡した年の1月1日時点での土地建物の所有期間が5年を超えるかどうかで税率が変わります。税率については次の図表の通りです。

所有期間	区　分	所得税率	住民税率	合　計
5年超	長期譲渡所得	15.315%	5％	20.315%
5年以内	短期譲渡所得	30.63%	9％	39.63%

❹ 所有期間の判定

配偶者居住権を消滅させた後に、建物等所有者がその自宅建物と敷地を譲渡した場合の所有期間は、建物等所有者が自宅建物等を取得した時期や配偶者居住権の消滅の時期に関わらず、被相続人が自宅建物とその敷地を取得した日から判定します（措通31・32共－7）。

❺ 質問のケース

本問の場合には、次の時点で課税されます。

① 配偶者居住権を消滅させた時点

母が配偶者居住権を無償で放棄した場合や、著しく低い対価で合意解除した場合には、建物等所有者である子に対して贈与税が課税されます。また、母が対価を得て配偶者居住権を合意解除した場合には、母に対して総合課税の譲渡所得税が課税されます。

② 配偶者居住権の消滅後に自宅を譲渡した時点

　放棄や合意解除により配偶者居住権は消滅しますので、子は自宅土地・建物の完全所有権を所有することになります。この自宅土地・建物を子が譲渡した場合、子に対して分離課税の譲渡所得税が課税されます。このときの所有期間は、被相続人が自宅建物とその敷地を取得した日から判定し、所有期間が5年を超える場合には長期譲渡所得、5年以内であれば短期譲渡所得となります。

対価を支払って配偶者居住権を消滅させた後、
子が土地建物を売却した場合の取得費

所得税法60条2項

Q ⑤のケースにおいて、子に譲渡所得税が課税される
とのことですが、その場合の取得費の計算の仕方を
教えてください。

Point

- 譲渡した自宅の取得費は、被相続人である父が自宅を取得した時の取得費から、父が自宅を取得してから子が自宅を譲渡するまでの償却費相当額および配偶者居住権の取得費に相当する金額を控除し、配偶者居住権を消滅させた際に子が母に対して支払った対価相当額を加算して算出します。

- 譲渡価額の5％相当額を取得費とすることもできます。

- 父から自宅を相続した際、子に相続税が課税されていた場合、他の要件も満たしていれば、相続財産を譲渡した場合の取得費加算の特例が適用できます。

❶ 取得費の計算について

(1) 配偶者居住権の消滅後に譲渡した建物の取得費

① 概　要

　相続または遺贈により取得した財産を譲渡した際の取得費の計算では、被相続人が取得した日、取得した金額をそれぞれ引き継ぐものとされています（所得税法60条1項）。

　本問のように、配偶者居住権を消滅させた後に、その自宅建物を譲渡した場合の建物の取得費の計算は、以下の㋐の金額に㋑の金額を加算して計算します。

　　㋐　譲渡時の建物の取得費（配偶者居住権の取得費控除後）

　　　　被相続人が取得したときの建物の取得費から、被相続人が建物を取得して以降、建物等所有者が建物を譲渡するまでの期間の償却費相当額および、配偶者居住権を消滅させた時点での配偶者居住権の取得費相当額を控除して計算

　　㋑　配偶者居住権の消滅対価相当額

　　　　配偶者居住権の消滅に際して配偶者に支払った対価の額から、配偶者居住権を消滅させた時以降、自宅を譲渡するまでの期間の償却費相当額を控除して計算

② 取得費の計算式

　建物の取得費は、次の算式により計算した金額です。

$$
\begin{array}{l}\text{譲渡時の}\\\text{自宅建物の}\\\text{取得費}\end{array} = \begin{array}{l}\text{譲渡時の建物の取得費（配偶者}\\\text{居住権の取得費控除後）（㋐）}\end{array} + \begin{array}{l}\text{配偶者居住権の}\\\text{消滅対価相当額（㋑）}\end{array}
$$

$$
㋐ = \underbrace{\left\{\begin{array}{l}\text{被相続人の}\\\text{自宅建物の}\\\text{購入・建築}\\\text{代金相当額}\end{array} - \begin{array}{l}\text{被相続人の取}\\\text{得から自宅建}\\\text{物譲渡時まで}\\\text{の償却費相当}\\\text{額}\end{array}\right\}}_{Ⓐ} - \begin{array}{l}\text{配偶者居住権が消滅した時の}\\\text{配偶者居住権の取得費相当額}\\\text{（※）Ⓑ}\end{array}
$$

275

$$⑦ = \frac{配偶者居住権の消滅の際に}{支払った金額} - \frac{配偶者居住権が消滅した日か}{ら自宅建物譲渡日までの期間}の償却費相当額$$

※　配偶者居住権の取得費相当額の計算方法は**本章❹**をご参照ください。

③　イメージ図

自宅建物の取得費イメージは次の通りです。

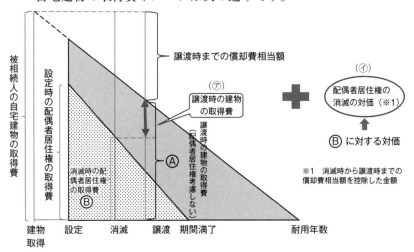

(2)　配偶者居住権の消滅後に譲渡した土地の取得費

①　概　要

　　相続または遺贈により取得した財産を譲渡した際の取得費の計算では、被相続人が取得した日、取得した金額を引き継ぐものとされています（所得税法60条1項）。

　　本問のように、配偶者居住権を消滅させた後に、自宅敷地を譲渡した場合の土地の取得費の計算は、被相続人が取得した時の土地の取得費から、配偶者居住権の消滅した時点での敷地利用権の取得費相当額を差し引いた後、敷地利用権の消滅に際して配偶者に支払った対価の額を加算して行います。

② 取得費の計算式

配偶者居住権等を消滅させた後に自宅を譲渡した際の土地の取得費は、次の算式により計算した金額です。

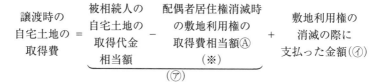

※ 敷地利用権の取得費相当額の計算方法は本章❹をご参照ください。

③ イメージ図

自宅土地の取得費のイメージは次の通りです。

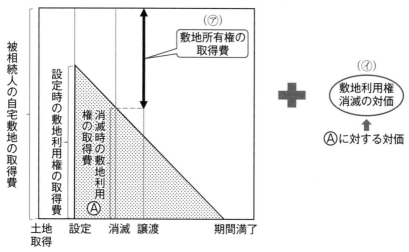

❷ 具体例

上記で説明した内容を、具体例を使って説明します。

(1) 前 提

具体例の前提は、以下の通りです。

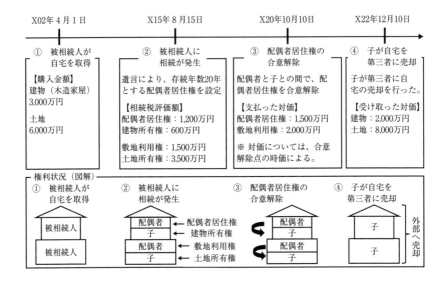

(2)　配偶者居住権消滅後に譲渡した自宅建物の取得費

自宅建物の取得費の計算は以下の通りです。

＜取得費の計算＞

記号		項　目	算式等	金　額
A	—	被相続人の取得費相当額		30,000,000円
B	取得費相当額 配偶者居住権の	被相続人の取得日から配偶者居住権設定時点までの旧定額法による償却費相当額	$A \times 0.9 \times 0.031（※）\times 13年 =$	10,881,000円
C		相続発生時点の配偶者居住権の取得費相当額	$(A-B) \times \dfrac{12,000,000円}{12,000,000円 + 6,000,000円} =$	12,746,000円
D		設定時点から消滅時点までの期間経過による権利減少額	$C \times \dfrac{5年}{20年} =$	3,186,500円
E		配偶者居住権の消滅時点の取得費相当額	$C - D =$	9,559,500円
F	する取得費 消滅に	配偶者居住権の消滅に際し支払った金額		15,000,000円
G	消滅に	配偶者居住権の消滅日から建物譲渡日までの旧定額法による償却費相当額	$F \times 0.9 \times 0.031（※）\times 2年 =$	837,000円
H	対価加算	配偶者居住権の消滅対価のうち建物譲渡の取得費に加算する金額	$F - G =$	14,163,000円

I		被相続人の建物取得日から建物を譲渡した日までの償却費相当額	A×0.9×0.031（※）×21年 =	17,577,000円
J		譲渡した建物の取得費	A−I−E+H =	17,026,500円

※　非業務用の木造家屋の耐用年数：22年×1.5＝33年　旧定額法の償却率0.031
配偶者居住権の取得費相当額の具体的な計算方法については本章❹参照

＜期間の計算＞

	対象期間	期　　間
被相続人の取得から配偶者居住権設定時点までの経過年数	X02年4月1日からX15年8月15日まで	13年（6か月未満切捨て）
配偶者居住権設定時から消滅時点までの経過年数	X15年8月15日からX20年10月10日まで	5年（6か月未満切捨て）
配偶者居住権消滅時から売却時点までの経過年数	X20年10月10日からX22年12月20日まで	2年（6か月未満切捨て）
被相続人の取得からから売却時点までの経過年数	X02年4月1日からX22年12月20日まで	21年（6か月超切り上げ）

(3)　配偶者居住権の消滅後に譲渡した土地の取得費

自宅土地の取得費の計算は以下の通りです。

＜取得費の計算＞

記号		項　　目	算式等	金　額
A		被相続人の取得費相当額		60,000,000円
B	取敷地利用権	相続発生時点の敷地利用権の取得費相当額	$A \times \dfrac{15,000,000円}{15,000,000円 + 35,000,000円} =$	18,000,000円
C	費利用権の	設定時点から消滅時点までの期間経過による権利減少額	$B \times \dfrac{5年}{20年} =$	4,500,000円
D	当権額の	配偶者居住権消滅時点の取得費相当額	B−C =	13,500,000円
E	加算額	敷地利用権の消滅に際し支払った金額		20,000,000円
F		譲渡した土地の取得費	A−D+E =	66,500,000円

敷地利用権の取得費相当額の具体的な計算方法については**本章❹**参照

＜期間の計算＞

	対象期間	期　間
配偶者居住権設定時から消滅時点までの経過年数	X15年8月15日から X20年10月10日まで	5年（6か月未満切捨て）

❸　取得に要した費用の金額がある場合

　取得費を計算するうえで、土地や建物の取得、配偶者居住権の消滅に際して発生した手数料、不動産取得税、登録免許税等の取得に通常必要と認められる費用がある場合には、すでに必要経費に算入された金額を除いて、取得費に算入することができます。

❹　概算取得費について

　自宅土地建物の取得費の計算をするにあたり、その取得費が不明な場合またはその取得費が譲渡価額の5％相当額未満となる場合には、自宅土地建物の譲渡価額の5％相当額を取得費とすることができます（措法31の4）。

❺　相続税の取得費加算の特例について

　父から自宅を相続した際に、子に相続税が課税されていた場合、他の要件も満たしていれば、相続財産を譲渡した場合の取得費加算の特例が適用できます（詳しくは**本章❹**参照）。

対価を支払わないで配偶者居住権を消滅させた
後、子が土地建物を売却した場合の取得費

措通 31・32 共-7、所基通 60-8

Q ⑤のケースにおいて配偶者居住権の解消を無償で
行ったうえで、子が土地建物を譲渡した場合、子の
譲渡所得の計算上、所有期間や取得費はどのようになります
か？

Point

- 配偶者居住権の合意解除や放棄を行ったうえで自宅の譲渡を
  行う際の所有期間は、合意解除等を行った配偶者居住権部分
  も含めて、被相続人が自宅を購入した日から譲渡を行った日
  までの期間により判定をします。
- 譲渡した自宅の取得費については、自宅に配偶者居住権が設
  定されていなかったものとして計算された、譲渡の時点での
  土地建物全体の取得費相当額となります。
- 子に相続税が課税されていた場合、他の要件も満たしていれ
  ば、相続財産を譲渡した場合の取得費加算の特例が適用でき
  ます。

❶　税務上の取扱い

(1)　配偶者居住権の消滅時の取扱い

　配偶者に対して対価を支払わずに配偶者居住権を消滅させた場合には、建物等所有者に対して贈与税が課されます（詳しくは**本章❷**参照）。

(2)　自宅建物とその敷地を譲渡した時の取扱い

　配偶者居住権を消滅させた後に、建物等所有者が自宅建物とその敷地を譲渡した場合には、建物等所有者に対して分離課税の譲渡所得税が課税されます。

❷　所有期間の判定

　配偶者居住権等を消滅させた後に、建物等の所有者が自宅建物とその敷地を譲渡した場合の所有期間は、配偶者居住権の消滅の時期にかかわらず、配偶者居住権の設定されていた部分を含めて、被相続人が自宅建物とその敷地を取得した日から判定します（措通31・32共 – 7）。

❸　取得費の計算

　配偶者居住権等の消滅に際して対価の支払いがなかった場合、配偶者居住権の消滅後に譲渡した自宅建物とその敷地の取得費は、最初から配偶者居住権を設定しなかったものとして計算した金額、つまり、被相続人から土地建物をそのまま相続したものとして計算した金額となります（所通60- 8 ）。

❹　相続税の取得費加算の特例について

　父から自宅を相続した際、子に相続税が課税されていた場合、他の
要件も満たしていれば、相続財産を譲渡した場合の取得費加算の特例
が適用できます（詳しくは**本章❹**参照）。

❺　質問のケース

　建物等所有者である子に対して分離課税の譲渡所得税が課されま
す。このときの所有期間の判定は、被相続人が自宅建物とその敷地を
取得した日から判定します。したがって、父が取得した日から、子が
譲渡した年の1月1日までの期間が5年超であれば、長期譲渡所得に
該当し、5年以下であれば短期譲渡所得に該当します。所有期間ごと
の税率は以下の通りです。

所有期間	区　分	所得税率	住民税率	合　計
5年超	長期譲渡所得	15.315%	5 %	20.315%
5年以内	短期譲渡所得	30.63%	9 %	39.63%

　取得費は、最初から配偶者居住権を設定しなかったものとして、つ
まり、被相続人の取得費をそのまま引き継いだものとして、計算しま
す。また、一定の要件を満たす場合には相続税の取得費加算の特例を
適用することができます。

配偶者が子から所有権を取得した後、自宅を売却する場合の課税関係

措法 35 条、措通 31-32 共 -8 ほか

Q このたび自宅を譲渡することになりました。自宅には配偶者居住権が設定されているため、母が子である私（建物等所有者）から自宅を購入した後、第三者に譲渡することになりました。この場合の税金の取扱いを教えてください。

Point

- 母が自宅の所有権を購入した後、その自宅を譲渡するため、まず子から母への自宅の所有権譲渡に対して、子に分離課税の譲渡所得税が課税されます。この場合の所有期間は、被相続人が自宅を購入した日からの期間で判定します。
- 母が行う自宅の譲渡については、母に分離課税の譲渡所得税が課税されます。この場合の所有期間は、配偶者居住権の取得の時期にかかわらず、子から自宅所有権を取得した日からの期間で判定します。
- 母が行う自宅の譲渡については、要件を満たしていれば、居住用財産の譲渡に関する各種特例を適用することができます。

❶ 配偶者居住権の譲渡

配偶者居住権は譲渡することができない（民法1032条第2項）ため、自宅建物とその敷地を譲渡するためには、はじめに配偶者居住権を消滅させて完全所有権に戻してから譲渡するケースと、配偶者が建物等所有者から建物とその敷地を買い取って、完全所有権を取得してから譲渡するケースが考えられます。ここでは、後者の、配偶者が建物等所有者から建物とその敷地を買い取るケースについて説明します。前者の、配偶者居住権を消滅させるケースは**本章❺**をご確認ください。

❷ 税務上の取扱い

⑴　母への自宅所有権の譲渡について

子から母への自宅土地建物所有権の譲渡により生じた利益がある場合には、子に対し、土地建物譲渡による分離課税の譲渡所得税が課税されます。

なお、分離課税の譲渡所得の金額は、次の算式によって計算します。

譲渡所得の金額＝譲渡価額−（取得費＋譲渡費用）

自宅の譲渡所得に対する税金は、給料や年金等の他の所得とは区分して計算します。また、適用する税率は、自宅の所有期間が譲渡した年の1月1日時点で5年を超えるかどうかにより異なります。

所有期間ごとの税率は、以下の通りです。

所有期間	区分	所得税率	住民税率	合　計
5年超	長期譲渡所得	15.315%	5 %	20.315%
5年以内	短期譲渡所得	30.630%	9 %	39.63%

　この場合の所有期間の判定については、被相続人が自宅土地建物を取得した日からの期間により行います（所得税法60条１項）。

(2)　母の第三者への自宅の譲渡について

　自宅所有権を取得した母が、第三者へ自宅土地建物を譲渡したことにより生じた利益がある場合には、母に対し、土地建物譲渡による分離課税の譲渡所得税が課税されます。

　所有期間ごとの税率については、前掲❷(1)に記載の取扱いと同様です。

　なお、この場合の所有期間の判定については、相続または遺贈により配偶者居住権を取得した時期にかかわらず、子から自宅土地建物の所有権を取得した日からの期間により行います（措通31・32共－8）。

(3)　居住用財産の譲渡に関する特例の適用について

　居住用財産を譲渡した場合には、所有期間の長短にかかわらず譲渡所得から最高3,000万円まで控除できる特例があります（措法35条）。

　譲渡した自宅の買手と売手が親子や夫婦等特殊な関係ではないことが要件の一つとなっているため、子から母への譲渡については、仮に子が譲渡する自宅に居住していたとしても、3,000万円控除の特例の適用はありません。

　一方で、母から第三者への譲渡に関しては、買手が特殊関係者ではないため、母が自宅に住んでいる、または住まなくなった日から３年を経過する日の属する年の年末までに売却する等一定の要件を満たす場合は、3,000万円控除の特例の適用があります。また、所有期間が10年を超える場合には、通常の譲渡よりも低い税率で計算できる軽減税率の特例の適用もあります。

所令169条の2第1項、2項、3項、4項、7項ほか

Q　⑧のケースにおいて、子に譲渡所得税が課税されるとのことですが、その場合の取得費の計算の仕方を教えてください。

Point

- 子の自宅所有権の取得費は、配偶者居住権等が設定されていなかったものとして計算した自宅譲渡時における自宅土地建物の取得費相当額から、配偶者居住権等の取得費相当額を控除した金額によります。
- 売却価額の5％を取得費とすることもできます。
- 子に相続税が課税されていた場合、他の要件も満たしていれば、相続財産を譲渡した場合の取得費加算の特例が適用できます。

❶　配偶者居住権等が設定されている自宅所有権の取得費の計算

⑴　建物所有権の取得費
　①　概　要

　相続または遺贈により取得した財産を譲渡した際の取得費の計算では、被相続人が取得した日、取得した金額をそれぞれ引き継ぐものとされています（所得税法60条1項）。

　ただし、取得した建物が、配偶者居住権の目的となっている建物（建物所有権）である場合には被相続人から引き継いだ建物の所有権譲渡時における取得費相当額から、建物所有権譲渡時における配偶者居住権の取得費相当額を控除して計算します（所得税法60条2項1号）。

　本問のように、建物所有権の譲渡により配偶者居住権が消滅した場合、建物所有権譲渡時における配偶者居住権の取得費相当額は、以下の㋐の金額から㋑の金額を控除して計算します。

　　㋐　配偶者居住権設定時点の配偶者居住権の取得費相当額

　　　　被相続人から引き継いだ建物の取得費相当額に、相続開始時点の建物の相続税評価額（配偶者居住権設定前）に占める配偶者居住権の相続税評価額の割合を乗じて計算した金額（所令169条の2第1項）

　　㋑　建物譲渡時点までに減少した権利の額

　　　　㋐の金額に配偶者居住権の存続年数（※）に占める配偶者居住権の設定時から消滅時までの年数の割合を乗じて計算した金額（所令169条の2第2項）

　※　存続年数とは、遺言書や分割協議書で定められている場合にはその年数とし、終身の場合または定められた年数が配偶者居住権設定時の配偶者の平均余命（厚生労働省の作成に係る完全生命表に掲げる年齢および性別に応じた年数）を超える場合には平均余命の年数とします（相令5条の7第3項）。

② **計算式**

建物所有権の取得費は、次の算式により計算した金額です。

$$\begin{array}{c}\text{建物所有権}\\\text{の取得費}\end{array} = \underbrace{\left\{\begin{array}{c}\text{被相続人の}\\\text{自宅建物の}\\\text{購入・建築}\\\text{代金相当額}\end{array} - \begin{array}{c}\text{被相続人の取}\\\text{得から建物所}\\\text{有権部分譲渡}\\\text{時点までの償}\\\text{却費相当額}\end{array}\right\}}_{\text{Ⓐ}} - \begin{array}{c}\text{配偶者居住権の取得費}\\(\text{⑦}-\text{④})\end{array}$$

$$\text{⑦} = \left\{\begin{array}{c}\text{被相続人の}\\\text{自宅建物の}\\\text{購入・建築}\\\text{代金相当額}\end{array} - \begin{array}{c}\text{被相続人の取}\\\text{得から配偶者}\\\text{居住権設定時}\\\text{点までの償却}\\\text{費相当額}\end{array}\right\} \times \dfrac{\begin{array}{c}\text{相続発生時点の配偶者居住権}\\\text{部分の相続税評価額}\end{array}}{\begin{array}{c}\text{相続発生時点の自宅建物の}\\\text{相続税評価額}\end{array}}$$

$$\text{④} = \text{⑦} \times \left\{\dfrac{\begin{array}{c}\text{配偶者居住権の設定時から}\\\text{消滅時までの年数(※1)}\end{array}}{\text{配偶者居住権の存続年数(※1)}}\right\}^{(※2)}$$

※1 端数が6か月以上の場合には1年とし、端数が6か月未満の場合には切捨て

※2 この割合が1を超えるときは、1とする

③ イメージ図

建物所有権の取得費の計算イメージは次のとおりです。

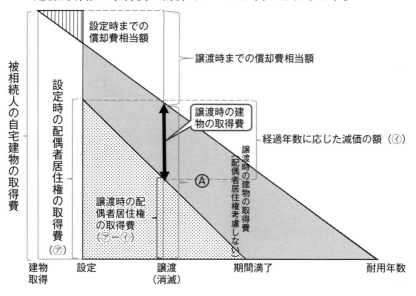

(2)　土地所有権の取得費

①　概　要

　相続または遺贈により取得した財産を譲渡した際の取得費の計算では、被相続人が取得した日、取得した金額をそれぞれ引き継ぐものとされています（所得税法60条1項）。

　ただし、取得した土地等が、配偶者居住権の目的となっている建物の敷地（土地所有権）である場合には、被相続人から引き継いだ土地等の取得費相当額から、敷地利用権の土地所有権譲渡時点の取得費相当額を控除して計算します（所得税法60条2項2号）。

　本問のように、土地所有権の譲渡により配偶者居住権が消滅した場合、土地所有権譲渡時点における敷地利用権の取得費相当額については、以下㋐の金額から㋑の金額を控除することにより計算します。

　　㋐　配偶者居住権設定時点の敷地利用権の取得費相当額
　　　被相続人から引き継いだ土地等の取得費相当額に、相続開始時点の土地等の相続税評価額に占める敷地利用権の相続税評価額の割合を乗じて計算した金額（所令169条の2第3項）
　　㋑　土地所有権譲渡時点までに減少した権利の額
　　　㋐の金額に配偶者居住権の存続年数（※）に占める配偶者居住権の設定時から消滅時までの年数の割合を乗じて計算した金額（所令169条の2第4項）
　　※　存続年数とは、遺言書や分割協議書で定められている場合にはその年数とし、終身の場合または定められた年数が配偶者居住権設定時の配偶者の平均余命（厚生労働省の作成に係る完全生命表に掲げる年齢及び性別に応じた年数）を超える場合には平均余命の年数とします（相令5条の7第3項）。

②　計算式

　土地所有権の取得費は、次の算式により計算した金額です。

$$\begin{array}{ccccc}
\text{土地所有権}\\
\text{の取得費}
\end{array}
=
\begin{array}{c}
\text{被相続人の}\\
\text{自宅敷地の}\\
\text{取得費相当額}
\end{array}
-
\begin{array}{c}
\text{譲渡時の敷地利用権の取得費}\\
(\text{⑦}-\text{⑦})
\end{array}$$

$$\text{⑦}
=
\begin{array}{c}
\text{被相続人の}\\
\text{自宅敷地の}\\
\text{取得費相当額}
\end{array}
\times
\dfrac{\text{相続発生時点の敷地利用権部分}\atop\text{の相続税評価額}}{\text{相続発生時点の自宅敷地}\atop\text{の相続税評価額}}$$

$$\text{⑦}
=
\text{⑦}
\times
\left\{\dfrac{\text{配偶者居住権の設定時から}\atop\text{消滅時までの年数（※1）}}{\text{配偶者居住権の存続年数（※1）}}\right\}^{(\text{※2})}$$

※1　端数が6か月以上の場合には1年とし、端数が6か月未満の場合
　　には切捨て

※2　この割合が1を超えるときは、1とする

③　イメージ図

土地所有権の取得費の計算イメージは次のとおりです。

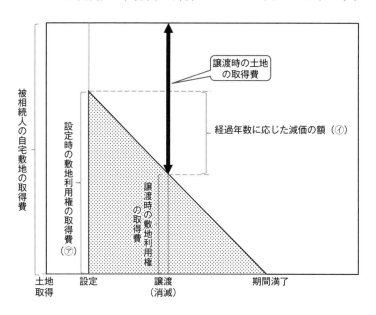

(3) 具体例

上記で説明した内容を、具体例を使って説明します。

① 前 提

具体例の前提は以下の通りです。

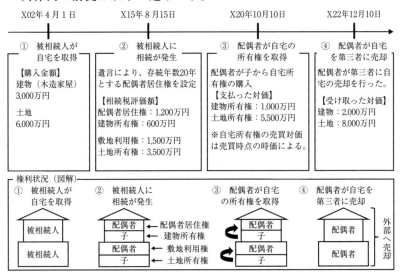

② 建物所有権

建物所有権の取得費の計算は、以下の通りです。

<取得費の計算>

記号	項　目	算式等	金　額
A	被相続人の取得費相当額		30,000,000円
B	被相続人の取得日から配偶者居住権設定時点までの旧定額法による償却費相当額	A ×0.9×0.031（注）×13年＝	10,881,000円
C	配偶者居住権設定時点の配偶者居住権の取得費相当額	$(A-B) \times \dfrac{12,000,000円}{6,000,000円 + 12,000,000円} =$	12,746,000円
D	配偶者居住権設定時点から消滅時点までの期間経過による権利減少額	$C \times \dfrac{5年}{20年（設定した存続年数）} =$	3,186,500円

E	被相続人の取得日から建物所有権譲渡時点までの旧定額法による償却費相当額	A　×　0.9×0.031（※）×19年 =	15,903,000円
F	建物所有権の取得費	（A−E）−（C−D）=	4,537,500円

※　非業務用の木造家屋の耐用年数：22年×1.5＝33年→旧定額法による償却率：0.031

＜期間の計算＞

項　目	対象期間	期　間
被相続人の取得時点から配偶者居住権設定時点までの経過年数	X02年4月1日からX15年8月15日まで	13年 （6か月未満切捨て）
配偶者居住権設定時点から消滅時点までの経過年数	X15年8月15日からX20年10月10日まで	5年 （6か月未満切捨て）
被相続人の取得時点から建物所有権譲渡時点までの経過年数	X02年4月1日からX20年10月10日まで	19年 （6か月以上切上げ）

③　土地所有権

土地所有権の取得費の計算は、以下の通りです。

＜取得費の計算＞

記号	項　目	算式等	金　額
A	被相続人の取得費相当額		60,000,000円
B	配偶者居住権設定時点の敷地利用権の取得費相当額	A× $\dfrac{15,000,000円}{35,000,000円 + 15,000,000円}$ =	18,000,000円
C	配偶者居住権設定時点から消滅時点までの期間経過による権利減少額	B× $\dfrac{5 年}{20年（設定した存続年数）}$ =	4,500,000円
D	土地所有権の取得費	A −（B−C）=	46,500,000円

＜期間の計算＞

項　目	対象期間	期　間
配偶者居住権設定時点から消滅時点までの経過年数	X15年8月15日からX20年10月10日まで	5年 （6か月未満切捨て）

❷　取得に要した費用の金額がある場合

取得費を計算する上で、土地、建物の取得に際して発生した手数

料、不動産取得税、登録免許税等の取得に要した通常必要と認められる費用の金額がある場合には、すでに必要経費に算入された金額を除いて、取得費に算入することができます。

❸　概算取得費について

建物所有権、土地所有権の取得費の計算をするにあたり、被相続人の取得費が不明な場合または計算した取得費が収入金額の5％相当額未満となる場合には、土地所有権、建物所有権譲渡にかかる収入金額の5％相当額を取得費とすることができます（措法31条の4）。

❹　相続税額の取得費加算の特例について

父から自宅を相続した際、子に相続税が課税されていた場合、他の要件も満たしていれば、相続財産を譲渡した場合の取得費加算の特例が適用できます。（措法39条）。
算式は**本章❹**をご参照ください。

10 子から所有権を取得後、母が自宅を売却した場合の取得費

所令 169 条の 2 第 1 項～ 4 項、 7 項ほか

Q ⑧のケースにおいて、母にも譲渡所得税が課税されるとのことですが、その場合の取得費の計算の仕方を教えてください。

Point

● 譲渡した自宅の取得費は、母が子から自宅土地建物所有権を買い取った際に支払った対価相当額に、土地建物所有権を買い取った時点での配偶者居住権等部分の取得費相当額を加算した金額の合計額から、買取りを行った時点から譲渡までの償却費相当額を控除した金額によります。

● 売却価額の 5 ％を取得費とすることもできます。

● 母に相続税が課税されていた場合、他の要件も満たしていれば、相続財産を譲渡した場合の取得費加算の特例が適用できます。

❶　配偶者が譲渡した自宅の取得費の計算について

⑴　建物の取得費

①　概　要

　相続または遺贈により取得した財産を譲渡した際の取得費の計算では、被相続人が取得した日、取得した金額をそれぞれ引き継ぐものとされています（所得税法60条1項）。

　ただし、相続または遺贈により配偶者居住権を取得した配偶者が、その後配偶者居住権の目的となっている建物（建物所有権）を取得した場合には、建物所有権部分を取得した際に支払った対価相当額に、建物所有権購入時点の配偶者居住権の取得費相当額を加算した金額の合計額から、建物所有権取得の日から建物譲渡時点までの償却費を控除して計算します（所令169条の2第7項1号）。

　本問のように、配偶者が建物所有権を購入したことにより配偶者居住権が消滅した後、建物を譲渡した場合、支払った対価相当額に加算する建物所有権購入時点の配偶者居住権の取得費相当額は、以下の㋐の金額から㋑の金額を控除することにより計算します。

　　㋐　配偶者居住権設定時点の配偶者居住権の取得費相当額
　　　　被相続人から引き継いだ建物の取得費相当額に、相続開始時点の建物の相続税評価額（配偶者居住権設定前）に占める配偶者居住権の相続税評価額の割合を乗じて計算した金額（所令169条の2第1項）

　　㋑　建物所有権購入時点までに減少した権利の額
　　　　㋐の金額に配偶者居住権の存続年数（※）に占める配偶者居住権の設定時から消滅時までの年数の割合を乗じて計算した金額（所令169条の2第2項）

　　※　存続年数とは、遺言書や分割協議書で定められている場合にはその年数とし、終身の場合または定められた年数が配偶者居住権設定時の

配偶者の平均余命（厚生労働省の作成に係る完全生命表に掲げる年齢
および性別に応じた年数）を超える場合には平均余命の年数とします
（相令5条の7第3項）。

② 計算式

建物の取得費は、次の算式により計算した金額です。

$$
\text{建物の取得費} = \left\{ \begin{array}{c} \text{建物所有権} \\ \text{部分の購入} \\ \text{金額相当額} \end{array} + \begin{array}{c} \text{建物所有権購入} \\ \text{時における配偶} \\ \text{者居住権の取得} \\ \text{費（⑦－⑦）} \end{array} \right\} - \begin{array}{c} \text{左記合計額のうち建物} \\ \text{所有権部分の取得から} \\ \text{建物譲渡までの償却費} \\ \text{相当額} \end{array}
$$

$$
⑦ = \left\{ \begin{array}{c} \text{被相続人の} \\ \text{自宅建物の} \\ \text{購入・建築} \\ \text{代金相当額} \end{array} - \begin{array}{c} \text{被相続人の取得} \\ \text{から配偶者居住} \\ \text{権設定時点まで} \\ \text{の償却費相当額} \end{array} \right\} \times \frac{\begin{array}{c} \text{相続発生時点の} \\ \text{配偶者居住権部分の} \\ \text{相続税評価額} \end{array}}{\begin{array}{c} \text{相続発生時点の} \\ \text{自宅建物の相続税} \\ \text{評価額} \end{array}}
$$

$$
⑦ = ⑦ \times \left\{ \frac{\begin{array}{c} \text{配偶者居住権設定時} \\ \text{から消滅時までの年数（※1）} \end{array}}{\text{配偶者居住権の存続年数（※1）}} \right\}^{（※2）}
$$

※1　端数が6か月以上の場合には1年とし、端数が6か月未満の場合
には切捨て

※2　この割合が1を超えるときは、1とする

③　イメージ図

建物の取得費の計算イメージは次のとおりです。

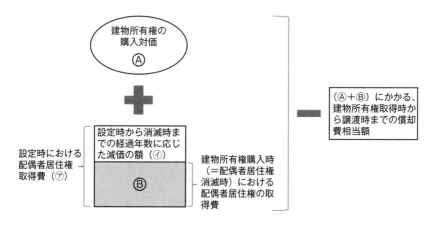

(2)　土地の取得費

①　概　要

　相続または遺贈により取得した財産を譲渡した際の取得費の計算
では、被相続人が取得した日、取得した金額をそれぞれ引き継ぐも
のとされています（所得税法60条1項）。

　ただし、相続または遺贈により配偶者居住権を取得した配偶者
が、その後配偶者居住権の目的となっている建物の敷地（土地所有
権）を取得した場合には、土地所有権を取得した際に支払った対価
相当額に、土地所有権購入時点の敷地利用権の取得費相当額を加算
して計算します（所令169条の2第7項2号）。

　本問のように、配偶者が土地所有権を購入したことにより、敷地
利用権が消滅した後、土地等を譲渡した場合、支払った対価相当額
に加算する土地所有権購入時点の敷地利用権の取得費相当額は、以
下の㋐の金額から㋑の金額を控除することにより計算します。

　㋐　配偶者居住権設定時点の敷地利用権の取得費相当額

　　　被相続人から引き継いだ土地等の取得費相当額に、相続開始

時点の土地等の相続税評価額に占める敷地利用権の相続税評価
額の割合を乗じて計算した金額（所令169条の2第3項）

⑦　土地所有権購入時点までに減少した権利の額

　　⑦の金額に配偶者居住権の存続年数（※）に占める配偶者居
住権の設定時から消滅時までの年数の割合を乗じて計算した金
額（所令169条の2第4項）

※　存続年数とは、遺言書や分割協議書で定められている場合にはその年
　数とし、終身の場合または定められた年数が配偶者居住権設定時の配偶
　者の平均余命（厚生労働省の作成に係る完全生命表に掲げる年齢及び性
　別に応じた年数）を超える場合には平均余命の年数とします（相令5条
　の7第3項）。

② 計算式

土地の取得費は、次の算式により計算した金額です。

$$
\text{土地の取得費} = \begin{array}{c}\text{土地所有権}\\ \text{部分の}\\ \text{購入金額}\\ \text{相当額}\end{array} + \begin{array}{c}\text{土地所有権購入時における}\\ \text{敷地利用権の取得費}\\ (\text{⑦} - \text{④})\end{array}
$$

$$
\text{⑦} = \begin{array}{c}\text{被相続人の}\\ \text{自宅敷地の}\\ \text{取得費相当額}\end{array} \times \frac{\text{相続発生時点の敷地利用権}\\ \text{部分の相続税評価額}}{\text{相続発生時点の自宅敷地}\\ \text{の相続税評価額}}
$$

$$
\text{④} = \text{⑦} \times \left\{ \frac{\text{配偶者居住権の設定時から}\\ \text{消滅時までの年数（※1）}}{\text{配偶者居住権の存続年数（※1）}} \right\}^{(※2)}
$$

※1　端数が6か月以上の場合には1年とし、端数が6か月未満の場合
　　には切捨て
※2　この割合が1を超えるときは、1とする

③ イメージ図

土地の取得費の計算イメージは次の通りです。

(3) 具体例

① 前 提

本章⑨と同じ

② 建物の取得費の計算

建物の取得費の計算は以下の通りです。

＜取得費の計算＞

記号	項 目	算式等	金 額
A	建物所有権の購入金額		10,000,000円
B	被相続人の建物取得費相当額		30,000,000円
C	被相続人の取得日から配偶者居住権設定時点までの旧定額法による償却費相当額	B × 0.9×0.031（注）×13年 =	10,881,000円
D	配偶者居住権設定時点の配偶者居住権の取得費相当額	$(B-C) \times \dfrac{12,000,000円}{12,000,000円 + 6,000,000円}$ =	12,746,000円
E	設定時点から消滅時点までの期間経過による権利減少額	$D \times \dfrac{5年}{20年（設定した存続年数）}$ =	3,186,500円
F	建物所有権の購入金額と建物所有権購入時点の配偶者居住権の取得費相当額の合計額	A ＋ （D-E）=	19,559,500円
G	建物所有権の購入日から建物譲渡時点までの旧定額法による償却費相当額	F × 0.9×0.031（※）× 2 年 =	1,091,420円
H	建物所有権の取得費	F-G =	18,468,080円

※ 非業務用の木造家屋の耐用年数：22年×1.5＝33年→旧定額法による償却率：0.031

＜期間の計算＞

項 目	対象期間	期 間
被相続人の取得時点から配偶者居住権設定時点までの経過年数	X02年 4 月 1 日から X15年 8 月15日まで	13年（ 6 か月未満切捨て）

配偶者居住権設定時点から消滅時点までの経過年数	X15年8月15日からX20年10月10日まで	5年（6か月未満切捨て）
建物所有権購入時点から建物譲渡時点までの経過年数	X20年10月10日からX22年12月20日まで	2年（6か月未満切捨て）

③ 土地の取得費の計算

土地の取得費の計算は以下の通りです。

＜取得費の計算＞

記号	項　目	算式等	金　額
A	土地所有権の購入金額		55,000,000円
B	被相続人の取得費相当額		60,000,000円
C	配偶者居住権設定時点の敷地利用権の取得費相当額	$B \times \dfrac{15,000,000円}{35,000,000円+15,000,000円} =$	18,000,000円
D	設定時点から消滅時点までの期間経過による権利減少額	$C \times \dfrac{5年}{20年（設定した存続年数）} =$	4,500,000円
E	土地所有権の取得費	$A+(C-D)=$	68,500,000円

＜期間の計算＞

項　目	対象期間	期　間
配偶者居住権設定時点から消滅時点までの経過年数	X15年8月15日からX20年10月10日まで	5年（6か月未満切捨て）

❷ 取得に要した費用の金額がある場合

　取得費を計算するうえで、土地、建物の取得、配偶者居住権、敷地利用権の設定に際して発生した手数料、不動産取得税、登録免許税等の取得に要した通常必要と認められる費用の金額がある場合には、すでに必要経費に算入された金額を除いて、取得費に算入することができます。

❸　概算取得費について

　土地、建物の取得費の計算にあたり、土地所有権、建物所有権の購入金額や被相続人の取得費が不明な場合または計算した取得費が収入金額の5％相当額未満となる場合には、土地、建物譲渡による収入金額の5％相当額を取得費とすることができます（措法31条の4）。

❹　相続税額の取得費加算の特例について

　母に相続税が課税されていた場合、他の要件も満たしていれば、相続財産を譲渡した場合の取得費加算の特例が適用できます（**本章❹**参照）（措法39条）。

法務コラム

自宅所有権と配偶者居住権を一緒に売却できる？

　配偶者居住権は譲渡できないとされています。すると、自宅所有権と一緒に配偶者居住権を第三者に売却するということはできないように思うかもしれません。しかし、少しテクニカルな方法で、売却を実現することは可能です。配偶者居住権を譲渡することはできませんが、①配偶者居住権はあくまで債権なので権利を放棄することはでき、自宅の所有権者と合意をすればその対価を得ることはできます。そして、②配偶者居住権の負担のない自宅所有権を、所有権者が第三者に売却し、売却代金を得ることができます。①と②を同日に行えば、事実上、配偶者居住権を売却したのと同じことが実現できます。①②を1つの契約にして、配偶者・自宅の所有権者・買主の三者契約とすることも考えられます。

法務コラム

配偶者居住権を信託財産として、配偶者の認知症に備えることはできる？

　最近、認知症対策として民事信託が利用されることが増えています。認知症というと成年後見制度を思い浮かべるかもしれませんが、法定の制度である成年後見よりも、契約である民事信託のほうが、自由度が高く注目されているのです。例えば、本人があらかじめ信託契約でどのように・どの範囲の財産を管理してほしいか、また財産の管理を誰にゆだねるかといったことを民事信託で自由に定めることができるのです。

　それでは、配偶者居住権を信託財産とすることは可能でしょうか。例えば、配偶者居住権を取得した配偶者が将来何らかの理由で配偶者居住権を放棄して対価を得るという取引を行うことも想定されます。その時、配偶者が認知症となり意思能力がない状態のため、その取引ができないといった事態を防ぐために、あらかじめ配偶者居住権を信託財産として、財産の管理を委ねる人物（受託者という）に、配偶者居住権を放棄して対価を得る権限を与えることが考えられます。しかし、結論から言うとこれはできません。

　なぜなら配偶者居住権は譲渡できないからです。民事信託の対象となった財産は、形式的には本人から、財産の管理を行う受託者に権利が移転することになっています。そうすると、配偶者居住権は譲渡できないという民法のルールに抵触してしまうため、配偶者居住権を信託財産とする民事信託は無効となり、できないということになるのです。

配偶者居住権が設定されている居住建物の賃貸を行った場合

所得税法 26 条、民法 1032 条 3 項

Q 配偶者居住権を設定していた母が介護施設に入所することになりました。今後の自宅利用について、自宅の所有者である私（子）の同意のうえで、配偶者居住権が設定されている居住建物の賃貸を行った場合の税金の取扱いについて、教えてください。

Point

● 自宅の所有者である子の同意を得たうえで、配偶者居住権が設定されている居住建物を第三者に貸し付けた場合には、借主より受け取る賃料収入は、配偶者居住権者である母の不動産所得の収入金額になるものと考えられます。
また、自宅の賃貸にかかる賃料収入相当額が母の財産として蓄積し、将来相続税の課税対象になります。

❶ 配偶者居住権の賃貸について

配偶者が長期間居住することを前提に配偶者居住権を設定したものの、その後の予期せぬ疾病等により、配偶者が施設等に入所した場

合、自宅を離れた配偶者の生活資金を確保する手段の1つとして、配偶者居住権が設定されている居住建物を賃貸することが考えられます。

　この点、配偶者が居住建物所有権者の承諾を得たうえで、第三者に居住建物を賃貸する場合の取扱いについて考えてみると、民法1032条2項にて、配偶者居住権の譲渡については禁止されていますが、賃貸については特段禁止されていません。加えて、同1032条3項にて居住建物所有権者の承諾を前提に、配偶者に居住建物の使用収益をさせることができることを定めています。

❷　税務上の取扱い

　配偶者居住権が設定されている居住建物を第三者に賃貸することにつき、配偶者が得た賃料収入の所得区分について検討してみると、不動産所得の範囲について定義している所得税法26条にて、「不動産所得とは、不動産、不動産の上に存する権利、船舶又は航空機の貸付け（地上権又は永小作権の設定その他他人に不動産等を使用させることを含む。）による所得をいう。」と規定されています。

　配偶者居住権が設定されている居住建物の賃貸は、「不動産の貸付け」に該当するものと考えられるため、その貸付けにかかる賃料収入は不動産所得の収入金額になるものと考えます。

　また、配偶者が配偶者居住権に基づいて、居住建物を使用収益することにつき、固定資産税等や通常の使用に伴って生じる修繕費用を負担した場合には、負担した費用のうち、賃貸にかかる部分に相当する金額を不動産所得計算上の必要経費に算入することができるものと考えられます。

　なお、固定資産税等は、建物等所有者が納税義務者とされているため、配偶者居住権等が設定されている場合であっても所有者が納税することとなります。建物等所有者が納税した固定資産税等は、配偶者

に対して請求することができるため、建物等所有者と配偶者が生計を別にする場合でも、配偶者が実際に固定資産税等を負担している場合には必要経費に算入することができると思われます。一方で、自宅建物の減価償却費については、建物等所有者と配偶者が生計を別にしている場合には、配偶者の不動産所得計算上の必要経費に算入することはできないと思われるため、留意が必要です。

❸　配偶者の相続発生時に与える影響

　配偶者居住権が設定されている居住建物の賃貸にかかる賃料収入については、上記の通り不動産所得の収入金額となり、所得税等が課税されることとなるものの、賃料収入相当額が配偶者に蓄積されることで、将来的な配偶者の相続発生時に、当初想定していなかった財産額が、相続税の課税対象となる可能性があるため、留意が必要です。

第2部　税務編

第4章　配偶者居住権等の評価

1 配偶者居住権等の評価の考え方および 評価方法について

相続税法23条の2第1項、3項

 配偶者居住権および敷地利用権の評価の考え方および評価方法について教えてください。

Point

- 相続税法における配偶者居住権は、居住建物の時価から居住建物所有権の将来価値（配偶者居住権存続期間終了時の価値）を現在価値に割り戻した価額を控除し、評価します。これは居住建物の所有者は配偶者居住権存続期間終了時に居住建物を自由に使用できる状態に復帰することに着目した評価方法です。

- 相続税法における敷地利用権は、居住建物の敷地の時価から敷地所有権の将来価値（配偶者居住権存続期間終了時の価値）を現在価値に割り戻した価額を控除して評価します。これは居住建物の敷地の所有者が配偶者居住権存続期間終了時に居住建物の敷地を自由に使用できる状態に復帰することに着目した評価方法です。

❶ 評価の考え方

　配偶者居住権は居住建物の時価を配偶者居住権と建物所有権とに区
分して評価し、敷地利用権は居住建物の敷地の時価を敷地利用権と敷
地所有権とに区分して評価します。評価のイメージは下記の図の通り
です。

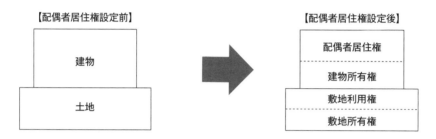

　配偶者居住権の評価にあたっては、まず配偶者居住権存続期間終了
時の建物所有権の価値（将来価値）を算定します。その後、算定した
将来価値を現在価値へと割戻し、居住建物の時価から当該現在価値を
控除します。この控除後の残額が配偶者居住権の評価額となります。
　このように、相続税法における配偶者居住権は、居住建物の所有者
の権利に着目した評価方法となっています。配偶者居住権が設定され
た居住建物の所有者は建物所有権を有していますが、配偶者居住権が
設定されている間は、配偶者居住権の部分について権利が失われてい
ます。しかし、配偶者居住権の存続期間が終了すれば、居住建物の所
有者は当該居住建物を自由に使用することができる状態に復帰しま
す。つまり、配偶者居住権存続期間終了時には配偶者居住権の評価額
が零となり、建物所有権の評価額は配偶者居住権存続期間終了時の居
住建物の評価額と等しくなると考えられます。そのため、配偶者居住
権存続期間終了時の建物所有権の評価額（＝配偶者居住権存続期間終
了時の居住建物の評価額）の配偶者居住権設定時の現在価値を算定

し、配偶者居住権設定時の居住建物の時価から当該現在価値を差し引いた残額を配偶者居住権の評価額としているのです。

　敷地利用権の評価にあたっては、まず配偶者居住権存続期間終了時の敷地所有権の価値（将来価値）を算定します。その後、算定した将来価値を現在価値へと割戻し、居住建物の敷地の時価から当該現在価値を控除します。この控除後の残額が敷地利用権の評価額となります。

　前述の建物所有権と同じく、敷地所有権の所有者は、配偶者居住権の存続期間が終了することにより、当該敷地を自由に使用することができる状態に復帰します。この点に着目し、配偶者居住権存続期間終了時の敷地所有権の評価額（＝配偶者居住権存続期間終了時の土地の評価額）の配偶者居住権設定時の現在価値を算定し、配偶者居住権設定時の土地の時価から当該現在価値を差し引いた残額を敷地利用権の評価額としています。

　配偶者居住権および敷地利用権の評価のイメージは次の図の通りです。

【配偶者居住権の評価イメージ】

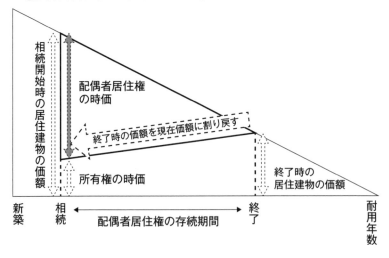

【敷地利用権の評価イメージ】

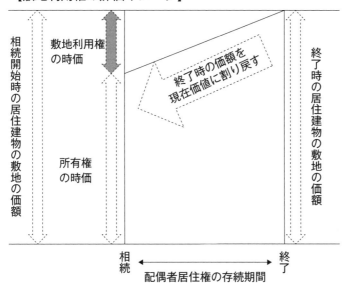

（出典：国税庁「配偶者居住権等の評価に関する質疑応答事例」について（情報）一部加工）

❷ 配偶者居住権の評価方法

配偶者居住権は次の算式により評価します。

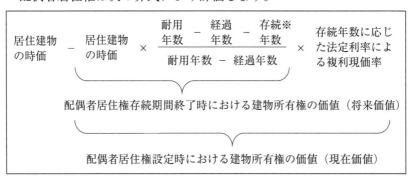

※ 当該分数の分母もしくは分子の値が零以下になる場合、つまり存続年数が残
存耐用年数（耐用年数−経過年数）を超える場合（存続年数＞残存耐用年

311

数）、耐用年数をすでに超過している場合（経過年数＞耐用年数）、当該分数は零として取り扱います。結果として、建物所有権の現在価値は零となり、配偶者居住権の評価額は居住建物の時価と等しくなります。

居住建物の時価や耐用年数等、各計算要素についての詳細は**本章②〜⑤**にて解説していますので、そちらをご参照ください。

❸　敷地利用権の評価方法

敷地利用権は次の算式により評価します。

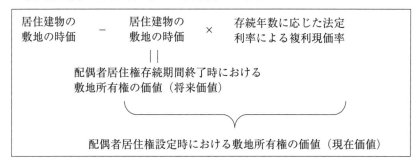

敷地所有権の将来価値を算定することは不確実性が伴い、困難であることが多いと考えられるため、相続開始時点の評価額を、そのまま敷地所有権の将来価値として考え、敷地所有権の現在価値を算定します。

居住建物の敷地の時価や存続年数など各計算要素についての詳細は**本章②〜⑤**にて解説していますので、そちらをご参照ください。

❹　評価明細書の書き方

【設　例】

＜前提条件＞

相続税評価額：	建物2,000万円	遺 産 分 割 日：	2022年3月20日
	土地5,000万円	配偶者の生年月日：	1941年5月1日
建 物 建 築 日：	2011年12月1日	配 偶 者 の 年 齢：	80歳10か月（分割時）
建 物 構 造：	木造	配 偶 者 の 性 別：	女性
耐 用 年 数：	33年	平 均 余 命：	11.71年
床 面 積：	120㎡	配偶者存続期間：	終身
相 続 開 始 日：	2021年10月1日	法 定 利 率：	3％
経 過 年 数：	10年		
賃 貸 の 有 無：	無		
建 物 所 有 者：	被相続人A		
土 地 所 有 者：	被相続人A		

【配偶者居住権の評価明細書（賃貸部分および共有なしの場合）】

所有者	建物	（被相続人氏名）被相続人A	① 持分割合 $\frac{1}{1}$	（配偶者氏名）配偶者B	持分割合 ___	所在地番（住居表示）	○○市××0番0（○○市××0番地0）
	土地	（被相続人氏名）被相続人A	② 持分割合 $\frac{1}{1}$	（共有者氏名）	持分割合 ___	（共有者氏名）	持分割合 ___

居住建物の内容	建物の耐用年数	（建物の構造）※裏面（参考1）参照　木造			33 年 ③
	建築後の経過年数	（建築年月日）2011年12月1日 から （配偶者居住権が設定された日）2022年3月20日 … 10年 [6月以上の端数は1年 6月未満の端数は切捨て]			10 年 ④
	建物の利用状況等	建物のうち賃貸の用に供されている部分以外の部分の床面積の合計			120 ㎡ ⑤
		建物の床面積の合計			120 ㎡ ⑥

配偶者居住権の存続年数等	〔存続期間が終身以外の場合の存続年数〕（配偶者居住権が設定された日）___年___月___日 から （存続期間満了日）___年___月___日 … ___年 [6月以上の端数は1年 6月未満の端数は切捨て] Ⓐ		存続年数（ⓒ）12 年 ⑦
	〔存続期間が終身の場合の存続年数〕（配偶者居住権が設定された日における配偶者の満年齢）80歳（生年月日1941年5月1日、性別女）… 12年 （平均余命）Ⓑ ※裏面（参考2）参照 Ⓒ [ⒶとⒷのいずれか短い年とし、Ⓐがない場合はⒷの年数] 12 年		複利現価率 ※裏面（参考3）参照 ⑧ 0.701

評価の基礎となる価額	建物	賃貸の用に供されておらず、かつ、共有でないものとした場合の相続税評価額		20,000,000 円 ⑨
		共有でないものとした場合の相続税評価額		20,000,000 円 ⑩
		相続税評価額 （⑩の相続税評価額）20,000,000 円 × （①持分割合）$\frac{1}{1}$		20,000,000 円 ⑪ （円未満切捨て）
	土地	建物が賃貸の用に供されておらず、かつ、土地が共有でないものとした場合の相続税評価額		50,000,000 円 ⑫
		共有でないものとした場合の相続税評価額		50,000,000 円 ⑬
		相続税評価額 （⑬の相続税評価額）50,000,000 円 × （②持分割合）$\frac{1}{1}$		50,000,000 円 ⑭ （円未満切捨て）

○配偶者居住権の価額

（⑪の相続税評価額）20,000,000 円 × $\frac{⑤賃貸以外の床面積\ 120\ ㎡}{⑥居住建物の床面積\ 120\ ㎡}$ × （①持分割合）$\frac{1}{1}$	20,000,000 円 ⑮ （円未満四捨五入）
（⑪の金額）20,000,000 円 − （⑮の金額）20,000,000 円 × $\frac{③耐用年数−④経過年数−⑦存続年数}{③耐用年数−④経過年数}$ （注）分子又は分母が零以下の場合は零。 $\frac{33\ −\ 10\ −\ 12}{33\ −\ 10}$ × （⑧複利現価率）0.701	（配偶者居住権の価額）13,294,783 円 ⑯ （円未満四捨五入）

○居住建物の価額

（⑪の相続税評価額）20,000,000 円 − （⑯配偶者居住権の価額）13,294,783 円	6,705,217 円 ⑰

○配偶者居住権に基づく敷地利用権の価額

（⑭の相続税評価額）50,000,000 円 × $\frac{⑤賃貸以外の床面積\ 120\ ㎡}{⑥居住建物の床面積\ 120\ ㎡}$ × （①と②のいずれか低い持分割合）$\frac{1}{1}$	50,000,000 円 ⑱ （円未満四捨五入）
（⑱の金額）50,000,000 円 − （⑲の金額）50,000,000 円 × （⑧複利現価率）0.701	（敷地利用権の価額）35,050,000 円 ⑲ （円未満四捨五入）

○居住建物の敷地の用に供される土地の価額

（⑭の相続税評価額）50,000,000 円 − （⑲敷地利用権の価額）35,050,000 円	14,950,000 円 ⑳

❺ 配偶者居住権、敷地利用権の評価割合早見表

　次ページの表は、配偶者居住権が設定される期間（終身または有期）、居住建物の残存耐用年数（耐用年数－経過年数）ごとの、配偶者居住権、敷地利用権の評価割合の一覧です。居住建物の時価または居住建物の敷地の時価に該当する箇所の評価割合を乗じることで配偶者居住権、敷地利用権の評価額を試算することができます。正確な評価額を算定する場合は前述の評価方法による算定が必要となります。

＜使用例＞

・配偶者が80歳（女性）で、終身の配偶者居住権を設定
・建物の残存耐用年数が15年
・居住建物の時価：2,000万円
・居住建物の敷地の時価：5,000万円　　｝　計7,000万円

　配偶者居住権の評価額
　　2,000万円　×　0.86　＝　1,720万円
　敷地利用権の評価額
　　5,000万円　×　0.299　＝　1,495万円
　合　計
　　3,215万円

【配偶者居住権、敷地利用権の評価割合早見表】

敷地利用権

終身（男性） 終身（女性） 有期年数（平均余命）	64歳 70歳 20年	65〜66歳 71歳 19年	67歳 72歳 18年	68歳 73歳 17年	69〜70歳 74〜75歳 16年	71歳 76歳 15年	72歳 77歳 14年	73〜74歳 78歳 13年	75歳 79〜80歳 12年
割合	0.446	0.430	0.413	0.395	0.377	0.358	0.339	0.319	0.299

配偶者居住権

	終身（男性） 終身（女性） 有期年数（平均余命）	64歳 70歳 20年	65〜66歳 71歳 19年	67歳 72歳 18年	68歳 73歳 17年	69〜70歳 74〜75歳 16年	71歳 76歳 15年	72歳 77歳 14年	73〜74歳 78歳 13年	75歳 79〜80歳 12年
建物の残存年数	30年	0.82	0.79	0.77	0.74	0.71	0.68	0.65	0.61	0.58
	29年	0.83	0.80	0.78	0.75	0.72	0.69	0.66	0.62	0.59
	28年	0.84	0.82	0.79	0.76	0.73	0.70	0.67	0.64	0.60
	27年	0.86	0.83	0.80	0.78	0.75	0.71	0.68	0.65	0.61
	26年	0.87	0.85	0.82	0.79	0.76	0.73	0.69	0.66	0.62
	25年	0.89	0.86	0.84	0.81	0.78	0.74	0.71	0.67	0.64
	24年	0.91	0.88	0.85	0.82	0.79	0.76	0.72	0.69	0.65
	23年	0.93	0.90	0.87	0.84	0.81	0.78	0.74	0.70	0.66
	22年	0.95	0.92	0.89	0.86	0.83	0.80	0.76	0.72	0.68
	21年	0.97	0.95	0.92	0.88	0.85	0.82	0.78	0.74	0.70
	20年	1.00	0.97	0.94	0.91	0.88	0.84	0.80	0.76	0.72
	19年	1.00	1.00	0.97	0.94	0.90	0.86	0.83	0.78	0.74
	18年	1.00	1.00	1.00	0.97	0.93	0.89	0.85	0.81	0.77
	17年	1.00	1.00	1.00	1.00	0.96	0.92	0.88	0.84	0.79
	16年	1.00	1.00	1.00	1.00	1.00	0.96	0.92	0.87	0.82
	15年	1.00	1.00	1.00	1.00	1.00	1.00	0.96	0.91	0.86
	14年	1.00	1.00	1.00	1.00	1.00	1.00	1.00	0.95	0.90
	13年	1.00	1.00	1.00	1.00	1.00	1.00	1.00	1.00	0.95
	12年	1.00	1.00	1.00	1.00	1.00	1.00	1.00	1.00	1.00
	11年	1.00	1.00	1.00	1.00	1.00	1.00	1.00	1.00	1.00
	10年	1.00	1.00	1.00	1.00	1.00	1.00	1.00	1.00	1.00
	9年	1.00	1.00	1.00	1.00	1.00	1.00	1.00	1.00	1.00
	8年	1.00	1.00	1.00	1.00	1.00	1.00	1.00	1.00	1.00
	7年	1.00	1.00	1.00	1.00	1.00	1.00	1.00	1.00	1.00
	6年	1.00	1.00	1.00	1.00	1.00	1.00	1.00	1.00	1.00
	5年	1.00	1.00	1.00	1.00	1.00	1.00	1.00	1.00	1.00
	4年	1.00	1.00	1.00	1.00	1.00	1.00	1.00	1.00	1.00
	3年	1.00	1.00	1.00	1.00	1.00	1.00	1.00	1.00	1.00
	2年	1.00	1.00	1.00	1.00	1.00	1.00	1.00	1.00	1.00
	1年	1.00	1.00	1.00	1.00	1.00	1.00	1.00	1.00	1.00
	0年	1.00	1.00	1.00	1.00	1.00	1.00	1.00	1.00	1.00

※配偶者居住権の有期年数、平均余命（第22回生命表を基に記載）
　・配偶者居住権の設定が終身の場合：男性、女性別の配偶者居住権設定時の年齢の欄をご覧ください。
　・配偶者居住権の設定が有期の場合：設定された有期年数の欄をご覧ください。ただし、配偶者居住権
※建物の残存年数とは配偶者居住権設定時の「居住建物の耐用年数－経過年数」です。

76~77歳 81歳 11年	78歳 82~83歳 10年	79~80歳 84歳 9年	81~82歳 85~86歳 8年	83~84歳 87~88歳 7年	85~86歳 89~90歳 6年	87~89歳 91~92歳 5年	90~92歳 93~95歳 4年	93~97歳 96~100歳 3年	98~106歳 101~107歳 2年	107歳 108歳 1年
0.278	0.256	0.234	0.211	0.187	0.163	0.137	0.112	0.085	0.057	0.029

76~77歳 81歳 11年	78歳 82~83歳 10年	79~80歳 84歳 9年	81~82歳 85~86歳 8年	83~84歳 87~88歳 7年	85~86歳 89~90歳 6年	87~89歳 91~92歳 5年	90~92歳 93~95歳 4年	93~97歳 96~100歳 3年	98~106歳 101~107歳 2年	107歳 108歳 1年
0.54	0.50	0.46	0.42	0.38	0.33	0.28	0.23	0.18	0.12	0.06
0.55	0.51	0.47	0.43	0.38	0.34	0.29	0.23	0.18	0.12	0.06
0.56	0.52	0.48	0.44	0.39	0.34	0.29	0.24	0.18	0.12	0.06
0.57	0.53	0.49	0.44	0.40	0.35	0.30	0.24	0.19	0.13	0.06
0.58	0.54	0.50	0.45	0.41	0.36	0.30	0.25	0.19	0.13	0.07
0.60	0.55	0.51	0.46	0.41	0.36	0.31	0.25	0.19	0.13	0.07
0.61	0.57	0.52	0.47	0.42	0.37	0.32	0.26	0.20	0.14	0.07
0.62	0.58	0.53	0.49	0.43	0.38	0.32	0.27	0.20	0.14	0.07
0.64	0.59	0.55	0.50	0.45	0.39	0.33	0.27	0.21	0.14	0.07
0.66	0.61	0.56	0.51	0.46	0.40	0.34	0.28	0.22	0.15	0.08
0.68	0.63	0.58	0.53	0.47	0.41	0.35	0.29	0.22	0.15	0.08
0.70	0.65	0.60	0.54	0.49	0.43	0.36	0.30	0.23	0.16	0.08
0.72	0.67	0.62	0.56	0.50	0.44	0.38	0.31	0.24	0.16	0.08
0.75	0.69	0.64	0.58	0.52	0.46	0.39	0.32	0.25	0.17	0.09
0.77	0.72	0.66	0.61	0.54	0.48	0.41	0.33	0.26	0.17	0.09
0.81	0.75	0.69	0.63	0.57	0.50	0.42	0.35	0.27	0.18	0.09
0.85	0.79	0.73	0.66	0.59	0.52	0.45	0.37	0.28	0.19	0.10
0.89	0.83	0.76	0.70	0.62	0.55	0.47	0.39	0.30	0.20	0.10
0.94	0.88	0.81	0.74	0.66	0.58	0.50	0.41	0.31	0.21	0.11
1.00	0.93	0.86	0.78	0.70	0.62	0.53	0.43	0.33	0.23	0.12
1.00	1.00	0.92	0.84	0.76	0.67	0.57	0.47	0.36	0.25	0.13
1.00	1.00	1.00	0.91	0.82	0.72	0.62	0.51	0.39	0.27	0.14
1.00	1.00	1.00	1.00	0.90	0.79	0.68	0.56	0.43	0.29	0.15
1.00	1.00	1.00	1.00	1.00	0.88	0.75	0.62	0.48	0.33	0.17
1.00	1.00	1.00	1.00	1.00	1.00	0.86	0.70	0.54	0.37	0.19
1.00	1.00	1.00	1.00	1.00	1.00	1.00	0.82	0.63	0.43	0.22
1.00	1.00	1.00	1.00	1.00	1.00	1.00	1.00	0.77	0.53	0.27
1.00	1.00	1.00	1.00	1.00	1.00	1.00	1.00	1.00	0.69	0.35
1.00	1.00	1.00	1.00	1.00	1.00	1.00	1.00	1.00	1.00	0.51
1.00	1.00	1.00	1.00	1.00	1.00	1.00	1.00	1.00	1.00	1.00
1.00	1.00	1.00	1.00	1.00	1.00	1.00	1.00	1.00	1.00	1.00

設定時の年齢に応じた平均余命年数の方が短い場合は配偶者居住権設定時の平均余命の欄をご覧ください。
（税理士法人山田＆パートナーズ作成）

2 居住建物および居住建物の敷地の評価の考え方 および評価方法について

相続税法23条の2第2項、4項

Q 配偶者居住権が設定されている居住建物および居住建物の敷地の評価の考え方および評価方法について教えてください。

Point

- 相続税法において居住建物は、配偶者居住権が設定されていないものとした場合の居住建物の時価から配偶者居住権の価額を控除した残額により評価します。
- 相続税法において居住建物の敷地は、配偶者居住権が設定されていないものとした場合の土地等の時価から敷地利用権の価額を控除した残額により評価します。

❶ 評価の考え方

　配偶者居住権を設定した場合、居住建物の時価を配偶者居住権と建物所有権とに区分して評価し、居住建物の敷地の時価を敷地利用権と敷地所有権とに区分して評価します。建物所有権および敷地所有権は、先に配偶者居住権の評価額および敷地利用権の評価額を算定（評

318

価方法は**本章**❶参照）し、その後、居住建物の時価から配偶者居住権
の評価額を、居住建物の敷地の時価から敷地利用権の評価額を控除し
た残額によって評価します。

❷ 建物所有権の評価方法

建物所有権は、次の算式により評価します。

居住建物の時価 － 配偶者居住権の評価額

❸ 敷地所有権の評価方法

敷地所有権は次の算式により評価します。

居住建物の敷地の時価 － 敷地利用権の評価額

「居住建物の時価」および「配偶者居住権の
評価額の計算の基礎となる金額」

相続税法 23 条の 2 第 1 項、2 項
相令 5 条の 7 第 1 項

Q 「居住建物の時価」および「配偶者居住権の評価額
の計算の基礎となる金額」について教えてください。

Point

- 居住建物の時価……財産評価基本通達により評価した建物の
  価額（相続税評価額）が時価となります。
- 配偶者居住権の評価額の計算の基礎となる金額……居住建物
  の時価です。ただし、居住建物の一部を賃貸していた場合や
  配偶者と共有していた場合は、賃貸部分や配偶者の共有持分
  に対応する部分を除いて計算します。

❶ 居住建物の時価

　配偶者居住権も建物所有権も、「居住建物の時価」を基に評価しま
す。この場合の時価は、いずれも相続税法22条の時価をいいますの
で、財産評価基本通達に定める方法で評価した金額、すなわち相続税
評価額です。

　配偶者居住権の計算の基礎となる「居住建物の時価」と建物所有権

の計算に使用する「居住建物の時価」は、基本的には同じ金額になりますが、建物の一部が賃貸されている場合や、建物を配偶者と共有している場合は、両者の「居住建物の時価」は異なりますので、注意が必要です。

❷ 建物所有権を評価する際の「居住建物の時価」

建物所有権を評価する際の「居住建物の時価」は、居住建物の相続税評価額です。したがって、賃貸部分がある場合は、貸家の評価減を考慮した評価額であり、配偶者と共有の場合は、共有持分を考慮した後の評価額になります。この評価額から、配偶者居住権を控除した残額が建物所有権の評価額になります。

【賃貸部分も共有部分もない場合のイメージ】

【賃貸部分がある場合のイメージ】

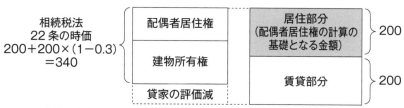

※建物のうち1/2が賃貸用とした場合

❸　配偶者居住権の評価額の計算の基礎となる金額

　基本的には❷　建物所有権を評価する際の「居住建物の時価」と等しくなります。

　ただし、次に掲げる場合に該当するときは、それぞれの区分ごとに、それぞれに定める金額となります。

⑴　居住建物の一部を賃貸している場合（⑵および⑶に該当する場合を除く）

　配偶者の共有持分がなく、賃貸もしていないとした場合の居住建物の時価を床面積の比率により按分して算出した賃貸以外の部分（居住部分）の価額が配偶者居住権の計算の基礎となる金額になります。具体的には、次の算式により算定します。なお、賃貸以外の部分の床面積は相続開始時点の現況による床面積を使用します。よって相続開始時点から配偶者居住権設定時までの間に賃貸状況に変動があった場合においても、相続開始時点の現況による床面積を使用して算定することになります。

配偶者の共有持分もなく、賃貸もされていないものとした場合の居住建物の相続税評価額	×	居住建物のうち、賃貸されている部分以外の部分の床面積
		居住建物の床面積

⑵　居住建物が被相続人と配偶者の共有の場合

　居住建物のうち被相続人所有部分を持分割合により按分して算定し、居住建物の時価とします。具体的には、次の算式により算定します。

配偶者の共有持分もなく、賃貸もされていないものとした場合の居住建物の相続税評価額	×	被相続人の居住建物の持分割合

⑶ 居住建物の一部を賃貸しており、かつ、被相続人と配偶者の共有の場合

居住建物の時価のうち賃貸以外の部分（居住部分）の価額を、被相続人の持分割合により按分して算定し、居住建物の時価とします。具体的には次の算式により算定します。

配偶者の共有持分もなく、賃貸もされていないものとした場合の居住建物の相続税評価額	×	居住建物のうち、賃貸されている部分以外の部分の床面積 ／ 居住建物の床面積	×	被相続人の居住建物の持分割合

【計算例1】 すべて居住用として使用、かつ単独所有の場合

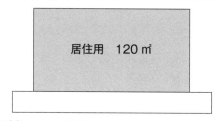

居住用　120㎡

※　建物が単独所有で、かつ賃貸部分がないものとした場合の相続税評価額を3,000万円とします（以下【計算例4】まで同じ）。

配偶者居住権の評価額の計算の基礎となる金額

3,000万円

【計算例2】建物の一部が賃貸用である場合

配偶者居住権の評価額の計算の基礎となる金額

$$\text{建物の相続税評価額 3,000万円} \times \frac{40\text{㎡}}{120\text{㎡}} = \underline{1,000\text{万円}}$$

【計算例3】被相続人と配偶者の共有持分がある場合

配偶者居住権の評価額の計算の基礎となる金額

$$\text{建物の相続税評価額 3,000万円} \times \frac{1}{2} = \underline{1,500\text{万円}}$$

【計算例4】建物の一部が賃貸用であり、かつ配偶者と共有の場合

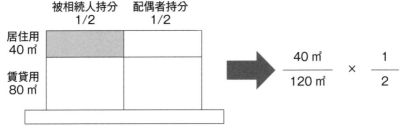

配偶者居住権の評価額の計算の基礎となる金額

$$\text{建物の相続税評価額 3,000万円} \times \frac{40\text{㎡}}{120\text{㎡}} \times \frac{1}{2} = \underline{500\text{万円}}$$

4 「居住建物の敷地の時価」および「敷地利用権 の評価額の計算の基礎となる金額」

相続税法 23 条の 2 第 3 項、4 項
相令 5 条の 7 第 4 項

Q 「居住建物の敷地の時価」および「敷地利用権の評 価額の計算の基礎となる金額」について教えてくだ さい。

Point
- 居住建物の敷地の時価……財産評価基本通達により評価した 価額（相続税評価額）が時価となります。
- 敷地利用権の評価額の計算の基礎となる金額……居住建物の 敷地の時価です。ただし、居住建物の一部を配偶者と共有し ていた場合や賃貸している場合、もしくは敷地を共有してい た場合は、賃貸部分や配偶者等の共有持分に対応する部分を 除いて計算します。

❶ 居住建物の敷地の時価

　敷地利用権も敷地所有権も、「居住建物の敷地の時価（以下「敷地 の時価」という。）」を基に評価します。この場合の時価は、いずれ も相続税法22条の時価をいいますので、財産評価基本通達に定める方

法で評価した金額、すなわち相続税評価額です。

　敷地利用権の計算の基礎となる「敷地の時価」と敷地所有権の計算に使用する「敷地の時価」は、基本的には同じ金額になりますが、建物の一部が賃貸されている場合や建物を配偶者と共有していた場合、または敷地を共有していた場合は、両者の「敷地の時価」は異なりますので、注意が必要です。

❷　敷地所有権を評価する際の「居住建物の敷地の時価」

　敷地所有権を評価する際の「敷地の時価」は、居住建物の敷地の相続税評価額です。したがって、建物の一部を賃貸している場合は、その部分に対応する敷地は貸家建付地として評価し、共有の場合は、共有持分を考慮して評価します。この評価額から、敷地利用権を控除した残額が敷地所有権の評価額になります。

【賃貸部分も共有部分もない場合のイメージ】

【賃貸部分がある場合のイメージ】

　※　建物のうち1/2が賃貸用であり、借地権割合が70％の場合

❸ 敷地利用権の評価額の計算の基礎となる金額

　敷地利用権の評価額の計算の基礎となる金額は、基本的には❷　**敷
地所有権を評価する際の「居住建物の敷地の時価」**です。ただし、次
に掲げる場合には、それぞれの区分ごとに、それぞれに定める金額と
なります。

⑴　居住建物の一部を賃貸している場合（⑶に該当する場合を除く）

　共有持分がなく、賃貸もしていないとした場合の敷地の時価を床面
積の比率により按分して計算した賃貸以外の部分（居住部分）の価額
が敷地利用権の評価額の計算の基礎となる金額になります。具体的に
は次の算式により算定します。なお、賃貸以外の部分の床面積は相続
開始時点の現況による床面積を使用します。よって相続開始時点から
配偶者居住権設定時までの間に賃貸状況に変動があった場合において
も、相続開始時点の現況による床面積を使用して算定することになり
ます。

$$\text{共有持分がなく、賃貸もされていないものとした場合の居住建物の敷地の相続税評価額} \times \frac{\text{居住建物のうち、賃貸されている部分以外の部分の床面積}}{\text{居住建物の床面積}}$$

⑵　敷地が共有となっていた場合

　敷地が被相続人と配偶者または他の者との共有となっていた場合の
敷地利用権の評価額の計算の基礎となる金額は、敷地のうち被相続人
所有部分を持分割合により按分して算定した金額です。具体的には次
の算式により算定します。

> 共有持分がなく、賃貸もされていないも
> のとした場合の居住建物の敷地の相続税　×　被相続人の敷地の持分割合
> 評価額

　したがって、被相続人が居住建物のすべてを所有し、かつ敷地のみを被相続人と配偶者またはその他の者と共有していた場合には、上記算式により計算した金額は結果として、「敷地の時価」と一致します。

※居住建物に配偶者以外の者の共有持分がある場合は、配偶者居住権を設定することはできませんが、敷地についてはそのような制約はありません。したがって、敷地については、配偶者以外の者の共有持分が存するケースがあり得ます。

(3)　居住建物のみが配偶者と共有となっていた場合

　居住建物が被相続人と配偶者の共有となっていた場合の、敷地利用権の評価額の計算の基礎となる金額は、敷地の時価に被相続人の居住建物の持分割合を乗じた金額です。具体的には次の算式により算定します。

> 建物が賃貸されておらず、かつ、土地が
> 共有されていないものとした場合の居住　×　被相続人の居住建物の持
> 建物の敷地の相続税評価額　　　　　　　　　分割合

【計算例1】すべて居住用として使用、かつ単独所有の場合

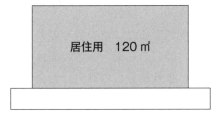

居住用　120㎡

※　土地が単独所有で、かつ建物に賃貸部分がないものとした場合の敷地の相続
　税評価額を6,000万円とします（以下【計算例4】まで同じ）。

敷地利用権の評価額の計算の基礎となる金額

6,000万円

【計算例2】 建物の一部を賃貸用として使用していた場合

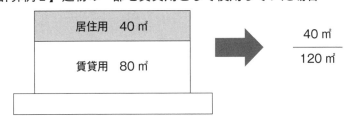

敷地利用権の評価額の計算の基礎となる金額

$$敷地の相続税評価額\ 6,000万円\ \times\ \frac{40㎡}{120㎡}\ =\ 2,000万円$$

【計算例3】 敷地のみが共有となっていた場合

敷地利用権の評価額の計算の基礎となる金額

$$敷地の相続税評価額\ 6,000万円\ \times\ \frac{1}{3}\ =\ 2,000万円$$

【計算例4】建物のみが被相続人と配偶者の共有となっていた場合

敷地利用権の評価額の計算の基礎となる金額

敷地の相続税評価額 6,000万円 × $\dfrac{1}{2}$ = 3,000万円

※ その他の状況における計算方法については、国税庁資産評価企画官情報、資産課税課情報『配偶者居住権等の評価に関する質疑応答事例について』に詳しく記載されていますので、ご参照ください。

5 耐用年数等の計算要素について

相続税法 23 条の 2 第 1 項 1 号、2 号
相令 5 条の 7 第 2 項、3 項、4 項
相規 12 条の 2、12 条の 3、相基通 23 の 2-5

Q 配偶者居住権を評価する場合の耐用年数等について
教えてください。

Point

● 耐用年数……耐用年数省令に定める居住建物の耐用年数を
1.5倍したものをいいます。
● 経過年数……居住建物が建築された日から配偶者居住権が設
定された時までの年数をいいます。
● 存続年数……配偶者居住権の存続期間が終身の場合は、配偶
者居住権設定時の配偶者の平均余命となり、それ以外の場合
は配偶者居住権の設定時から存続期間満了の日までの年数を
いいます。

① 耐用年数

居住建物の耐用年数は、その居住建物のすべてが住宅用であるもの
とした場合の減価償却資産の耐用年数等に関する省令に定める耐用年
数に1.5を乗じて計算した年数をいいます。なお、6月以上の端数は

　1年とし、6月に満たない端数は切り捨てます。耐用年数は建物の構造により異なるため、登記簿謄本や建設時の仕様書等により構造を確認する必要があります。

　具体的な耐用年数（通常の耐用年数を1.5倍したもの）は、次の通りです。

【配偶者居住権の評価における居住建物の耐用年数】

構　造	耐用年数	構　造	耐用年数
鉄骨鉄筋コンクリート造または鉄筋コンクリート造	71	金属造（骨格材の肉厚3mm以下）	29
れんが造、石造またはブロック造	57	木造または合成樹脂造	33
金属造（骨格材の肉厚4mm超）	51	木骨モルタル造	30
金属造（骨格材の肉厚3mm超～4mm以下）	41		

❷　経過年数

　居住建物の新築時から配偶者居住権設定時までの年数をいいます。なお、6月以上の端数は1年とし、6月に満たない端数は切り捨てます。

　居住建物が相続開始前に増改築されていた場合においても、増改築部分を区分することなく、新築時から配偶者居住権設定時までの年数をいいます。

❸　存続年数

　配偶者居住権が存続する年数をいいます。具体的には次の区分に応じた年数をいいます。なお、6月以上の端数は1年とし、6月に満たない端数は切り捨てます。

パターン	存続年数
① 終身の場合	配偶者居住権設定時の配偶者の平均余命（※1）
② 上記以外の場合	遺産分割等により定められた存続年数（※2）

※1 配偶者の平均余命は、配偶者居住権が設定された年の1月1日時点において公表されている最新の完全生命表（厚生労働省の作成に係る年齢および性別に応じたもの）による年数となります。なお、完全生命表に当てはめる配偶者の年齢は、配偶者居住権が設定された時の配偶者の満年齢になります。

※2 当該年数が配偶者居住権設定時の配偶者の平均余命を超える場合は、平均余命となります。遺産分割等により存続年数を長期に設定したとしても、平均余命を超えることはできません。

6 遺言による設定と遺産分割協議等による 設定の留意点

> 相続税法 23 条の 2、30 条、32 条
> 相基通 23 の 2-2

Q 配偶者居住権の設定について、遺言による場合と遺産分割協議等による場合とで評価上の留意点があれば教えてください。

Point

- 配偶者居住権が設定された時とは、遺言の場合には相続開始日、遺産分割協議の場合には協議が成立した日をいいます。したがって、経過年数や余命年数などはこれらの日を基に計算します。
- 遺言がなく遺産分割協議に相当の時間を要した場合には、当該分割協議成立時点の配偶者居住権および所有権の評価額の比率により相続開始時の時価を按分して、配偶者居住権および所有権の評価額を計算します。
- 遺産分割協議に時間を要したため配偶者居住権の設定が相続税の申告期限後になった場合には、その分割から 4 か月以内であれば更正の請求をすることができます。
- 配偶者居住権の設定が相続税の申告期限後になる場合、当初の相続税申告は未分割での申告となります。配偶者居住権の対象となる自宅を含む未分割財産について分割が行われた

> 後、配偶者の税額軽減や小規模宅地等の評価減の特例などを
> 適用するためには、「申告期限後3年以内の分割見込書」の
> 提出が必要となります。

❶ 配偶者居住権が設定された時

　配偶者居住権の設定は、大きく分けて遺産分割協議による設定と遺言による設定の2パターンがあり、それぞれのパターンによって配偶者居住権の評価における「配偶者居住権が設定された時」が異なります。

パターン		設定された時
①	遺産分割協議による設定の場合	遺産の分割が行われた日 ⑦　分割協議の場合は「協議の成立した日」 ⑦　調停や審判による場合は、各々「調停の成立した日」、「審判の確定した日」
②	遺言による設定の場合	相続開始の日

　この「配偶者居住権が設定された時」は配偶者居住権、敷地利用権の評価における「経過年数」、「存続年数」に影響します。

❷ 遺産分割協議に相当の時間を要した場合の配偶者居住権や所有権の評価

　遺産分割協議に相当の時間を要した場合、配偶者居住権等の評価の仕方が通常と一部異なります。この場合の評価方法は、まず遺産の分割が行われた時点の配偶者の平均余命年数、耐用年数、存続年数および法定利率を用いて配偶者居住権および建物所有権の評価額を算定します。次に、これらの価額の比率により相続開始時の居住建物の時価を按分し、相続開始時点の配偶者居住権および建物所有権の評価額を算定します。

　これは時の経過により居住建物の評価額が減価していき、相続開始時の居住建物の時価と配偶者居住権設定時の居住建物の時価が乖離していってしまうため、および、「経過年数」、「存続年数」の計算に使用される「配偶者居住権が設定された時」も時の経過とともに遅れ、配偶者居住権の評価額が変わってしまうためです。

　敷地利用権および敷地所有権の評価も上記の配偶者居住権および居住建物所有権の評価と同じく、遺産の分割が行われた時点の敷地利用権、および敷地所有権の評価額を算定し、これらの価額の比率により相続開始時の敷地の時価を按分し算定します。

【遺産分割協議に時間を要した場合の評価イメージ　配偶者居住権】

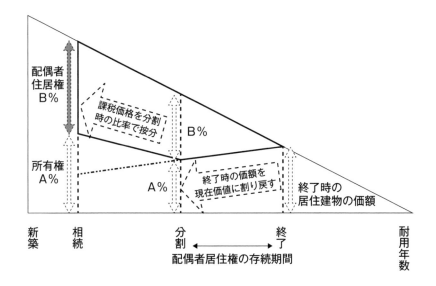

【遺産分割協議に時間を要した場合の評価イメージ　敷地利用権】

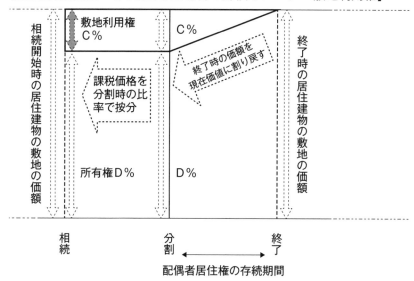

（国税庁「配偶者居住権等の評価に関する質疑応答事例」について（情報））より

❸ 遺産分割協議に相当の時間を要した場合の更正の請求等

　遺産分割協議による配偶者居住権の設定が相続税の申告期限後にな
る場合には、相続税の期限内申告において、対象となる建物および土
地は未分割として申告することとなります。そのため、期限内申告に
おいては、配偶者居住権が設定されていない建物および土地として評
価し、申告することになります。

　その後、遺産分割協議等が整い配偶者居住権の設定により配偶者が
配偶者居住権を取得した結果、新たに相続税の申告書を提出すべき要
件に該当することとなった人は期限後申告を、当初申告の税額に不足
を生じた人は修正申告をすることができます。また、当初申告の課税
価格や税額が過大となった人は、分割が行われた日の翌日から4か月
以内に更正の請求をすることができます。

　未分割で当初の申告を行う場合に、期限内申告書とあわせて「申告期限後3年以内の分割見込書」を提出しておけば、相続税の申告期限から3年以内に分割が行われた時に「配偶者に対する相続税額の軽減」や「小規模宅地等の評価減の特例」の適用を受けることができます。

　なお、相続税の申告期限から3年以内に遺産分割がされなかったことにつきやむを得ない事情がある場合において、所轄税務署長の承認を受けたときは、財産の分割ができることとなった日などから4か月以内に更正の請求等を行えば前述の特例の適用を受けることができます。この場合のやむを得ない事情とは、相続または遺贈に関する訴えが提起されている場合や和解、調停または審判の申立てがされている場合などをいいます。

7 居住建物の一部に賃貸部分がある場合

相続税法23条の2
相令5条の7第12項

Q 配偶者居住権を設定しようと考えている居住建物の一部が賃貸されている場合の、配偶者居住権および敷地利用権の評価額はどのように計算すればよいでしょうか？

Point

● 配偶者居住権と敷地利用権は賃貸部分を除いて評価します。これは、相続開始前から建物を借りている賃借人に対し、配偶者が権利を主張することができないためです。なお、この場合の賃貸には使用貸借は含みません。

　配偶者居住権を設定しようとする居住建物の一部に賃貸部分がある場合には、配偶者居住権と敷地利用権の評価額の計算の対象は「賃貸以外の部分」のみとなります。このような取扱いとされているのは、相続前から居住建物を賃借している賃借人に対し、配偶者は配偶者居住権の権利を主張することができないため、実質的に配偶者居住権に基づく使用・収益を主張することができない部分を除いて評価する必要があるからです。そのため、賃貸部分がある場合には建物の床面積に応じてその賃貸部分を除いて、配偶者居住権と敷地利用権を評価す

ることになります。

　なお、相続後の状況により相続開始時と配偶者居住権が設定された時で賃貸の状況が変わった場合であったとしても、賃貸以外の部分の割合の判定は相続開始時の居住建物の現況で判断することとなります。

① 配偶者居住権の価額

$$\text{居住建物の時価} \times \frac{\text{賃貸以外の床面積}}{\text{居住建物の床面積}} = \text{配偶者居住権の評価の基礎となる金額 (A)}$$

$$(A) - (A) \times \frac{\text{耐用年数} - \text{経過年数} - \text{存続年数(平均余命)}}{\text{耐用年数} - \text{経過年数}} \times \text{複利現価率} = \text{配偶者居住権の価額}$$

② 敷地利用権の価額

$$\text{居住建物の敷地の時価} \times \frac{\text{賃貸以外の床面積}}{\text{居住建物の床面積}} = \text{敷地利用権の評価の基礎となる金額 (B)}$$

$$(B) - (B) \times \text{複利現価率} = \text{敷地利用権の価額}$$

【設　例】

＜前提条件＞

相続税評価額：	建物2,000万円 （自用家屋） 土地4,000万円 （自用地）	遺 産 分 割 日：	2022年3月20日
		配偶者の生年月日：	1941年5月1日
建 物 建 築 日：	2011年12月1日	配 偶 者 の 年 齢：	80歳10か月（分割時）
建 物 構 造：	木造	配 偶 者 の 性 別：	女性
耐 用 年 数：	33年	平 均 余 命：	11.71年
床 面 積：	120㎡（うち賃貸部分60㎡）	配偶者存続期間：	終身
相 続 開 始 日：	2021年10月1日	法 定 利 率：	3％
経 過 年 数：	10年	借 家 権 割 合：	30％
賃 貸 の 有 無：	有	借 地 権 割 合：	60％
建 物 所 有 者：	被相続人A		
土 地 所 有 者：	被相続人A		

【配偶者居住権の評価明細書（賃貸部分がある場合）】

所有者	建物	（被相続人氏名） 被相続人 A	① 持分 割合 $\frac{1}{1}$	（配偶者氏名） 配偶者 B	持分 割合 ――	所在地番 （住居表示）	○○市××0番0 （○○市××0番地0）
	土地	（被相続人氏名） 被相続人 A	② 持分 割合 $\frac{1}{1}$	（共有者氏名）	持分 割合 ――	（共有者氏名）	持分 割合 ――

居住建物の内容	建物の耐用年数	（建物の構造）※裏面〔参考1〕参照	木造	33	年 ③
	建築後の経過年数	（建築年月日） 2011 年 12 月 1 日 から	（配偶者居住権が設定された日） 2022 年 3 月 20 日 … 10 年〔6月以上の端数は1年 6月未満の端数は切捨て〕	10	年 ④
	建物の利用状況等	建物のうち賃貸の用に供されている部分以外の部分の床面積の合計		60	㎡ ⑤
		建物の床面積の合計		120	㎡ ⑥

配偶者居住権の存続年数等	〔存続期間が終身以外の場合の存続年数〕			存続年数（C）	
	（配偶者居住権が設定された日） 　年　　月　　日 から	（存続期間満了日）　Ⓐ 　年　　月　　日 … 　年〔6月以上の端数は1年 6月未満の端数は切捨て〕		12	年 ⑦
	〔存続期間が終身の場合の存続年数〕	（平均余命）Ⓑ		複利現価率 ※裏面〔参考3〕参照	
	（配偶者居住権が設定された日における配偶者の満年齢） 80 歳（生年月日 1941 年 5 月 1 日、性別 女 ） … 12 年	※裏面〔参考2〕参照　Ⓒ〔Ⓐと⑧のいずれか短い年数とし、 少ない場合は当初の年数〕 12 年		0.701	⑧

評価の基礎となる価額	建物	賃貸の用に供されておらず、かつ、共有でないものとした場合の相続税評価額		20,000,000	円 ⑨
		共有でないものとした場合の相続税評価額		17,000,000	円 ⑩
		相続税評価額	（⑩の相続税評価額） 17,000,000 円 × （①持分割合） $\frac{1}{1}$	17,000,000	円 ⑪ （円未満切捨て）
	土地	建物が賃貸の用に供されておらず、かつ、土地が共有でないものとした場合の相続税評価額		40,000,000	円 ⑫
		共有でないものとした場合の相続税評価額		36,400,000	円 ⑬
		相続税評価額	（⑬の相続税評価額） 36,400,000 円 × （②持分割合） $\frac{1}{1}$	36,400,000	円 ⑭ （円未満切捨て）

○配偶者居住権の価額

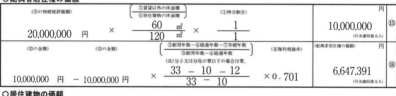

（⑪の相続税評価額） 20,000,000 円	×	⑤賃貸以外の床面積 ⑥居住建物の床面積 $\frac{60 ㎡}{120 ㎡}$	×	（①持分割合） $\frac{1}{1}$	10,000,000	円 ⑮ （円未満四捨五入）
（⑪の金額） 10,000,000 円	（⑮の金額） － 10,000,000 円		②耐用年数－④経過年数－⑦存続年数 ②耐用年数－④経過年数 （注）分子又は分母が零以下の場合は零。 $\frac{33 － 10 － 12}{33 － 10}$	（⑧複利現価率） × 0.701	6,647,391	円 ⑯ （円未満四捨五入）

○居住建物の価額

（⑪の相続税評価額） 17,000,000 円	－	（⑯配偶者居住権の価額） 6,647,391 円	10,352,609	円 ⑰

○配偶者居住権に基づく敷地利用権の価額

（⑭の相続税評価額） 40,000,000 円	×	⑤賃貸以外の床面積 ⑥居住建物の床面積 $\frac{60 ㎡}{120 ㎡}$	×	（①と②のいずれか低い持分割合） $\frac{1}{1}$	20,000,000	円 ⑱ （円未満四捨五入）
（⑱の金額） 20,000,000 円	（⑱の金額） － 20,000,000 円		×	（⑧複利現価率） 0.701	5,980,000	円 ⑲ （敷地利用権の価額） （円未満四捨五入）

○居住建物の敷地の用に供される土地の価額

（⑭の相続税評価額） 36,400,000 円	－	（⑲敷地利用権の価額） 5,980,000 円	30,420,000	円 ⑳

【居住建物の時価】

① 自用部分　2,000万円×60㎡/120㎡＝1,000万円

② 賃貸部分　2,000万円×60㎡/120㎡×(1−0.3)＝700万円

③ ①＋②＝1,700万円

【居住建物の敷地の時価】

① 自用部分　4,000万円×60㎡/120㎡＝2,000万円

② 賃貸部分　4,000万円×60㎡/120㎡×(1−0.6×0.3)＝1,640万円

③ ①＋②＝3,640万円

平均余命：11.71年→12年

複利現価率：利率3％、年数12年の場合、0.701

【賃貸部分がある場合のイメージ図】

　配偶者居住権の設定の対象となる部分は、賃貸部分（建物の床面積により按分）を除く部分です。

（相続開始時の利用状況）		
家屋 120㎡	2階　居住部分（60㎡）	
	1階　賃貸部分（60㎡）	
土地 200㎡	2階　居住部分（100㎡）※1	
	1階　賃貸部分（100㎡）※2	

（配偶者居住権等の設定対象）		
家屋	2階　居住部分（60㎡）	○
	1階　賃貸部分（60㎡）	×
土地	2階　居住部分（100㎡）	○
	1階　賃貸部分（100㎡）	×

　　　　　　　　　　　　（居住部分の床面積）

※1) 200㎡ × $\dfrac{60㎡}{120㎡}$ ＝ 100㎡

　　　　　　　　　　　　（建物の床面積）

　　　　　　　　　　　　（賃貸部分の床面積）

※2) 200㎡ × $\dfrac{60㎡}{120㎡}$ ＝ 100㎡

　　　　　　　　　　　　（建物の床面積）

Q 店舗兼住宅のように居住建物の一部を事業に利用している場合の配偶者居住権および敷地利用権の評価額はどのように計算すればよいでしょうか？

Point

● 居住建物の一部が事業用である場合、その事業用部分についても、配偶者は配偶者居住権に基づき使用収益することができます。そのため、居住建物の一部が賃貸用である場合とは異なり、事業用部分を除かずに配偶者居住権および敷地利用権の評価額の計算を行います。

　配偶者居住権を設定しようとする居住建物の一部に賃貸部分がある場合、相続前から居住建物を賃借している賃借人に対し、配偶者は権利を主張することができません。そこで実質的に配偶者居住権に基づき使用・収益できない部分を、配偶者居住権および敷地利用権の評価額の基礎となる金額から除いて評価することとされています（**第4章** 7参照）。

　一方、居住建物の一部を自己または自己の親族等の事業用として使用している場合には、賃貸している場合と異なり、配偶者はその居住

建物全体について権利を主張することができます。したがって、居住建物全体が配偶者居住権の設定対象となり、配偶者は配偶者居住権に基づく使用・収益をすることが可能となりますので、配偶者居住権および敷地利用権の評価額は、事業用部分を控除せずに評価します。

　ただし、事業用部分について被相続人との間で賃貸借契約があると認められる場合には**第4章7**と同様の取扱いとなり、事業用部分は配偶者居住権の設定対象から除かれることになるため注意が必要です。

　なお、居住建物の一部に事業用部分がある場合において、相続後の事業存続の有無は評価には影響しません。したがって、被相続人の死亡により事業を廃業した場合には、店舗部分を居住部分として使用することも可能であり、そのことにより配偶者居住権や所有権等の相続税評価額が変わることはありません。

【事業用部分がある場合のイメージ図】

　配偶者居住権の設定の対象となる部分は、事業用部分も含めた部分が対象となります。

（相続開始時の利用状況）　　　　　　（配偶者居住権等の設定対象部分）

家屋	2階　居住部分
	1階　店舗部分
土地	2階　居住部分
	1階　店舗部分

家屋	2階　居住部分	○
	1階　店舗部分	○
土地	2階　居住部分	○
	1階　店舗部分	○

9　配偶者居住権を存続期間終了前に　　　無償で放棄や合意解除した場合

> 相続税法９条
> 相基通 9-13 の２

Q 　母は老人ホームに入居することになったため、父の相続の際に取得した配偶者居住権を放棄すると言っています。存続期間が残った配偶者居住権を放棄や合意解除により無償で消滅させた場合には居住建物の所有者に対して配偶者から贈与があったものとみなされるそうですが、この場合の贈与税の対象となる価額はどのように計算するのでしょうか？

Point

- 配偶者居住権の消滅時における存続期間に応じて計算した配偶者居住権と敷地利用権の価額が贈与税の課税対象となります。

　配偶者が配偶者居住権を放棄または合意解除した場合、居住建物の所有者は配偶者居住権の期間満了前に居住建物の使用収益ができることとなります。放棄等が無償または時価に比べ著しく低い対価で行われた場合には居住建物所有者が経済的利益を受けたものと考え、配偶者から贈与があったものとして居住建物所有者に対し贈与税が課税されます。

345

　この時の贈与税の課税対象となる金額は、贈与時において新たに配偶者居住権の設定があったものとして計算します。

　したがって、居住建物の経過年数等は、贈与時（放棄等の時）までの年数等により計算し、配偶者居住権の存続年数も贈与時（放棄等の時）からの年数により計算しますので注意が必要です。

　具体的な計算方法については、次の通りです。

【設　例】

＜前提条件＞

① 　×4年に相続により配偶者（年齢75歳）が配偶者居住権（終身）を取得し、所有権を子が取得した。

② 　その後、×14年に配偶者（年齢85歳）が老人ホームに入居することとなり、配偶者居住権を無償で放棄することとなった。

③ 　居住建物（耐用年数：33年）の相続税評価額

　×4年（当初設定時）：20,000,000円（自用家屋）

　×14年（放棄時）：10,000,000円（自用家屋）

④ 　建物の新築からの経過年数

　×4年（当初設定時）：13年

　×14年（放棄時）：23年

⑤ 　配偶者（女性）の年齢による平均余命

　×4年（当初設定時）設定時：16年（複利現価率0.623）

　×14年（放棄時）消滅時：8年（複利現価率0.789）

⑥ 　土地の相続税評価

　×4年（当初設定時）：50,000,000円（自用地）

　×14年（放棄時）：50,000,000円（自用地）

⑦ 　賃貸部分はなく、共有部分もない

＜時系列＞

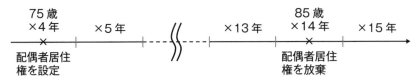

75歳
×4年　　　　　×5年　　　　　　　　　　×13年　　85歳
　　　　　　　　　　　　　　　　　　　　　　×14年　　　×15年

配偶者居住
権を設定

配偶者居住
権を放棄

＜具体的計算＞

【放棄時における配偶者居住権の評価額】

① 配偶者居住権の価額

配偶者居住権の評価の
基礎となる金額

配偶者居住権の評価の
基礎となる金額

耐用年数－経過年数－存続年数（余命年数）

複利
現価率

$$10{,}000{,}000円 - 10{,}000{,}000円 \times \frac{33年 - 23年 - 8年}{33年 - 23年} \times 0.789 = 8{,}422{,}000円$$

耐用年数－経過年数

② 敷地利用権の価額

敷地利用権の評価の
基礎となる金額

敷地利用権の評価の
基礎となる金額

複利現価率

$$50{,}000{,}000円 - 50{,}000{,}000円 \times 0.789 = 10{,}550{,}000円$$

③ 贈与税の対象となる価額

①

②

$$8{,}422{,}000円 + 10{,}550{,}000円 = 18{,}972{,}000円$$

配偶者居住権等が設定されている建物等を
相続により取得した場合

相基通 23 の 2-6

Q 父の相続（以下、「一次相続」という。）において配偶者居住権を設定し、居住建物とその敷地（以下、「居住建物等」という。）の所有権は子である私が相続しました。

　配偶者居住権の存続期間中に私（子）が先に亡くなった場合（以下、「二次相続」という。）、私が所有している居住建物等はどのように評価するのか教えてください。

Point

- 配偶者居住権が設定されている居住建物等の評価額は、二次相続開始時の居住建物等の時価から当該二次相続により新たに配偶者居住権を設定したものとして計算した配偶者居住権等の価額を控除して計算します。

- この場合、建物の経過年数は一次相続で配偶者居住権を設定した時の経過年数ではなく、二次相続により居住建物を取得した時までの経過年数になります。また、配偶者居住権の存続年数についても同様に、二次相続により居住建物等を取得した時からの年数により計算します。

　配偶者居住権が設定されている居住建物等を相続（二次相続）により取得した場合の当該居住建物等の評価額は、二次相続により居住建物等を取得した時に配偶者居住権を再度設定したものとして計算します。

　この場合の居住建物等の経過年数は一次相続において配偶者居住権が設定された時までの年数ではなく、二次相続により居住建物等を取得した時までの年数により計算し、配偶者居住権の存続年数についても、一次相続において配偶者居住権が設定された時からの年数ではなく、二次相続により居住建物等を取得した時からの年数により計算します。

　具体的な計算方法は、次の通りです。

【設　例】

＜前提条件＞

① 　×4年に相続により配偶者が配偶者居住権（終身）を取得し、所有権を子が取得した

② 　×19年に一次相続において所有権を取得した子が死亡

③ 　建物（×19年二次相続時）の相続税評価額：10,000,000円（自用家屋）

　　土地（×19年二次相続時）の相続税評価額：50,000,000円（自用地）

④ 　建物の耐用年数：33年

⑤ 　建物の新築からの経過年数

　　×19年（二次相続開始時）：18年

⑥ 　配偶者（女性）の年齢による平均余命

　　×19年（二次相続開始時）：6年（複利現価率0.837）

⑦ 　一次相続時も二次相続時も賃貸部分はなく共有部分もない

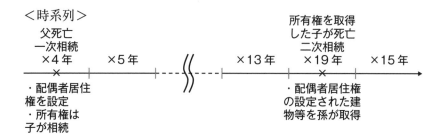

＜時系列＞

父死亡
一次相続
×４年　　　×５年　　　　　　　×13年　　所有権を取得
　　　　　　　　　　　　　　　　　　　　した子が死亡
　　　　　　　　　　　　　　　　　　　　二次相続
　　　　　　　　　　　　　　　　　　　　×19年　　　×15年

・配偶者居住
権を設定
・所有権は
子が相続

・配偶者居住権
の設定された建
物等を孫が取得

＜具体的計算＞

×19年：二次相続発生時

① 配偶者居住権の価額

配偶者居住権の評価の　　配偶者居住権の評価の　　　　　　　　　　　　　　　　　　　　複利
　基礎となる金額　　　　　基礎となる金額　　　耐用年数－経過年数－存続年数(余命年数)　現価率

$$10{,}000{,}000円 - 10{,}000{,}000円 \times \frac{33年 - 18年 - 6年}{33年 - 18年} \times 0.837 = 4{,}978{,}000円$$

耐用年数－経過年数

② 敷地利用権の価額

敷地利用権の評価の　　　敷地利用権の評価の
　基礎となる金額　　　　　基礎となる金額　　　複利現価率

$$50{,}000{,}000円 - 50{,}000{,}000円 \times 0.837 = 8{,}150{,}000円$$

③ 居住建物の所有権の価額

居住建物の
二次相続時の時価　　　①配偶者居住権の価額

$$10{,}000{,}000円 - 4{,}978{,}000円 = 5{,}022{,}000円$$

④ 居住建物の敷地所有権の価額

居住建物の敷地の
二次相続時の時価　　　②敷地利用権の価額

$$50{,}000{,}000円 - 8{,}150{,}000円 = 41{,}850{,}000円$$

⑤ 孫が相続（二次相続）により取得する財産の合計額

③建物所有権の価額　　　④敷地所有権の価額

$$5{,}022{,}000円 + 41{,}850{,}000円 = 46{,}872{,}000円$$

配偶者居住権等が設定されている建物等を贈与により取得した場合

Q 父の相続（以下、「一次相続」という。）において配偶者居住権を設定した際に居住建物とその敷地（以下、「居住建物等」という。）の所有権は子である私が相続しました。配偶者居住権の存続期間中に私（子）が私の子（孫）に居住用建物等を贈与した場合には、その居住用建物等はどのように評価するのか教えてください。

Point

● 配偶者居住権が設定されている居住建物等の評価額は、贈与時の時価から当該贈与により新たに配偶者居住権を設定したものとして計算した配偶者居住権等の価額を控除して計算します。

● この場合、建物の経過年数は一次相続で配偶者居住権を設定した時の経過年数ではなく、贈与により建物を取得した時までの経過年数になります。また、配偶者居住権の存続年数についても同様に、贈与により居住建物等を取得した時からの年数により計算します。

配偶者居住権が設定された居住建物等を贈与により取得した場合の

　当該居住建物等の評価額は、贈与により居住建物等を取得した時に配偶者居住権を再度設定したものとして、計算します。

　この場合の居住建物等の経過年数は一次相続において配偶者居住権が設定された時までの年数ではなく、贈与により居住建物等を取得した時までの年数により計算し、配偶者居住権の存続年数についても、一次相続において配偶者居住権が設定された時からの年数ではなく、贈与により居住建物等を取得した時からの年数により計算します。

　具体的な計算方法は、次の通りです。

【設　例】

＜前提条件＞

①　×4年に相続（一次相続）により配偶者が配偶者居住権（終身）を取得し、所有権を子が取得した

②　×10年に一次相続において所有権を取得した子が孫へ配偶者居住権の設定された居住建物およびその敷地を贈与

③　建物（×10年（贈与時）の相続税評価額：15,000,000円（自用家屋）

　　土地（×10年（贈与時）の相続税評価額：50,000,000円（自用地）

④　建物の耐用年数：33年

⑤　建物の新築からの経過年数
　　×10年（贈与時）：9年

⑥　配偶者（女性）の年齢による平均余命
　　×10年（贈与時）：11年（複利現価率0.722）

⑦　一次相続時も贈与時も賃貸部分はなく共有部分もない

＜時系列＞

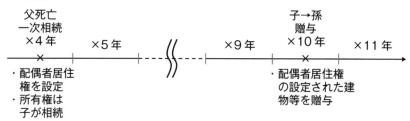

＜具体的計算＞

① 配偶者居住権の価額

配偶者居住権の評価の 配偶者居住権の評価の   複利
基礎となる金額   基礎となる金額 耐用年数−経過年数−存続年数(余命年数) 現価率

$$15{,}000{,}000円 - 15{,}000{,}000円 \times \frac{33年 - 9年 - 11年}{33年 - 9年} \times 0.722 = 9{,}133{,}750円$$

（分母下：耐用年数−経過年数）

② 敷地利用権の価額

敷地利用権の評価の   敷地利用権の評価の
基礎となる金額   基礎となる金額 複利現価率

$$50{,}000{,}000円 - 50{,}000{,}000円 \times 0.722 = 13{,}900{,}000円$$

③ 居住建物所有権の価額

居住建物の
贈与時の時価   ①配偶者居住権の価額

$$15{,}000{,}000円 - 9{,}133{,}750円 = 5{,}866{,}250円$$

④ 居住建物の敷地所有権の価額

居住建物の敷地の
贈与時の時価   ②敷地利用権の価額

$$50{,}000{,}000円 - 13{,}900{,}000円 = 36{,}100{,}000円$$

⑤ 孫が贈与により取得する財産の合計額

③建物所有権の価額 ④敷地所有権の価額

$$5{,}866{,}250円 + 36{,}100{,}000円 = 41{,}966{,}250円$$

12 生前に贈与税の配偶者控除の 適用を受けている場合

相続税法 21 条の 6、23 条の 2

Q 私は生前に贈与税の配偶者控除を使って夫から自宅の家屋と敷地の持ち分のうち2分の1の贈与を受けました。今回、夫の相続において配偶者居住権を設定する予定ですが、配偶者居住権の評価額はどのように計算すればよいでしょうか。

Point

● 被相続人と配偶者が居住建物等を共有していた場合、配偶者居住権の評価額の計算の基礎となる金額は、居住用建物等のうち被相続人の持ち分に対応する部分となります。

　居住建物およびその敷地が被相続人と配偶者の共有となっている場合、配偶者居住権の評価額の計算の基礎となる金額は、居住建物等の時価のうち、被相続人の持分割合に対応する部分となります。基本的には居住建物およびその敷地の時価に被相続人の共有持分を乗じて配偶者居住権および敷地利用権の評価額の計算の基礎となる金額を計算することとなります。ただし、家屋および土地の共有持分が異なるケースでは、敷地利用権の評価において、家屋または土地の被相続人の共有持分のうちいずれか低い持ち分割合により計算しますので注意

354

が必要です。

＜敷地利用権の評価における被相続人の共有持分の考え方＞

家屋		土地	いずれか低い方
1/2	＞	1/3	1/3
1/4	＜	1/2	1/4

この割合を、敷地利用権の評価
額の計算の基礎となる金額の算
定で使用します。

　具体的な計算は、次の通りです。

【設　例】

＜前提条件＞

　①　生前夫からの贈与により自宅家屋および土地の持ち分をそれぞ
　　れ2分の1ずつ取得

　②　その後、夫の相続により配偶者（年齢85歳）が配偶者居住権
　　（終身）を取得

　③　夫の相続時の相続税評価額
　　建物：10,000,000円（自用家屋）
　　土地：50,000,000円（自用地）

被相続人 1/2	配偶者 1/2
被相続人 1/2	配偶者 1/2

　④　建物の床面積、構造：120㎡、木造

　⑤　建物の耐用年数、建物の新築からの経過年数：33年、23年

　⑥　配偶者（女性）の年齢による平均余命：8年（複利現価率
　　0.789）

　⑦　相続時において賃貸部分はない

＜具体的計算＞

　①　配偶者居住権の価額

　　㋐　配偶者居住権の評価額の計算の基礎となる金額

自用家屋　　持分割合　　配偶者居住権の基礎となる金額

$$10,000,000円 \times \frac{1}{2} = 5,000,000円$$

④ 配偶者居住権の価額

配偶者居住権の評価の　　配偶者居住権の評価の　　　　　　　　　　　　　　　　　　複利
基礎となる金額　　　　　基礎となる金額　　　耐用年数−経過年数−存続年数(余命年数)　　現価率

$$5{,}000{,}000\text{円} \;-\; 5{,}000{,}000\text{円} \;\times\; \frac{33\text{年} - 23\text{年} - 8\text{年}}{33\text{年} - 23\text{年}} \;\times\; 0.789 \;=\; 4{,}211{,}000\text{円}$$

耐用年数−経過年数

② 敷地利用権の価額

㋐ 敷地利用権の評価額の計算の基礎となる金額

自用地評価額　　　　持分　　　　配偶者居住権の
　　　　　　　　　　割合　　　　基礎となる金額

$$50{,}000{,}000\text{円} \;\times\; \frac{1}{2} \;=\; 25{,}000{,}000\text{円}$$

㋑ 敷地利用権の価額

敷地利用権の評価の　　　敷地利用権の評価額
基礎となる金額　　　　　基礎となる金額　　　　複利現価率

$$25{,}000{,}000\text{円} \;-\; 25{,}000{,}000\text{円} \;\times\; 0.789 \;=\; 5{,}275{,}000\text{円}$$

③ 配偶者が取得する配偶者居住権および敷地利用権の合計額

①　　　　　　②

$$4{,}211{,}000\text{円} \;+\; 5{,}275{,}000\text{円} \;=\; 9{,}486{,}000\text{円}$$

【配偶者居住権の評価明細書（共有の場合）】日付箇所につき一部省略

所有者	建物	（被相続人氏名）被相続人	① 持分割合 $\frac{1}{2}$	（配偶者氏名）配偶者	持分割合 $\frac{1}{2}$	所在地番（住居表示）	○○市××0番0（○○市××0番地0）		
	土地	（被相続人氏名）被相続人	② 持分割合 $\frac{1}{2}$	（共有者氏名）配偶者	持分割合 $\frac{1}{2}$	（共有者氏名）	持分割合 ——		

居住建物の内容	建物の耐用年数	（建物の構造）※裏面《参考1》参照 木造		33	年	③
	建築後の経過年数	（建築年月日）___年___月___日 から （配偶者居住権が設定された日）___年___月___日 … 23 年 [6月以上の端数は1年 6月未満の端数は切捨て]		23	年	④
	建物の利用状況等	建物のうち賃貸の用に供されている部分以外の部分の床面積の合計		120	㎡	⑤
		建物の床面積の合計		120	㎡	⑥

配偶者居住権の存続年数等	〔存続期間が終身以外の場合の存続年数〕（配偶者居住権が設定された日）___年___月___日 から （存続期間満了日）___年___月___日 … ___年 Ⓐ [6月以上の端数は1年 6月未満の端数は切捨て]		存続年数（Ⓒ） 8 年	⑦
	〔存続期間が終身の場合の存続年数〕（配偶者居住権が設定された日における配偶者の満年齢）85 歳（生年月日___年___月___日、性別 女 ）… 8 年 Ⓑ	（平均余命）Ⓑ ※裏面《参考2》参照 8 年	Ⓒ [Ⓐと等のいずれか短い年とし、Ⓑがい場合はⒷの年数]	複利現価率 ※裏面《参考3》参照 0.789	⑧

評価の基礎となる価額	建物	賃貸の用に供されておらず、かつ、共有でないものとした場合の相続税評価額		10,000,000	円	⑨
		共有でないものとした場合の相続税評価額		10,000,000	円	⑩
		相続税評価額 （⑩の相続税評価額）10,000,000 円 × （①持分割合）$\frac{1}{2}$		5,000,000	円 （円未満切捨て）	⑪
	土地	建物が賃貸の用に供されておらず、かつ、土地が共有でないものとした場合の相続税評価額		50,000,000	円	⑫
		共有でないものとした場合の相続税評価額		50,000,000	円	⑬
		相続税評価額 （⑬の相続税評価額）50,000,000 円 × （②持分割合）$\frac{1}{2}$		25,000,000	円 （円未満切捨て）	⑭

○配偶者居住権の価額

（⑪の相続税評価額）		⑤賃貸以外の床面積 ⑥居住建物の床面積	（①持分割合）		円	
10,000,000 円	×	$\frac{120 ㎡}{120 ㎡}$	× $\frac{1}{2}$		5,000,000 （円未満四捨五入）	⑮
（⑮の金額）	（⑪の金額）	③耐用年数－④経過年数－⑦存続年数 ③耐用年数－④経過年数 （注）分子又は分母が零以下の場合は零。	（⑧複利現価率）	（配偶者居住権の価額）	円	
5,000,000 円 － 5,000,000 円		× $\frac{33 － 23 － 8}{33 － 23}$	× 0.789		4,211,000 （円未満四捨五入）	⑯

○居住建物の価額

（⑪の相続税評価額）	（⑯配偶者居住権の価額）		円	
円 －	円			⑰

○配偶者居住権に基づく敷地利用権の価額

（⑭の相続税評価額）		⑤賃貸以外の床面積 ⑥居住建物の床面積	①と②のいずれか低い持分割合		円	
50,000,000 円	×	$\frac{120 ㎡}{120 ㎡}$	× $\frac{1}{2}$	25,000,000	（円未満四捨五入）	⑱
（⑱の金額）	（⑭の金額）		（⑧複利現価率）	（敷地利用権の価額）	円	
25,000,000 円 － 25,000,000 円		×	0.789	5,275,000	（円未満四捨五入）	⑲

○居住建物の敷地の用に供される土地の価額

（⑭の相続税評価額）	（⑲敷地利用権の価額）		円	
円 －	円			⑳

資　料

《参考1》配偶者居住権等の評価で用いる建物の構造別の耐用年数

構　造	耐用年数
鉄骨鉄筋コンクリート造又は鉄筋コンクリート造	71
れんが造、石造又はブロック造	57
金属造（骨格材の肉厚4mm超）	51
金属造（骨格材の肉厚3mm超〜4mm以下）	41

構　造	耐用年数
金属造（骨格材の肉厚3mm以下）	29
木造又は合成樹脂造	33
木骨モルタル造	30

《参考2》第22回生命表（完全生命表）に基づく平均余命

※平成29年3月1日公表（厚生労働省）

満年齢	平均余命 男	平均余命 女	満年齢	平均余命 男	平均余命 女	満年齢	平均余命 男	平均余命 女	満年齢	平均余命 男	平均余命 女	満年齢	平均余命 男	平均余命 女
16	–	71	36	46	52	56	27	32	76	11	15	96	3	3
17	–	70	37	45	51	57	26	32	77	11	14	97	3	3
18	63	69	38	44	50	58	25	31	78	10	13	98	2	3
19	62	68	39	43	49	59	24	30	79	9	12	99	2	3
20	61	67	40	42	48	60	24	29	80	9	12	100	2	3
21	60	66	41	41	47	61	23	28	81	8	11	101	2	2
22	59	65	42	40	46	62	22	27	82	8	10	102	2	2
23	58	64	43	39	45	63	21	26	83	7	10	103	2	2
24	57	63	44	38	44	64	20	25	84	7	9	104	2	2
25	56	62	45	37	43	65	19	24	85	6	8	105	2	2
26	55	61	46	36	42	66	19	23	86	6	8	106	2	2
27	54	60	47	35	41	67	18	22	87	5	7	107	1	2
28	53	59	48	34	40	68	17	22	88	5	7	108	1	1
29	52	58	49	33	39	69	16	21	89	5	6	109	1	1
30	51	57	50	32	38	70	16	20	90	4	6	110	1	1
31	50	56	51	31	37	71	15	19	91	4	5	111	1	1
32	49	55	52	31	36	72	14	18	92	4	5	112	1	1
33	49	55	53	30	35	73	13	17	93	3	4	113	–	1
34	48	54	54	29	34	74	13	16	94	3	4	114	–	1
35	47	53	55	28	33	75	12	16	95	3	4	115	–	1

《参考3》複利現価表（法定利率3％）

存続年数	複利現価率	存続年数	複利現価率	存続年数	複利現価率	存続年数	複利現価率	存続年数	複利現価率	存続年数	複利現価率	存続年数	複利現価率
1	0.971	11	0.722	21	0.538	31	0.400	41	0.298	51	0.221	61	0.165
2	0.943	12	0.701	22	0.522	32	0.388	42	0.289	52	0.215	62	0.160
3	0.915	13	0.681	23	0.507	33	0.377	43	0.281	53	0.209	63	0.155
4	0.888	14	0.661	24	0.492	34	0.366	44	0.272	54	0.203	64	0.151
5	0.863	15	0.642	25	0.478	35	0.355	45	0.264	55	0.197	65	0.146
6	0.837	16	0.623	26	0.464	36	0.345	46	0.257	56	0.191	66	0.142
7	0.813	17	0.605	27	0.450	37	0.335	47	0.249	57	0.185	67	0.138
8	0.789	18	0.587	28	0.437	38	0.325	48	0.242	58	0.180	68	0.134
9	0.766	19	0.570	29	0.424	39	0.316	49	0.235	59	0.175	69	0.130
10	0.744	20	0.554	30	0.412	40	0.307	50	0.228	60	0.170	70	0.126

●執　筆　者　紹　介●

弁護士法人Ｙ＆Ｐ法律事務所
荒籾　航輔（弁護士）
伊藤　彰紀（弁護士）
奥村　暁人（弁護士）
平良　明久（弁護士）
高柴　将太（弁護士）
松田　拓弥（弁護士）

税理士法人山田＆パートナーズ
赤堀　勇人（税理士）
浅川　典子（税理士）
岡本　浩史（税理士）
河村　美佳（税理士）
河野　優星（税理士）
佐伯　草一（税理士）
壽藤　里絵（税理士）
平野　勝也（税理士）
堀江　真也（税理士）
三浦　　眸（税理士）
矢尾　裕太

●法　人　紹　介●

弁護士法人Ｙ＆Ｐ法律事務所
〒100-0005　東京都千代田区丸の内１−８−１
丸の内トラストタワーＮ館９階（受付９階）
　TEL：03-6212-1663
　URL：https://www.yp-law.or.jp/

税理士法人山田＆パートナーズ　東京本部
〒100-0005　東京都千代田区丸の内１−８−１
丸の内トラストタワーＮ館８階（受付９階）
　TEL：03-6212-1660
　URL：https://www.yamada-partners.gr.jp/

■国内拠点
札幌事務所、盛岡事務所、仙台事務所、北関東事務所、横浜事務所、長野事務所、新潟事務所、金沢事務所、静岡事務所、名古屋事務所、京都事務所、大阪事務所、神戸事務所、広島事務所、高松事務所、松山事務所、福岡事務所、南九州事務所

■海外拠点
シンガポール、中国（上海）、ベトナム（ハノイ）、アメリカ（ロサンゼルス・ニューヨーク）

配偶者居住権の法務と税務 Q&A　　　令和 4 年 10 月 20 日　初版発行

検印省略

日本法令®

〒 101-0032
東京都千代田区岩本町 1 丁目 2 番 19 号
https://www.horei.co.jp/

編著者　弁護士法人
　　　　Y&P 法律事務所
　　　　税理士法人
　　　　山田＆パートナーズ

発行者　青　木　健　次
編集者　岩　倉　春　光
印刷所　日 本 ハ イ コ ム
製本所　国　宝　社

（営 業）　TEL　03-6858-6967　　Ｅメール　syuppan@horei.co.jp
（通 販）　TEL　03-6858-6966　　Ｅメール　book.order@horei.co.jp
（編 集）　FAX　03-6858-6957　　Ｅメール　tankoubon@horei.co.jp
（オンラインショップ）　https://www.horei.co.jp/iec/
（お 詫 び と 訂 正）　https://www.horei.co.jp/book/owabi.shtml
（書籍の追加情報）　https://www.horei.co.jp/book/osirasebook.shtml
※万一、本書の内容に誤記等が判明した場合には、上記「お詫びと訂正」に最新情報を掲載し
　ております。ホームページに掲載されていない内容につきましては、FAX または E メー
　ルで編集までお問合せください。

2022年、リニューアルオープン!!

税理士業務、企業実務に役立つ情報提供Webサービス

税理士情報サイト

Tax Accountant Information Site

https://www.horei.co.jp/zjs/

税理士情報サイトとは

「業務に役立つ情報を少しでも早く入手したい」
「業務で使える規定や書式を手軽にダウンロードしたい」
「日本法令の商品・セミナーを割引価格で利用したい」
などといった税理士の方のニーズにお応えする、
"信頼"と"実績"の総合Webサービスです。

日本法令

税理士情報サイト
Tax Accountant Information Site

税理士情報サイトの

1 税理士業務書式文例集

税理士事務所の運営に必要な業務書式はもちろん、関与先企業の法人化の際に必要となる定款・議事録文例、就業規則等各種社内規程、その他税務署提出書式まで、約500種類の書式が、編集・入力が簡単なWord・Excel・Text形式で幅広く収録されています。

●主な収録書式
各種案内・挨拶文例／業務処理書式／決算処理書式／税務署提出書式／労務書式／身元保証書等書式／取締役会議事録／株主総会議事録／売買契約書文例／賃貸借・使用貸借契約書文例／金銭消費貸借契約書文例／税理士法人関係書式／会計参与関係書式 ほか多数

2 ビジネス書式・文例集

企業の実務に必要となる書式、官庁への各種申請・届出様式、ビジネス文書、契約書等、2,000以上の書式・文例をWEB上でダウンロードすることができます（Microsoft Word・Microsoft Excel・PDF形式）。

●主な収録書式
社内外で必要とされるビジネス文書約600文例／契約書約270文例／内容証明約470文例会社規定19文例／各種申請書約800書式

3 電子書籍の無料提供

税理士にとって日頃の情報収集は必要不可欠。そこで、税理士情報サイトの有料会員向けに、年間に数冊、日本法令発刊の税理士向け書籍のWEB版（PDFファイル形式）を無料提供します。

4 ビジネスガイドWEB版

会社の総務・経理・人事で必要となる企業実務をテーマとした雑誌「月刊ビジネスガイド」のWEB版を無料で購読できます。

https://www.horei.co.jp/zjs/

お役立ちコンテンツ

5 税理士向け動画セミナー

無料会員向けの「セレクト動画」、有料会員向けの「プレミア動画」で、著名な税理士、弁護士、学者やその道のプロが、タイムリーなテーマを深く掘り下げてレクチャーします。いつでも時間が空いた時に視聴可能です。

6 税制改正情報ナビ

毎年度の税制改正に関する情報を整理し、詳しく解説します。税制改正に関する日々のニュース記事の配信と、日本法令刊『よくわかる税制改正と実務の徹底対策』WEB版、さらにはその著者による詳細な解説動画で、いち早く今年度改正の要点を押さえましょう！

7 税務判決・裁決例アーカイブ

税理士業務遂行上、さまざまな税務判断の場面で役立てたいのが過去の税務判決・裁決例。ただ、どの事例がどこにあるのか、探すのはなかなか一苦労だし、イチから読むのは時間がかかる…。そこで、このアーカイブでは「キーワード検索」と「サマリー」を駆使することで、参照したい判決・裁決例をピンポイントで探し出し、スピーディーに理解することが可能となります。

8 モデルフォーム集

税理士業務におけるチェック漏れによるミスを未然に防ぐため、さまざまな税務のチェック表、確認表、チェックリストほか、日常業務で活用できるオリジナルのモデルフォーマットを提示します。

9 弊社商品の割引販売

日本法令が制作・販売する書籍、雑誌、セミナー、DVD商品、様式などのすべての商品・サービスをZJS会員特別価格〈2割引き〉で購入できます。高額な商品ほど割引額が高く、お得です！

税理士情報サイト
Tax Accountant Information Site

会員限定無料動画シリーズ

大淵博義教授×三木義一教授
税務判例批評

大淵博義中央大学名誉教授と三木義一青山学院大学名誉教授が
最近の注目判決について語り尽くす！

第1回　東京地裁令和3年12月23日判決
　　　　──簿外経費の損金算入可否と主張立証責任

第2回　最高裁令和4年4月19日判決
　　　　──財産評価基本通達総則6項の最高裁判決と検証

第3回　東京高裁令和3年5月20日判決
　　　　──みなし譲渡課税・差戻し控訴審判決を考える

税理士情報サイトで、続々配信！

税理士情報サイト　お申込みの手順

① WEB で「税理士情報サイト」を検索
② トップページ右上の「新規会員登録」をクリック
③ 「無料会員登録」or「有料会員登録」を選択

[無料会員登録]

④ 「個人情報方針」への「同意」をチェックして「申込ページ」へ。
⑤ お名前とメールアドレスを入力して、お申込み完了。
⑥ お申込みを確認後、ご登録いただいたメールアドレス宛に、「ログイン ID（会員番号）：弊社が設定した 5 ケタの半角数字」と「パスワード：お客様が設定した 8 文字以上の半角英数字」をご連絡いたします。

[有料会員登録]

有料会員年会費　税込 29,700 円

④ 「個人情報方針」、「会員規約」、「Japplic 利用規約」への「同意」をチェックして「申込フォーム」へ。
⑤ 入会申込フォームに必要事項を入力、お申込み。
⑥ お申込みを確認後、弊社から請求書と郵便振込用紙（払込取扱票）をお送りいたしますので、所定の年会費をお振り込みください。お振込みを確認後、ご登録いただいたメールアドレス宛に、「ログイン ID（会員番号）：弊社が設定した 5 ケタの半角数字」と「パスワード：お客様が設定した 8 文字以上の半角英数字」をご連絡いたします。

日本法令　お問合せ

〒101-0032　東京都千代田区岩本町1-2-19
　　　　　　株式会社日本法令　ZJS会員係
　　　　　　電話：03-6858-6965 FAX：03-6858-6968
　　　　　　Eメール：sjs-z@horei.co.jp